비서실무의 이해

SECRETARIAL PROCEDURES

최근 스마트 오피스의 등장으로 우리 사회 모든 분야에서 업무 수행 방식이 크게 변화되었다. 모바일 업무 수행으로 시간과 공간을 초월한 업무가 가능해지면서 업무의 효율성이 증대되었을 뿐 아니라 이러한 변화는 앞으로 더욱 가속화될 것으로 예상된다. 또한 우리나라 조직 구조가 피라미드형에서 좀 더 유연한 팀조직으로 바뀌면서 각 조직에서 최고경영자를 보좌하는 전문비서 뿐 아니라 팀 비서에 대한 수요도 증가하고 있다. 팀비서는 상사와 관련된 비서 업무만을 담당하는 전문 비서와 달리 팀에 소속되어 부서 지원 업무 뿐 아니라 소속 부서장의 비서를 겸하게 된다.

비서는 상사의 최측근에서 일정, 회의, 인간관계, 정보 등의 업무를 효율적으로 보좌하여 상사가 최대의 업무 성과를 낼 수 있도록 해야 한다. 즉 전문비서는 최고경영자가 경영활동에 전념할 수 있도록 비서 및 사무관리 업무를 완벽하게 수행할 수 있어야 한다. 또한 팀 비서로서의 역할이 요구될 경우 비서 업무 뿐 아니라 해당 부서 업무 전반에 대한 이해와 수행 능력을 갖추어야 한다. 치열한 경쟁 속에서 생존해야 하는 기업들은 우수한 인적자원에 투자를 아끼지 않고 있다. 뛰어난 능력과 자질을 갖춘 비서는 기업의 경쟁력이므로 기업들은 과거에 비해 비서에게 높은 역량을 요구하고 있을 뿐 아니라 전문비서 교육에도 많은 지원을 하고 있다.

본 비서실무의 이해는 이러한 시대의 흐름에 맞는 전문비서로서의 능력을 함양하고자 개정판을 출판하게 되었다. 초판의 전통적인 비서실무 내용에 기초를 두고 오늘날 변화된 사무환경으로 인해 추가되거나 변경된 비서업무와 업무 수행 방식 등을 포함하였다. 책은 총 10장으로 구성되어 있으며 전화 및 내방객 등의 비서의 대인관계 업무, 상사의 일정, 회의, 출장보좌 업무를 효율적으로 수행할 수 있도록 보좌업무, 문서관리 및 정보처리 업무, 취업으로 구성하였다. 특히 취업 부분에서는 비서직에 지원하는 지원자들이 활용할 수 있는 다양한 취업서류 실제 예문을 삽입하여 참고할 수 있도록 하였다.

나아가 현직 비서들의 다양한 사례를 삽입하여 현직 비서들의 목소리를 반영하였을 뿐 아니라 익힘 문제를 통하여 책의 내용에 대한 이해 여부를 확인할 수 있도록 구성하였다. 비서학 연구 논문, 비서들의 다양한 커뮤니티, 뉴스 등에서 발췌한 내용도 추가하여 본서의 내용이 이론에 그치지 않고 바로 비서업무에 적용할 수 있도록 내용을 구성하였다. 특히 비서실무 자문을 얻기 위해 ㈜한글과 컴퓨터 비서팀의 이진아 팀장의 자문을 받았다. 이진아 팀장이 다년간의 비서직 경험을 수행하면서 경험한 사례를 제공하였을 뿐 아니라 책의 내용을 꼼꼼히 검토한 후 현실과 다른 내용이 있는지, 추가되어야 할 내용이 있는지 등을 검토하여 책의 현장감을 높이는데 많은 기여를 해 주었다.

항상 느끼는 것이지만 책을 준비하면서 시간이 부족하여 흡족할만한 결과물을 출판하지 못하는 부분에 대해 아쉬움이 남는다. 이번 개정판을 준비하면서도 미련과 후회가 남지만 계속적으로 연구 보완할 것을 약속하며 부족한 부분에 대해서는 앞으로도 주변의 의견을 수렴할 것을 약속하는 바이다. 끝으로 이 책이 나오기까지 물심양면으로 도와주신 한올출판사의 사장님과 편집 관계자분께 진심으로 감사의 인사를 드린다. 또한 협조와 조언을 아끼지 않은 교수님들, 사랑하는 제자들에게도 깊이 감사를 드린다.

2019년 8월
저자 씀

CONTENTS
차 례

CHAPTER
05 회의 업무

CHAPTER
06 출장 업무

Appendix 부록

SECRETARIAL
PROCEDURES

비서실무의 5판
이해

환경변화와
비서

환경변화와 비서

비서의 정의와 역할

조직을 둘러싼 환경 변화의 속도가 급격히 빨라짐에 따라 조직을 책임지고 있는 경영자나 기관장이 다루어야 할 직무 범위가 급속히 확대되었다. 따라서 경영자나 기관장은 혼자 힘으로 복잡한 조직을 관리하기는 어려운 상황에 이르게 되었고 이로 인해 비서에게 요구되는 역할도 과거와 많이 달라졌다. 따라서 비서는 상사의 지시나 명령에만 의존하여 업무를 수행하는 자가 아니라 예측 가능한 직무범위 내에서 비서 직무를 수행해야 한다. 나아가 예측불가능하고 불규칙적인 환경에서 조직을 둘러싼 변화에 신속히 대응하고, 급변하는 조직 내외의 상황을 신속히 파악하고 감지하는 능력이 필요하다.

아무리 뛰어난 능력을 가진 경영자나 기관장이라 하더라도 모든 현안에 즉각적이며 가장 효율적인 처방을 바로 내릴 수는 없다. 비서진 즉, 참모로서의 비서는 상사가 최선의 의사결정을 내릴 수 있도록 보좌할 수 있어야 한다. 이를 위해 비서는 정보의 홍수 속에서 상사가 필요로 하는 최적의 정보를 제공할 수 있어야 하며 상사가 처한 환경에 민감해야 한다.

비서의 정의와 수칙

비서의 정의

비서란 어원상 중세 라틴어의 'Secretarius'에서 나온 말로 '비밀을 맡길 수 있는 사람'이란 의미이다. 세계비서협회(International Association of Administrative Professional : IAAP)에서 정의한 바에 의하면 다음과 같다.

> 비서는 숙달된 사무기술을 보유하고 직접적인 감독 없이도 책임을 수행할 능력을 발휘하며, 솔선수범의 자세와 분별력을 갖고 주어진 권한 내에서 의사결정을 내리는 간부적 보좌인
>
> An executive assistant who possesses a mastery of office skills, demonstrates the ability to assume responsibility without direct supervision, exercises initiative and judgment, and makes decisions within the scope of assigned authority.

기타 다음의 정의를 통해 비서를 구체적으로 이해할 수 있다.

❶ 경영자 또는 관리자가 그들 본연의 업무에 전념할 수 있도록 보좌하는 사람

❷ 조직의 철학을 이해하고, 제반 사무관리 능력을 갖추어 경영자가 업무 수행을 효율적으로 할 수 있도록 지원하고 보좌하는 사람

❸ 국가의 정부 부처나 공공기관의 책임자를 보좌하는 비서는 행정업무에 대한 지식과 직무수행에 있어 공적 사명감을 갖춘 사람

❹ 최고 관리자 혹은 특정 조직의 업무를 수행하는데 필요한 사무능력과 전문지식을 갖춘 사람

❺ 상사가 고유의 업무를 원활히 할 수 있도록 상사와 함께 업무를 처리하고 업무 수행과 관련된 제반 환경을 관리하는 사람

❻ 상사를 보좌하며, 상사의 지시에 따라 또는 스스로 판단하여 상사의 일정, 회의, 출장, 문서 등의 업무와 기타 관련 총무 및 회계 업무를 수행하는 사람

이렇듯 비서는 중요한 업무를 수행하는 상사를 보좌하며 기밀문서나 사무

를 담당하기 때문에 조직의 중요한 정책결정에 간접적으로 영향을 줄 수 있다는 점에서 그 역할의 중요성은 더 강조된다.

다음은 세계비서협회에서 명시한 비서 수칙으로 비서로서 지켜야 할 직무신조가 잘 나타나 있다.

▌ 비서 수칙

A Secretary's creed

As a member of the business team with which I am associated, I have an obligation to the organization that employs me, to my immediate boss, to my co-workers, to myself as an individual, and to secretaries or executive aides everywhere because I represent this occupational group as a whole.

To this end, I shall try to

나는 내가 속해있는 경영팀의 구성원으로서 나를 고용한 조직과 나의 상사, 동료, 그리고 나 자신을 포함한 모든 비서들에게 다음과 같은 책임을 이행할 것이다.

01 Be loyal to the secretarial profession. 전문직업으로서의 비서직을 충실히 이행한다.

02 Study and understand something about goals, general policies, and products of the business so that I may work more intelligently.

회사의 목표, 정책, 그리고 회사의 생산품에 대한 지식과 이해를 높임으로써 효율적인 업무수행을 하도록 노력한다.

03 Give an honest day's work. 업무시간에 성실하게 업무에 임한다.

04 Represent my company at all times so that I will be a credit to it. I shall try to be particularly careful about greeting callers and using the telephone. I shall edit letters carefully and see that promised enclosures are sent.

항상 회사를 대표하는 마음가짐으로 회사에 보탬이 되도록 노력한다. 특히 전화응대를 할 때나 방문객을 맞을 때에 회사의 이미지를 높이도록 노력한다. 주의를 기울여 서신을 편집하고 동봉물이 제대로 보내졌는지 확인할 것이다.

05 Be alert for inconsistencies, exceptions, and deviations to instructions given to me.

지시를 받을 때에는 일관성이 걸여되었거나 예외적인 사항이 있는지에 주의를 기울일 것이다.

06 Follow through on responsibilities and activities assigned to me. I shall

try to understand the scope and importance of my responsibilities so that I can work with minimum supervision.

내게 부과된 책임과 임무를 완수한다. 최소한의 상사 감독하에 내 책임을 수행할 수 있도록 내 업무의 범위와 중요성을 이해하기 위해 노력할 것이다.

07 Anticipate needs, especially such things as deadlines, extra copies, and related materials.

마감기한, 자료의 복사, 관계자료 준비 등 상사의 요구를 미리 예견하여 사전에 준비한다.

08 Be loyal to and cooperative with my boss. I shall try to work for and with him, realizing that we constitute a "team" when I serve his interests well, I serve my own and the company?

상사와 회사의 이익을 증진시킴으로써 자신의 이익을 도모할 수 있다는 믿음을 바탕으로 상사와 팀워크를 이루어 나갈 수 있도록 노력한다.

09 Keep confidences. 신뢰를 유지하려고 노력한다.

10 Be a good listener and become informed about things that concern my boss. 상대방의 말을 경청하며 상사와 관련된 정보를 잘 알고 있도록 한다.

11 Keep all promises that I make so that my co-workers will know they can depend on me. 동료들이 나를 신뢰할 수 있도록 모든 약속을 충실히 이행한다.

12 Avoid unfriendly remarks, and avoid discussing personalities.

예의없는 발언을 하지 않고 타인의 인격에 대하여 논하지 않는다.

13 Be friendly and cheerful with co-workers at all times.

동료들에게 항상 친절하며 명랑하게 대한다.

14 Take care of my health so that I will be pleasant to work with.

자신의 건강에 유의하여 같이 일하기에 기분 좋은 사람이 된다.

15 Respect the personalities and right of others.

타인의 인격과 권리를 존중한다.

16 Keep myself neat and clean and groomed in good taste.

청결과 단정한 복장을 유지한다.

17 Strive to improve my business education and technical skills so that I can upgrade my position within my company.

사무지식 및 사무기술을 증대시킴으로써 조직 내에서 자신의 위치를 높일 수 있도록 한다.

18 Maintain a balanced recreational, home, and business program so that I will continue to be a well-adjusted, happy person.

여가, 가정, 직장생활을 균형 있게 유지하여 조화롭고 행복한 사람이 된다.

19 Develop the poise, cooperativeness, and enthusiasm of a successful businesswoman. 성공적인 직장인의 침착성, 협동심, 열정을 개발한다.

20 Grow personally and professionally so that I will be the type of person with whom others like to work.

전문직업인으로 뿐만 아니라, 하나의 성숙한 개인으로 성장함으로써 타인들에게는 같이 일하고 싶은 사람이 되도록 노력한다.

21 Express ideas in a calm, unemotional and prepared manner.

차분하고, 비감정적이며 준비된 태도로 내 의사를 표현한다.

22 Understand the work habits, needs, and personality of my boss.

상사의 습관, 요구사항, 성격 등을 이해하려고 노력한다.

23 Grasp the instructions the first time given. 지시가 처음 내려질 때 파악하려고 노력한다.

24 Plan my work and work my plan. 업무를 계획하고 그 계획대로 추진하려고 애쓴다.

25 Relieve my boss of detail. 상사가 사소한 일로부터 해방될 수 있도록 한다.

비서의 역할

과거 비서는 상사의 지시나 명령에 의존하여 업무를 수행하는 자로 인식되었다. 그러나 오늘날의 조직에서는 비서에 대한 인식이 크게 변화되어 상사가 업무성과를 최대로 올릴 수 있도록 보좌하는 전문인으로 인식되고 있다.

▌ 비서의 업무

비서의 업무범위를 제한하는 것은 어렵다. 조직의 모든 분야를 책임져야 하는 경영지니 관리지를 보좌하는 비서에게 업무범위를 제한하는 것은 쉽지 않은 일이다. 흔히 비서는 다양한 역할을 수행한다는 의미에서 멀티플레이어^{Multi Player}라고 하는데 이는 비서가 모시고 있는 상사가 조직의 멀티플레이어이기 때문이다.

조직에서의 상사의 역할과 위치, 상사의 업무 수행 방식, 비서에게 업무를 위임하는 정도, 조직의 특성 등에 따라 비서의 업무는 차이가 있다. 또한 한 명의 상사를 보좌하는 개인비서인지, 비서실이나 부서에 소속된 비서인지에 따라서도 업무와 역할에 차이가 있다. 어떠한 경우이든 비서는 상사가 자신의 역할을 잘 수행할 수 있도록 상사를 보좌하는 업무를 수행한다.

| 비서의 업무

다음은 비서가 수행하는 업무유형 및 업무 종류이다.

🏵 업무 유형

일반적으로 비서의 업무는 세 가지 유형으로 구분된다.

- 일상적 업무 : 매일 반복적으로 일어나는 업무를 말한다. 우편물 처리, 전화 및 내방객 응대, 서류 정리, 사무기기 및 사무환경 관리 등이 있다.
- 지시적 업무 : 상사의 지시를 받아서 주어진 시간 내에 수행해야 하는 업무로 일정관리업무, 예약업무, 회의업무, 문서관리업무 등이 있다.
- 창의적 업무 : 상사와 조직의 효율성 증진을 위해 창의력을 발휘할 수 있는 업무를 말한다. 문서 서식 개발, 정보 검색 및 자료 준비, 업무 수행 방법 및 절차 개선 등이 있다.

🏵 비서 업무의 종류

비서의 업무는 전화응대, 내방객 응대, 일정관리, 회의 및 출장 업무, 문서 작성 및 문서관리 등의 전통적인 업무 이외에 최근에는 정보관련 업무와 국제업무가 증가되는 등 업무 내용이 다양해지고 있다.

- 전화응대 업무

전화의 수·발신, 전화 중개, 상사 부재 시의 전화응대, 국제 전화응대, 새로운 통신 기기 사용법 익히기 등으로 친절하고 정확하게 전화응대하는 것이 중요하다.

- 내방객 응대 업무

방문객 관련 정보 수집, 방문객 접수와 안내, 상사 부재시 방문객 응대, 명함관리, 다과 접대, 환송 등 방문객에게 좋은 인상을 줄 수 있도록 맞이하고 배려하는 업무이다.

- 일정관리 업무

상사의 일정 계획 수립 및 확인, 일정표 작성 및 관리 등 상사가 한정된 시간을 효율적으로 사용할 수 있도록 보좌하는 업무이다.

- 회의 업무

회의의 준비, 진행, 마무리에 이르는 회의와 관련된 모든 과정을 보좌하는 업무이다. 회의 장소와 일정 정하기, 회의 장소 예약, 회의 안내장 작성·발송, 회의 자료 작성, 회의장 준비, 회의 진행 보조, 회의 마무리, 회의록 작성 및 발송 등의 세부 업무가 있다.

- 출장업무

출장일정표 작성, 숙박 및 교통편 예약 및 확인, 출장관련 서류 및 물품 준비, 출장 중의 업무 연락, 출장 경비 정산 및 감사장 발송 등을 수행한다.

- 사무환경관리

상사 집무실과 접견실, 비서실 등의 환경 관리, 비품 청구, 사무기기 구입 및 배치 등 사무환경을 관리한다.

- 문서 작성 및 관리

컴퓨터를 이용한 다양한 문서 작성 및 효과적인 문서정리 시스템을 활용한 문서 관리 등의 업무를 수행한다.

- 문서 수·발신 업무

우편물 및 기타 문서를 수신, 발신, 배부한다.

- 정보 수집 및 관리 업무

  신문, 인터넷, 잡지 등 다양한 정보를 검색, 가공, 정리, 보관 등의 정보관련 업무를 수행한다.

- 총무업무

  회계 업무, 상사 및 조직과 관련된 경조사 업무, 사내·외 행사와 관련된 제반 업무 등을 수행한다.

- 기타 보좌 업무

  위의 업무 이외에도 비서의 업무는 범위가 넓고 다양하다. 따라서 비서는 상사와 조직의 필요와 요구에 따라 다양한 업무를 수행할 수 있는 능력과 자질을 갖추어야 한다. 최근 비서들이 업무부서인 총무부, 인사부, 회계부, 구매부 등의 업무를 겸하는 경우가 증가하고 있다. 이런 경우 비서 업무뿐 아니라 해당 부서의 업무도 전문적으로 수행할 수 있는 역량을 갖추도록 한다.

다음은 세계비서협회에서 발표한 비서 표준 직무 기술서이다.

▌비서 표준 직무 기술서

Prototype of Secretarial Job Description

- 비서는 상사의 다양한 경영적 잡무를 덜어주며, 사무실 절차와 업무의 흐름이 능률적이 되도록 조정하고 유지하며, 상사가 정한 방침과 절차에 따라 업무를 수행하고, 상사, 동료, 부하직원, 고객, 거래처와의 업무 관계를 원활하게 유지한다.

- 상사의 일정표를 관리한다. 전화를 통해서나 혹은 직접 방문한 사람들을 친절하게 맞이하며, 필요에 따라 그들을 상사나 다른 적임자에게 안내한다. 상사의 출장일정을 계획하고, 출장에 필요한 사항을 준비한다.

- 상사 부재시 위임받은 업무를 수행하고, 주의를 요하는 업무는 대리권자에게 알리거나, 상사부재의 영향을 최소화하는 방식으로 처리할 수

있도록 창의력과 판단력을 발휘한다.

- 구술되는 내용을 속기로 받아쓰고 이를 다시 전사transcribe하거나, 녹음된 내용을 전사한다. 육필로 되어 있거나 초안된 자료를 타이핑한다.

- 수신 우편물과 서류를 분류하고, 읽고, 주석을 달며, 필요시에는 적절한 조치를 할 수 있도록 관련서류를 첨부한다. 회람과정을 결정하고 필요한 서명을 하고, 사후검토follow-up를 한다. 자신이나 상사의 책임으로 발송되는 서한이나 보고서를 작성하며, 구두나 서면 지시로 상사에 의하여 초안된 통신문을 준비한다.

- 회의, 업무과제, 보고를 위한 준비로서 정보와 관련 자료를 조사하고 요약한다. 다른 사람이 상사에게 제출한 자료들을 통합하고 분석하여 편집한다.

- 서한이나 보고서 등의 초안을 작성하여 상사에게 제출한다.

- 문서관리체제 및 다른 사무의 흐름과 절차를 유지한다.

- 회의나 모임에 필요한 모든 절차를 조정하고, 준비한다. 이에 뒤따르는 통지서 발송에서부터 참석자 명단 작성에 이르는 모든 사무를 필요에 따라 수행한다. 또한 서기로 참석하여 의사록을 작성하며, 이를 참석자들에게 복사하여 배포하는 책임을 진다.

- 직원을 채용 및 감독하는 책임이 있을 수 있으며, 필요시에는 사무용품과 사무기기 구매를 위한 건의를 하며 선택한다. 또한 필요에 따라 예산과 지출의 회계기록, 재무기록, 기밀문서 등을 관리한다.

- 직무상의 특수한 업무처리에 관한 최신의 절차편람procedure manual을 유지한다.

- 상황판단에 의하여 필요할 때에는 맡겨진 업무 이외의 다른 임무도 수행한다.

〈세계비서협회: www.iaap-hq.org〉

비서의 역량

비서의 역량

비서 직무를 제대로 수행하기 위해 필요한 역량이 무엇인가에 대해서는 접근 방식에 따라 다양한 의견이 존재할 수 있다. 일반적으로 역량은 "한 개인이 작업이나 직무를 성공적으로 수행하기 위해서 필요한 지식, 기술, 재능, 행동 등의 특성들의 측정 가능한 패턴"이다. 따라서 우수한 비서에게는 조직의 목표 달성과 연계하여 뛰어난 직무수행을 보이는 고성과자의 차별화된 행동 특성과 태도가 필요하다.

비서에게 필요한 역량으로는 지식(Knowledge), 기술(Skill), 능력(Ability), 가치(Value), 태도(Attitude) 등 5가지(KSAVA)로 구분해 설명할 수 있다.

1 지식(Knowledge)

지식은 직무수행을 위해 직·간접의 학습과 경험을 통해 얻은 구체적인 정보를 말하며, 특정 분야에 대해 가지고 있는 정보를 통칭한다.

✤ 사회과학 지식

관리자를 보좌하는 전문비서 역할을 성공적으로 수행하기 위해서는 사회과학 지식이 필요하다. 비서는 관리자 또는 경영자의 시각에서 문제를 볼 수 있어야 하며 상사가 올바른 의사결정을 할 수 있도록 보좌하기 위해서는 사회과학 지식이 기본이다.

- 경제학 : 경제구조, 경제와 사회, 혹은 기업과의 관계
- 경영학 : 기업경영, 조직 및 인적자원 관리, 재무관리, 마케팅, 생산관리 등의 지식
- 법학 : 상법, 기업법, 노동법, 세무, 보험, 수표, 어음관리 등
- 회계학 : 회계원리, 재무회계, 관리회계 등

- 심리학 : 심리학, 조직심리학, 산업심리학 등
- 커뮤니케이션 이론 : 효과적인 의사소통을 위한 이론
- 인간관계론 : 인간관계 형성 및 인간관계의 역동에 관한 이론

☘ 정보관련 지식

정보를 수집, 분석, 가공, 관리하는데 요구되는 지식을 갖추고 있어야 한다. 컴퓨터 관련 지식은 컴퓨터를 조작하는 능력과 소프트웨어를 사용할 수 있는 능력, 그리고 통신 및 인터넷과 관련된 지식 등으로 구분할 수 있다.

☘ 사무관련 지식

문서작성과 관련된 지식, 파일링 시스템에 관련된 지식, 사무용품 구매 및 재고관리와 관련된 지식 등으로 사무업무 전반을 효율적으로 수행하고 관리할 수 있는 지식이 요구된다.

☘ 외국어 능력과 타문화 이해

오늘날 어느 조직에서나 외국어 능력, 특히 영어에 대한 요구가 높아지고 있다. 대부분의 조직이 국제 교류를 하고 있고 전 세계적으로 통용되는 상업문서의 70% 이상이 영어로 작성되므로 영어 능력은 기본이 되고 있다. 또한 국가 간의 왕래가 빈번해짐에 따라 다양한 문화에 관심을 가지고 다른 문화에 대한 이해를 통해 글로벌 시대에 국제 감각을 높일 수 있는 지식과 경험이 요구된다.

☘ 기타 시사 상식

비서는 시사문제, 조직의 사업 및 업무 영역에 대한 지식, 상식 등 업무에 필요한 제반 지식을 갖추어야 한다.

2 기술(Skill)

기술은 정해진 방식과 방법에 따라 구체적 행동으로 표출할 수 있는 숙력도를 의미한다.

- 정보기기 활용기술 : 정보화 시대에 상사의 의사결정업무를 전문적으로 지원하기 위해서는 정보기기 사용능력이 필요하며, 특히 정보화 기기들이 급속도로 변화하기 때문에 이에 대한 지속적인 학습이 필요하다.

- 정보수집 및 가공 기술 : 비서는 새로운 정보를 얻는데 관심을 가질 뿐만 아니라 정보의 홍수 속에서 필요한 정보를 선별하고 업무에 맞게 편집·가공할 수 있어야 한다.

- 외국어 : 국제화 시대로 인해 비서가 소속된 기업이 외자기업이든 국내기업이든 모든 기업이 국제적 교류를 하고 있어 능통한 외국어 회화능력과 외국어로 된 문서의 작성 및 번역 등의 능력이 요구된다.

- 커뮤니케이션 기술 : 조직 구성원 및 외부와 다양한 방법(전화, 대화, 회의, 프리젠테이션, 문서 등)을 이용하여 원활하고 효과적인 의사소통을 할 수 있는 능력이 요구된다.

- 문서작성 및 관리 기술 : 사내외 연락 문서, 보고서, 발표자료 등을 작성, 관리할 수 있어야 하며, 문서작성, 문서교정, 자료요약, 도표작성, 체계적인 문서관리 등의 능력이 필요하다.

- 시간관리 기술 : 상사와 자신의 시간을 효율적으로 관리해서 주어진 시간을 최대로 이용할 수 있는 능력이 필요하다.

3 능력(Ability)

능력은 어떤 일을 수행할 수 있는 지식과 기술, 자세 등을 갖춘 상태를 의미한다. 비서에게 요구되는 능력을 살펴보면 다음과 같다.

- 이해력 : 비서는 다른 사람의 말이나 문장으로 표현된 정보와 아이디어를 듣고 이해할 수 있는 능력을 갖추어야 한다.

- 표현력 : 다른 사람들이 이해할 수 있도록 정보와 아이디어를 명확하게

표현할 수 있는 능력이 요구된다.

- 정보수집 및 가공 능력 : 정보의 홍수 속에서 필요한 정보를 선별하고 업무에 맞게 편집 · 가공할 수 있는 능력이 필요하다.

- 자기통제력 : '침착하게 서둘러라'라는 말이 있듯이 비서는 민첩한 가운데 침착하게 업무를 처리할 수 있어야 한다. 이를 위해 자신의 감정을 조절하고 통제할 수 있는 능력을 갖추어야 한다.

- 문제인식 : 어떤 것이 잘못되었거나 잘못될 가능성이 있는지를 파악할 수 있는 능력이 요구된다.

- 범주화 및 추론능력 : 여러 가지 방법으로 물건을 결합하거나 그룹화하기 위해 여러 규칙 집합을 생성하거나 사용하고, 특정 문제에 일반적인 규칙을 적용하여 의미 있는 해답을 산출해 낼 수 있는 능력이 필요하다.

- 창의력 : 특정 주제에 대한 다양한 아이디어를 제시할 수 있는 능력과 문제를 해결할 창의적인 방법을 제시할 수 있는 능력이 요구된다.

4 가치(Value)

지식과 기술 등 겉으로 드러나는 부분에 대해서는 상대적으로 평가하기 용이하지만, 인간의 내면에 위치한 동기나 특질 등은 평가하기가 쉽지 않다. 비서는 비서로서의 자세와 가치를 바르게 정립함으로써 올바르게 비서업무를 수행할 수 있다.

- 신뢰 및 기밀유지 : 비서는 기밀을 접할 기회가 많다. 비서는 문서, 전화, 회의 등에서 여러 중요한 조직의 정보를 접하게 되면 비서의 말 한마디가 조직에 영향을 끼칠 수 있음을 상기하고 항상 언행을 조심해야 한다.

- 윤리의식 및 정직 : 직업에 대한 소명의식과 윤리의식을 바탕으로 전문 직업인의 자세를 갖추기 위해 노력해야 하며, 조직의 정책과 규정을 준수하며 항상 정직해야 한다.

• 충성심 : 개인의 이익이 아니라 조직과 상사의 관점에서 생각하고 판단할 수 있어야 한다.

5 태도(Attitude)

태도는 사람의 가치관에 따라 나타나는 행동양식과 감정상태를 의미한다. 비서는 비서로서의 직업 가치관에 맞는 태도를 갖추어야 한다.

• 친절 : 조직내의 상사, 동료, 선후배는 물론이고 외부 손님 및 거래처 관계자들에게도 항상 친절하게 대함으로써 차분하면서도 밝은 분위기를 만들어야 한다.

• 판단력 : 비서는 비정형적인 업무가 많으므로 상사를 보좌하기 위해서는 상황에 맞게 적절한 업무 판단을 할 수 있는 능력이 필요하다. 또한 상사 보좌 시 비서는 자신에게 주어진 권한을 넘지 않도록 유념해야 한다.

• 정확성 : 비서는 신속하면서도 정확하게 업무를 처리해야 한다. 회의자료 작성, 문서 작성, 경비처리, 의사전달, 지시사항 등을 처리함에 있어서 오류가 없어야 한다.

• 융통성 및 적응력 : 변화하는 상황이나 새로운 흐름에 유연하고 능동적으로 대처할 수 있는 태도가 필요하다.

• 적극성 및 주도성 : 상사의 직접적인 지시가 없어도 스스로 솔선수범해서 업무를 찾아서 수행하는 자세를 갖추어야 한다.

• 책임감 : 자신에게 부여된 업무에 책임감을 가지고 수행한다.

• 자기개발 : 자신의 역량을 높이기 위해 끊임없이 배우고 노력함으로써 자신과 조직뿐 아니라 자신이 속한 분야의 전문성을 높이는데 기여하도록 한다.

 비서의 자기개발

　현대를 살아가는 모든 직장인은 급변하는 환경에 적응하기 위해 노력한다. 비서직의 경우 비서로서의 업무 능력도 향상시켜야 할 뿐 아니라, 사무 환경 및 기술 변화에 발맞출 수 있는 능력이 요구되며, 이에 조직들도 비서 교육에 많은 지원을 하고 있다.

　과거의 비서교육이 선배의 경험에 의존했다면 오늘날의 비서 교육은 교육 기관이나 정보채널을 통해 더 많이 이루어지고 있다. 교육기관으로는 대학, 대학부설 비서교육기관, 사내교육기관, 사설직무교육기관, 노동부산하 직업 훈련기관, 사설학원 등이 있다. 정보채널로는 비서협회, 비서학회, 직장동아리, 사이버 비서동아리 등이 있다. 비서관련 협회에서 발간되는 소식지, 잡지, 학회지, 동아리의 자료 등을 활용하면 보다 효과적으로 재교육의 기회를 얻을 수 있다.

　최근에는 컴퓨터와 통신의 발달로 다양한 교육기관에서 온라인 비서교육을 실시하고 있다. 시간과 물리적 이동에 제한이 많은 비서들은 온라인 비서 교육을 통해 업무 능력을 향상시키고 있다.

　이렇듯 비서는 다양하게 확대된 계속교육과 재교육의 기회를 활용하여 자기개발을 할 수 있다. 비서가 계속교육을 통해 능력을 개발해야 할 분야는 다음과 같다.

| 한국비서협회 www.kaap.org

| 한국비서학회 www.kass.or.kr

▌ 정보기술 능력

비서직과 관계가 깊은 분야이다. 특히 최신의 정보화 기기 사용방법, 데이터베이스 생성 및 관리, 전자우편관련 기술, 스프레드시트를 활용한 재무회계 문서 작성, 컴퓨터 발표자료(파워포인트 등)의 작성, 사내일정관리 프로그램 관련 교육, 정보검색능력 등의 분야에 대한 능력을 보유해야 한다. 정보기술 분야만큼 빠르게 변하는 분야가 없을 정도로 이 분야의 변화 속도는 가히 엄청나다고 할 수 있다. 따라서 비서는 새로운 정보기기를 잘 사용할 수 있도록 계속해서 배워야 한다. 정보기기의 이용 방법 뿐 아니라 데이터의 습득, 해석, 평가, 파일의 조작, 관리 등과 관련된 업무 능력도 지속적으로 높여나가야 한다.

▌ 커뮤니케이션 능력

커뮤니케이션 능력을 향상시키기 위해서는 경청과 표현능력뿐 아니라 인간관계 능력, 프리젠테이션 능력, 문제해결 능력, 논리력 등도 개발이 필요하다. 이러한 능력은 많은 경험과 교육을 통해 신장될 수 있다. 리더쉽이나 인간관계 등은 사내교육 혹은 많은 사설 인적자원개발HRD 훈련기관을 통해 재교육을 받을 수 있다.

▌ 언어 능력

언어능력은 자국어와 외국어로 정확하게 알아들을 수 있는 듣기능력과 표현하고자 하는 내용을 효과적으로 전달할 수 있는 말하기 능력 그리고 정확하게 문서를 이해하고 작성할 수 있는 독해 능력과 쓰기 능력이 모두 포함된다. 구체적으로는 본인이 속한 분야의 전문용어를 제대로 구사하고, 의전에 맞추어 편지문과 연설문 등을 작성하며, 비서실에서 다루는 모든 문서를 문법적 오류없이 수정할 수 있어야 하며, 난해한 문서를 이해하기 쉽게 수정할 수도 있어야 한다.

이러한 업무를 수행하기 위해서 비서는 항상 사전(국어사전, 외국어사전, 유의어사전 등)을 비치해 두고 문법교재, 비즈니스 서한관련 매뉴얼, 공문서 양식과 기본

문형 가이드 등을 최근의 것으로 준비한다. 외국어와 관련해서는 교육기관이나 온라인 교육을 이용할 수 있으며, 자주 사용되는 단어와 표현을 정리하여 비치하면 많은 도움이 된다.

▌ 회계, 재무 능력

비서에게 필요한 회계능력은 자신이 속한 조직의 재무제표와 회계 감사 자료를 이해하는 것부터 작게는 비서실의 운영비 출납상황에 이르기까지 매우 다양하다. 회계능력을 보유한다는 것은 한단계 높은 수준의 비서로 자리매김을 하는 계기가 될 수 있다. 특히 전산 회계시스템을 활용하거나 비용과 관련된 자료를 입력, 출력할 수 있는 것은 중요한 업무가 되어가고 있다. 최근에는 ERP나 PI 시스템의 적용과 함께 중소기업청이나 정보통신부에서도 관련 교육이 이루어진다.

▌ 매너

비서직은 상사의 수준에 맞는 매너와 의전 지식을 갖춰야 한다. 매너 강좌는 대학의 교육기관이나 사설 교육기관에 많이 개설되어 있다. 또한 다양한 비서 커뮤니티를 통해서 경험자들의 조언을 얻을 수 있다.

익힘문제

CHAPTER 01

Q1 본인이 생각하는 비서에게 꼭 필요한 자질 5가지를 기술해보자.

Q2 현재 본인이 비서가 되기 위하여 받고 있는 교육은 무엇인가? 또한 비서로서의 역량을 높이기 위해 추가되어야 할 교육은 무엇인지 논의해보자.

Q3 전문 비서가 되기 위해 갖추어야 할 지식, 기술, 능력, 가치, 태도에 대해 논의해보자.

SECRETARIAL
PROCEDURES

비서실무의 5판
이해

CHAPTER

02

전화응대
업무

CHAPTER 02

전화응대 업무

전화응대 업무

오늘날 전화는 쌍방간의 의사소통 기능을 넘어서 정보검색, 정보 전달 등 그 기능이 다양해져서 중요한 사무 수단이 되었다. 통신기기의 대명사라 할 수 있는 전화는 컴퓨터와 통신 기술의 급속한 발달과 더불어 기능뿐 아니라 서비스도 다양해졌다. 특히 스마트폰의 등장으로 업무에서 전화가 차지하는 비중이 매우 커졌을 뿐 아니라 스마트폰의 다양한 기능을 활용하여 업무의 효율성을 높일 수 있게 되었다.

스마트폰의 급속한 확산은 비서들로 하여금 새로운 업무 환경에 적응해야 하는 과제를 안겨 주었다. 즉, 스마트폰을 이용하여 과거보다 훨씬 더 신속하고 정확하게 업무를 처리할 수 있게 되었을 뿐 아니라 시공간을 초월하여 업무 수행이 가능해 졌다. 따라서 비서에 대한 상사의 기대가 높아졌을 뿐 아니라 비서에 대한 믿음도 커졌다. 실제 많은 비서들이 외부에 있는 경우 또는 업무 시간 이외에도 손 안의 컴퓨터인 스마트폰을 이용해 시간과 장소에 구애 받지 않고 자료를 송부하거나 일정을 확인하고 있다. 또한 상사가 해외 출장 중일 경우에도 실시간으로 상사와 비서가 의견을 교환하고 일정을 조율함으로써 업무처리가 빨라졌다. 이처럼 이제 스마트폰 활용 능력은 비서가 반드시 갖추어야 할 능력이 되었다.

전화기기의 급속한 발달로 인해 업무 방식이 변화되었다고 해서 비서의 친절하고 예의바른 전화응대의 중요성을 간과해서는 안 된다. 조직과 상사를 대표하여 전화업무를 하는 비서는 전화응대 시 전문비서로서의 태도를 갖춤으로써 대내·외에 기업과 상사의 이미지를 제고할 수 있음을 기억해야 한다. 전화예절이 바른 비서는 조직에서 우수한 비서로 인식될 뿐 아니라 조직의 대외적인 이미지에 긍정적인 영향을 미치기 때문에 조직들은 비서직 종사자들에게 전문적인 전화응대 능력을 요구하고 있다.

비서의 예의바른 전화응대는 메마르기 쉬운 조직에 활력을 불어 넣을 뿐 아니라 상사와 조직의 업무 성과에 영향을 미치므로 전화응대 업무의 중요성을 잊지 않도록 한다. 특히 최근에는 SNS 등 여러 이유로 잘못된 우리말의 사용이 급증하고 있다. 전화응대 뿐 아니라 내방객 응대, 보고할 때 등 모든 경우 비서는 올바른 언어표현을 함으로써 전문비서로서의 자세와 역량을 갖추어야 한다.

잘못 쓰는 높임말, 어디까지 아세요?

완연한 봄날입니다. 그동안 추운 날씨에 몸과 마음이 한껏 움츠려 있었는데, 도저히 가만히 있을 수 없어 회사 앞 청계천에 나섰는데요. 여유까지 느껴보려고 커피 한잔 사들고 커피전문점을 나서는데 바뀐 컵홀더의 문구가 눈에 들어옵니다.

'주문하신 커피 나왔습니다. 저희 매장에서는 올바른 국어사용을 위해 사물존칭을 사용하지 않습니다.'

"주문하신 아메리카노 나오셨습니다."

이 말이 물건(아메리카노)을 과도히 높이는 잘못된 것임이 알려진 후 많은 커피전문점에서 사용하지 않고 있는데요. 요즘엔 커피전문점뿐만 아니라 백화점, 대형마트 등 유통업계에서도 사물 극존칭에 익숙해진 문화를 바로잡으려는 자정 노력이 한창입니다. 그런데 잘못 쓰는 높임말, 이것만 있을까요?

◇ 압존법의 그늘 – "부장님, 과장님께서 아직 안 오셨습니다"

회사에서 상사인 과장이 오지 않았을 때 더 상사인 부장에게 "과장님께서 아직 안 오셨습니다"라고 말해야 할지 "과장님이 아직 안 왔습니다"라고 말해야 할지 판단이 서지 않을 때가 많죠? 이건 바로 '압존법' 때문인데요. 국립국어원에 따르면 압존법이란 '문장의 주체가 화자(말하는 사람)보다는 높지만 청자(듣는 사람)보다는 낮아 그 주체를 높이지 못하는 어법'입니다. 즉 "할아버지, 아버지가 아직 안

왔습니다"라고 해야 한다는 말인데요.

그런데 직장에서 압존법을 사용하시나요? 평사원이 "부장님, 과장이 아직 안 왔습니다"라고 문법에 맞춰 말할 수 있을까요? 아마도 듣는 부장 입장에서도 '버릇없다'는 생각을 할지 모르겠는데요. 이런 현실을 반영해서인지 국립국어원에서도 발간한 '표준 언어 예절'에서 "직장에서의 압존법은 우리의 전통 언어 예절과는 거리가 멀다. 직장 사람들에 관해 말할 때에는 '-시-'를 넣어 존대하는 것이 바람직하다" 고 해놓았습니다. 즉 듣는 사람이 누구이든 자기보다 윗사람에 대해 말할 때는 높임말을 쓰는 것이 표준 화법입니다. 따라서 부장님에게도 "과장님이 아직 안 오셨습니다"라고 말하는 것이 올바른 예절입니다.

◇ 높임말 남용 – "이 음식 한번 드셔보세요"

마트 시식코너에 가면 자주 들을 수 있는 이 말 역시 틀린 표현입니다. "고기를 잡으라"는 말을 높일 땐 "고기를 잡아보세요"라고 하지 "고기를 잡으셔보세요"라고 하진 않죠. 마찬가지로 "노래 부르셔보세요" "한 말씀 하셔주세요"는 말이 안됩니다.

이같이 서술어가 둘 이상 이어질 땐 맨 마지막 서술어에만 높임말을 쓰는 것이 올바른 존대법입니다. 따라서 음식을 권할 때는 "드셔보세요"가 아니라 "들어보세요"라고 말해야 합니다.

◇ '겠'의 잘못된 사용 – "이 제품가격은 5000원 되겠습니다"

'-겠-'은 확실하지 않은 일에 대한 추정을 나타낼 때 쓰는 어미입니다. '내일은 비가 오겠다' '올봄엔 따듯하겠다'처럼 말입니다. 따라서 "이 제품가격은 5000원입니다"로 써야 맞습니다.

얼마 전 취업포털 커리어가 구직자를 대상으로 설문조사한 바에 따르면 65%가 자기소개서 작성시 '국어문법 사용에 어려움을 겪는다'고 했는데요. 이중 '높임말 사용이 어렵다'는 답변이 큰 비중을 차지했습니다. 왜 그럴까요? 인터넷 신조어나 축약어 사용 등에 익숙한 탓에 일상생활에서 높임말을 사용할 일이 거의 없기 때문에 제대로 사용할 줄 모르게 된 게 아닐까요? 그런 점에서 남녀노소 누구나 많이 찾는 커피전문점 같은 서비스업 종사자들의 자정 노력은 늦은 감이 있지만 높이 평가할 만합니다. 다만 이 같은 캠페인이 일회성에 그치지 말고 꾸준히 지속됐으면 하는 바람입니다.

오늘의 문제입니다. 다음 중 맞는 말은 무엇일까요?

① 부장님, 수고하세요.

② 반응이 아주 좋으세요.

③ 할머니, 많이 아프세요?

④ 선생님께서 너 오라고 하셔.

정답은 ④입니다. ① '수고하세요'는 '힘들이고 애쓰라'는 뜻이어서 윗사람에겐 바람직한 인사말이 아닙니다. ②는 '반응이 아주 좋아요'로, ③은 '할머니, 많이 편찮으세요?'로 써야 합니다.

기사참조: 한글문화연대, 틀리기 쉬운 높임말 33가지

출처: 머니투데이(2015. 3. 17)

 기본 원칙

많은 사람들이 직장에서 어려움을 겪는 업무 중의 하나가 전화응대이다. 존칭 문제, 적절한 어휘 선택 및 높임말 사용 등 바른 전화응대를 하기 위해서는 언어 예절 뿐 아니라 전화응대의 기본을 확실히 익혀두어야 한다.

상사의 기호파악

많은 사람들이 전화업무를 쉽고 간단한 업무라고 생각하지만 비서의 전화업무는 고도의 전문능력을 필요로 하는 주요업무이다. 비서가 상사와 조직 현황 및 업무 흐름에 대한 충분한 지식과 이해가 있어야 상사와 조직의 성과를 높일 수 있는 전화응대가 가능하다. 따라서 비서는 전화응대 예절 뿐 아니라 업무 이해도를 높이기 위해 끊임없이 공부하는 자세가 필요하다.

비서는 상사가 불필요한 전화로 시간을 낭비하지 않도록 보좌하기 위해서 상사가 선호하는 전화응대 방식을 신속히 파악해야 한다. 처음 입사하여 외부에서 걸려온 전화를 상사에게 연결할 경우 용건을 말하기도 전에 연결하라고 지시하는 사람이 있는가 하면, 이름과 용건을 말하자 왠지 상사가 받기를 꺼리는 경우도 있다.

신입 비서가 상사가 선호하는 전화응대 방식을 익히기는 쉽지 않을 뿐 아니라 많은 시간이 필요하다. 이러한 시간을 줄이기 위해서는 전임자에게 전화업무와 관련하여 필요한 정보를 얻도록 한다. 예를 들어 상사와 자주 통화하는 사람들이 누구인지, 상사가 전화 받기를 꺼리는 사람은 어떠한 사람인가, 회의 중에도 전화를 받는 사람은 누구인지 등 구체적으로 질문을 하여 필요한 정보를 얻도록 한다.

비서는 상사와 자주 전화통화를 하는 사람들의 음성 또한 기억하도록 한다. 목소리를 기억하기 위해서는 목소리의 특징을 구별하여 공책이나 명함에 적어 놓고 기억하도록 한다. 물론 전화 통화를 하는 모든 사람의 목소리를 구별하기는 힘들지만 자주 전화하는 사람이나 중요한 사람의 목소리를 기억하여 먼저 인사를 한다면 상대방에게 좋은 인상을 줄 수 있다.

비서는 상사가 원하지 않는 전화일지라도 상대방의 기분을 상하게 해서는 안된다. 비즈니스에서의 인간관계는 유동적이다. 즉 현재는 중요하지 않은 사람일지라도 추후 언제든 상황이 변할 수 있으므로 비서는 상사에게 걸려온 전화는 최선을 다해 응대해야 한다.

▌ 전화응대 자세

전화는 메모나 편지, e-mail보다 더 간편하고 정확하게 의사를 전달할 수 있을 뿐 아니라 감정과 태도까지 상대방에게 전달된다. 따라서 비서는 자신의 전화응대 태도가 조직과 상사의 이미지를 높일 수도 있고, 반대로 상대방을 불쾌하게 하여 기업의 이미지 뿐 아니라 거래나 사업에 치명적인 불이익을 줄 수 있음을 기억하고 올바른 전화응대를 할 수 있도록 한다.

✿ 신호가 3번 울리기 전에 왼손으로 전화를 받는다

신호가 3번 울리기 전에 왼손으로 전화를 받는다. 오른손은 메모를 할 수 있도록 한다. 바쁜 일을 하던 도중이라도 전화벨이 세 번 울리기 전에 받도록 하며, 혹 늦게 받았을 경우는 반드시 죄송하다는 사과의 말을 먼저 하도록 한다.

왼손을 주로 사용하는 사람은 오른손으로 전화를 받고 왼손으로 메모를 한다.

✿ 예의바르게 응대한다

상대방에게 자신의 미소를 전달할 수 있을 정도로 친절하고 예의바르게 응대한다. 그러나 지나친 친절은 상대방을 부담스럽게 할 수 있으므로 사무에 맞는 친절임을 잊지 않도록 한다. 전화응대시 발음은 정확하고 목소리는 명랑하게 하여 의사전달이 확실히 되도록 한다. 바람직한 전화 목소리는 낮으면서도 공손하고 활기찬 목소리이다. 무표정한 음성과

지나치게 크거나 작은 목소리, 마지못해 대답하는 듯한 태도는 상대방에게 불쾌감을 준다.

✣ 언제나 메모할 수 있도록 한다

전화응대시 필요한 내용을 적을 수 있도록 전화기 옆에 항상 공책과 펜을 가까이 두도록 한다. 통화 도중에 메모지나 펜을 찾는 태도는 상대방에게 신뢰감을 줄 수 없을 뿐 아니라 전문 직업인의 자세라 볼 수 없다. 전화가 오면 왼손으로 수화기를 드는 동시에 오른손으로 펜을 잡는 것을 습관화하면 메모하는 습관이 몸에 익혀진다.

✣ 사적인 전화를 삼간다

업무시간에 자주 사적인 통화를 하는 비서는 자신의 업무에 소홀하다는 인상을 준다. 회사는 일하는 곳이지 사적인 업무를 보는 곳이 아님을 명심하고 사적인 전화는 점심시간이나 퇴근시간 이후에 하도록 한다. 열심히 일하는 모습은 열심히 일한 후의 성과만큼이나 자신의 이미지와 능력에 영향을 미침을 명심하도록 한다.

전화를 걸고 받을 때의 자세

▌전화를 걸 때 유의사항

✣ 용건을 정리한다

전화를 걸기 전에 전화를 거는 목적을 가능하면 6하원칙에 따라 정리하고 말할 순서를 미리 생각해 두도록 한다. 그러나 긴급하게 전화를 걸어야 하는 경우가 많은 비서직의 경우 매번 내용을 정리한 후 전화를 걸기는 쉽지 않다. 그러나 '바쁠수록 돌아가라'는 옛 속담이 있듯이 아무리

급한 상황이라도 비서는 전화 걸기 전에 용건을 정리한 후 다이얼을 돌리도록 한다.

✤ 필요서류 등을 구비해 놓는다

전화를 걸기 전에 필요한 서류나 자료를 갖추어 놓도록 하고 메모 노트와 펜은 항상 책상 위에 두어 언제든지 이용할 수 있도록 한다. 통화 도중에 자료나 메모지를 찾는 행동은 통화시간을 지연시킬 뿐 아니라 전문 비서의 자세가 아니다.

✤ 상대방의 소속과 이름을 확인한다

전화기를 걸기 전에 상대방의 이름, 직함, 소속, 전화번호를 확인한다. 자주 연락하는 전화번호는 외우려고 노력하고, 전화기에 저장하거나 쉽게 찾을 수 있는 방안을 마련한다. 승진이나 부서이동 등으로 직함이나 부서명이 변경된 경우 이전의 직함이나 부서명을 부르지 않도록 유의한다.

✤ 자신을 밝히고 상대방을 확인한다

전화가 연결되면 우선 자신의 소속과 이름을 밝히고 나서 상대방을 확인한다. 자신을 소개할 경우는 회사명, 부서명, 이름 순으로 밝히도록 한다. 예를 들어 "신성전자 비서실의 김영숙입니다." 상사를 대신하여 전화를 걸 경우는 "대영전자 김영철 사장님 비서인 손정숙입니다" 등으로 소개를 한다.

✤ 용건은 결론부터 말한다

공적인 전화이므로 인사는 간단히 하고 "다름이 아니오라" 등으로 서두를 시작하여 바로 용건으로 들어가도록 한다. 용건은 우선 결론부터 말하고 그 다음에 필요한 내용을 논리적으로 말한다.

> • 다름이 아니오라 이번주 금요일 오전 10시 회의 일정이 오후 2시로 변경되었습니다.

또한 상사의 의사를 전달해야 하는 경우는 자신의 의사가 아닌 상사의 의사임을 상대방이 알 수 있도록 표현해야 한다.

> • 사장님은 회의에 참석하실 수 없으십니다. (X)
> • 사장님께서 일정상 그 회의에 참석할 수 없으시다고 말씀 전해 드리라고 하셨습니다. (O)

비서직은 뛰어난 커뮤니케이션 능력을 필요로 한다. 언제나 정확하고 또렷한 발음을 하도록 하며, 평소에 책이나 신문 등을 많이 읽어 자신의 의견을 상대방에게 간단 명료하게 전달할 수 있도록 적절한 어휘 선택과 표현 능력을 기르도록 한다. 또한 표준어를 구사하도록 하고 전문용어나 약어, 외래어는 가능한 사용하지 않도록 한다.

✿ 복창을 하도록 한다

용건을 전달하면 받는 쪽이 복창하는 것이 예의이다. 그러나 상대방으로부터 아무런 반응이 없을 경우는 전화를 건 쪽에서 복창하여 상대방의 이해 여부를 확인하도록 한다. 특히, 중요한 사항은 반드시 복창하여 재확인하도록 한다. 정확을 기하는 것은 비서의 바람직한 업무 자세이다.

✿ 끝맺음을 한다

인사를 하고 손으로 수화 버튼을 눌러 끊고 수화기를 내려 놓는다. 전화는 건 사람이 먼저 끊으나 상대방이 손윗사람인 경우에는 상대방이 수화기를 내려 놓은 후 조용히 내려 놓는다.

▌ 전화를 받을 때 유의사항

✿ 벨이 3번 울리기 전에 받는다

전화가 걸려오면 다른 일을 하다가도 멈추고 벨이 3번 울리기 전에 받아 자신을 밝힌다. 전화 통화시 수화기가 너무 입과 가까이 또는 너무 멀리 떨어지지 않도록 한다. 약 5~7cm 정도 떨어지는 것이 적당하다. 전화가 오면 메모할 준비를 하도록 한다.

❖ 자신을 밝힌다

전화를 받으면 먼저 소속과 이름을 경우에 맞게 밝힌다. 요즘 많은 기업들이 전화 교환원을 두지 않고 직원들 각자에게 직통번호를 부여하고 있다. 외부에서 걸려오는 전화응대 시 회사명을 밝히지만 회사내부 전화인 경우는 회사명을 밝힐 필요가 없다.

> 사외 전화 응대 시
> • 안녕하십니까? 경인산업 비서실입니다.
> 사내 전화 응대 시
> • 안녕하십니까? 비서실 김미영입니다.

❖ 전화를 건 상대방을 확인한다

전화를 건 상대방의 이름과 소속, 용건을 확인하고 예의바르게 인사를 나눈다.

> 상대방을 확인한다.
> • 실례지만, 성함을 여쭤봐도 될까요?
> • 어느 분이시라 여쭐까요?
> • 어느 분이 전화하셨다고 말씀 드릴까요?
>
> 용건을 확인한다.
> • 용건을 말씀해 주시겠습니까?
> • 전할 말씀이 있으십니까?
> • 제가 용건을 여쭤봐도 될까요?

❖ 메모하면서 듣는다

용건을 메모하면서 듣는다. 용건을 알아들을 수 없을 때는 다시 물어보고 날짜·시간·장소 등 중요한 내용은 재차 확인한다.

전화 도중에 다른 사람과 의논해야 할 경우에는 송화기를 손으로 막고 이야기하거나 보류 음악이 나가게 한다. 의논하는 시간이 오래 걸릴 때는 상대방에게 기다려줄 것을 요청하거나 다시 걸도록 한다.

끝맺음을 한다

끝맺음 인사를 하고 상대방이 수화기를 놓은 뒤에 조용히 수화기를 내려 놓는다.

상황별 전화응대

▌전화연결

비서의 업무 중 하나가 상사에게 걸려오는 무수히 많은 전화를 선별하여 상사가 불필요한 전화로 인해 중요한 시간을 낭비하지 않도록 보좌하는 것이다. 그러기 위해서는 전화를 건 상대방의 소속과 이름, 용건을 먼저 파악하여야 한다. 아직까지도 연장자에게 용건을 묻는 것을 무례하다고 생각하는 경향이 있으나 전화를 건 상대방의 소속 · 용건 등을 확인하지 않고 상사에게 전화를 연결해서는 안된다. 그러나 상사와 친분이 있는 경우, 신년하례, 승진축하 등 시기적으로 용건이 분명한 경우, 용건을 묻지 않고 연결하는 경우도 있다. 특히 상사의 윗사람이 전화하여 상사를 바꾸라고 할 경우 용건을 묻지 않고 바로 상사에게 전화를 연결한다.

또한 비서는 자신이 속해 있는 조직과 관계된 대내외 주요 인사를 알고 있어야 한다. 예를 들어 해당 분야의 주요 인사가 직접 전화하여 상사와 전화연결을 요청할 경우 상대방의 이름을 듣고 바로 누구인지 알 수 있어야 한다. 주요 인사를 몰라 소속과 이름을 여러 번 확인하는 결례를 범하지 않도록 한다.

> • 사장님, 삼신전자의 김영철 이사님이 신제품 개발건으로 전화하였습니다.
> • 사장님, 삼신전자의 김영철 이사님이 전화하셨습니다. 용건은 직접 말씀드린다고 하십니다.
> • 사장님, 회장님께서 전화하셨습니다. 연결하겠습니다.

다음은 상사에게 전화를 연결하는 경우의 전화 응대이다. 전화응대 예1은 상대방에게 소속과 용건을 물어본 후 상사와 전화를 연결하는 경우이다.

❖ 전화를 상사에게 연결하는 경우

전화응대 예1 전화연결

비　서　안녕하십니까? 기린물산 비서실입니다.

상대방　사장님 좀 바꿔주시겠어요?

비　서　어느분이시라 여쭐까요?

상대방　대우전자 강영식 전무입니다.

비　서　전무님, 안녕하세요?

상대방　예, 안녕하세요.

비　서　전무님, 제가 용건을 여쭤봐도 될까요?

상대방　제가 직접 말씀드리죠.

비　서　네, 알겠습니다. 잠시만 기다려 주세요.

(인터폰으로)

비　서　사장님, 대우전자 강영식 전무님이 전화하셨습니다. 용건은 직접 말씀 드리신답니다. 연결할까요?

상　사　네, 연결하세요.

비　서　사장님, 잠시 수화기를 내려놓고 기다리시면 연결하겠습니다.

(비서-상대방)

비　서　전무님, 기다려 주셔서 감사합니다. 지금 연결하겠습니다.

강전무　네, 고맙습니다.

(인터폰으로)

비　서　사장님, 전화 연결되었습니다.

전화응대 예2는 상사와 자주 전화통화를 하는 상대방의 목소리를 알아듣고 상사와 연결하는 상황이다. 이 상황은 비서가 용건을 확인하지 않아도 되는 경우이다.

> 비　서　안녕하세요? 기린물산 비서실입니다.
> **상대방**　사장님 좀 바꿔주세요?
> 비　서　전무님, 안녕하셨어요?
> **상대방**　예. 김비서도 잘 지냈어요?
> 비　서　예, 전무님, 잠시만 기다려 주세요. 전화 연결하겠습니다.
> (인터폰으로)
> 비　서　사장님, 대영전자 강영식 전무님 전화입니다. 2번 전화입니다.
> **상　사**　네.

상사와 통화를 원하는 상대방에게 소속, 용건 등을 확인한 후 상사에게 전화를 연결했는데 상사가 전화 받기를 꺼리는 경우가 있다. 그래서 많은 비서들은 상사가 자리에 있을지라도 잘 알지 못하는 사람이 전화로 상사를 찾을 경우 상사가 자리를 비웠으므로 메모를 남겨달라고 한다. 이후 메모를 상사에게 전한 후 상사의 지시에 따른다.

✿ 직급이 다른 경우

　상사가 전화 연결을 원하는 상대방이 상사와 직위가 같은 경우에는 상대방의 비서에게 "같이 연결하죠"라는 말로 상사와 상대방이 수화기를 동시에 들도록 중재한다. 상사보다 더 높은 직위일 경우 상대방의 비서에게 "제가 먼저 연결하겠습니다"라고 말하고 상사에게 전화를 연결하여 상대방이 수화기를 들기 전에 상사가 먼저 수화기를 들도록 중재한다. 반대의 경우에는 상대방이 먼저 수화기를 들 수 있도록 상대편의 비서에게 부탁한다.

표면적으로 직함이 같을지라도 사회적인 위치나 영향력, 갑을 관계 등으로 서열에 차이가 있을 수 있다.

다음은 직급이 다른 상사 간의 전화연결 응대 방식이다.

전화응대 **예3** 상사보다 직급이 더 높은 사람과의 전화 연결

> 사장비서 안녕하십니까? 삼신전자 비서실입니다.
>
> **회장비서** 안녕하세요, 최미영씨? 삼신중공업 김철수 회장님 비서 김영숙입니다.
>
> 사장비서 김영숙씨, 안녕하셨어요?
>
> **회장비서** 네, 안녕하세요. 회장님께서 이인석 사장님과 전화연결을 부탁하시는데,
> 지금 사장님 통화 가능하신가요?
>
> 사장비서 예, 가능하십니다. 제가 먼저 연결하겠습니다. 잠시만 기다려 주세요.
>
> **회장비서** 예, 알겠습니다.
>
> 사장비서 사장님, 삼신중공업 김철수 회장님 전화입니다.
>
> …
>
> **회장비서** 회장님, 삼신전자 이인석 사장님 전화 연결되었습니다.

▌ 상사 부재 시 전화응대

상사 부재 시 상사를 찾는 전화를 받을 경우 전화를 받는 자신의 소속과 이름을 분명히 밝히고 전화를 건 상대방의 소속과 이름, 용건, 전화 받은 날짜와 시간, 회신의 필요성 여부, 상대방의 전화번호 등을 메모한다. 상대방의 전화번호를 상사가 알고 있더라도 비서가 다시 한번 확인하도록 한다.

상사 부재 중에 걸려온 전화 내용을 메모지에 적어 상사의 책상 위에 문진(文鎭) 등으로 눌러 놓고, 후에 상사가 볼 수 있도록 한다. 또한 상사가 전화메모를 보았는지의 여부도 반드시 확인하도록 한다. 상사가 장시간 자리를 비울 경우 상사가 원할 경우 문자나 메신저 등을 이용하여 전화수신 내역을 상사에게 알려드린다.

전화메모는 적은 즉시 상사의 책상 위에 올려놓는 습관을 들이도록 한다. 나중으로 미루었다가 메모를 전달하는 것을 잊어버려 상사가 중요한 전화를 놓치지 않도록 유의한다. 전화메모는 상사의 눈에 잘 띄는 곳에, 혹은 상사와 사전에 약속한 장소에 놓도록 한다.

| 전 화 메 모 | TELEPHONE MEMO |

전 화 메 모

_____ 님

자리를 비우신 동안에 전화가 왔었습니다.

　　　　　年　月　日(오전/오후)　時　分

발신자 : 성　　명 _____

　　　　소　　속 _____

　　　　전화번호 _____

□ 전화요망

□ 다시 걸겠다고

□ 그냥 전화했다고

□ 급한 용건이라고

MEMO _____

　　　　전화 받은 사람 _____

TELEPHONE MEMO

Date _____ Time : am

　　　　　　　　　　　　pm

To _____

　　While You Were Out

Mr./Ms. _____

Of _____

Tel No: _____ Ext _____

□ Telephoned　　□ Will call again

□ Returned your call

□ Came to see you

□ Please call

□ Wants to see you

□ Message _____

　　　　Taken by _____

| 전화메모(한글 · 영문)

상사가 출장, 회의, 기타 용무 등으로 자리를 비울 경우 비서는 재치있고 현명하게 응대해야 한다. 상사의 부재 이유를 부정적으로 응답하여 상대방에게 좋지 않은 이미지를 주지 않아야 한다. 또는 상사의 부재 이유를 지나치게 자세히 설명하여 정보를 흘리지 않도록 주의한다. 특히 상사의 부재 이유를 자세히 물어보는 상대방에게는 각별히 주의를 기울여야 한다.

- 사장님 아직 출근하지 않으셨습니다.(X)
- 사장님 오늘 오전 외부 일정으로 조금 늦게 출근하십니다.(O)
- 사장님 지금 국세청에서 오신 손님과 면담중이십니다.(X)
- 사장님 지금 면담중이십니다.(O)

다음은 상사가 출장으로 자리를 비웠을 때 비서의 전화응대이다. 비서는 상대방에게 상사의 출장지를 알리지 않으면서 전화응대를 하고 있으며, 상대방의 전화 번호를 다시 한 번 확인하는 태도를 아래 대화에서 볼 수 있다.

> 비　　서　안녕하십니까? 기린물산 비서실입니다.
>
> **상대방**　안녕하세요. 태광건설의 최지훈 상무입니다.
>
> 비　　서　상무님, 안녕하셨어요?
>
> **상대방**　네. 안녕하세요. 사장님 지금 자리에 계신가요?
>
> 비　　서　죄송합니다만 사장님께서는 지금 출장중이십니다. 다음 주 월요일에 돌아
> 　　　　　오세요. 메모를 남겨드릴까요?
>
> **상대방**　사장님 돌아오시면 전화 좀 부탁합니다.
>
> 비　　서　예, 알겠습니다. 상무님. 전화 번호를 다시 확인해도 될까요?
>
> **상대방**　554-2389입니다.
>
> 비　　서　554-2389요. 감사합니다.

　비서는 상사가 회의 중이거나 손님과 면담 중일때 전화를 건 상대방에게 상사의 상황을 사과의 말과 함께 전한다. 그리고 용건을 메모하고 전화 회신 희망 여부를 물어보도록 한다.

　그러나 상대방이 급한 용무로 지금 당장 통화를 원할 때 상대방의 소속과 이름, 용건을 메모지에 적어 회의 또는 면담 중인 상사에게 전달하고 상사의 지시에 따르도록 한다. 이 때 메모내용을 다른 사람들이 보지 않도록 메모지를 접어서 상사에게 전달한다. 회의실에 들어갈 경우는 노크를 하지 않는다. 노크를 하게 되면 회의가 중단되므로 조용히 회의실 문을 열고 안으로 들어간다.

다음은 회의 중인 상사에게 급한 전화가 온 경우이다.

전화응대　예5　회의 중 전화연결

비　서　안녕하십니까? 기린물산 비서실입니다.

상대방　안녕하세요. 영산업의 김명훈전무인데, 사장님 좀 바꿔주시겠어요?

비　서　죄송합니다만, 전무님, 사장님은 지금 회의중이십니다. 회의 끝나는 대로 연락드릴까요?

상대방　좀 급한 일인데… 회의중이라도 좀 바꿔주시겠어요?

비　서　죄송합니다만 무슨 용건이신지 제게 말씀해 주시겠어요?

상대방　부산공장 부지 계약건인데요.

비　서　네, 알겠습니다. 잠시만 기다려 주십시오.(전화 보류 단추를 누른다.)

상대방　네, 고맙습니다.

(비서는 회의장에 조용히 들어가 사장님께 메모를 전한다. 사장님이 메모를 읽어 본 후 전화를 받겠다고 한다)

비　서　전무님, 기다려 주셔서 감사합니다. 지금 사장님께 전화 연결하겠습니다.

상대방　네, 감사합니다.

(인터폰으로)

비　서　사장님, 김명훈 전무님 전화 연결되었습니다.

 기타 다양한 상황에서의 전화응대

▌상대방이 부재중일 때

상사가 통화하기를 원하는 상대방이 자리를 비워 전화 연결이 안되는 경우에는 후에 다시 걸 것에 대비하여 상대방이 돌아오는 시각을 알아두도록한다. 메모를 남길 때는 상사의 이름, 소속, 전화 번호, 용건 등을 알려 주고, 전달을 받고 있는 사람이 누구인지도 확인해 둔다. 메모는 가능하면 상대방의 비서 또는 담당 부서의 직원에게 남긴다.

상대방의 전화를 대신 받아주는 사람의 이름을 묻는다.

• 실례합니다만 누구십니까?

언제 돌아오는가를 묻는다.

• 몇시쯤이면 돌아오실까요?
• 그러면 ○시쯤 다시 한번 이쪽에서 전화를 걸겠습니다.
• 돌아오시면 전화 주시도록 전해주십시오.
• 돌아오시면 ○○의 건을 좀 전해주십시오.
• ○○로부터 전화가 왔었다고 전해주십시오.

▍ 직위가 높은 사람에게 비서가 전화를 걸 때

비서직의 특성상 직위가 높은 사람에게 전화를 걸어야 하는 경우가 자주 있다. 이런 경우 우선 상대방의 비서에게 전화를 하여 용건을 전하고 적당한 조치를 기다리는 것이 원칙이다. 그러나 비서가 없는 경우 또는 상대방과 직접 통화가 되었을 때는 당황하지 말고 직접 전화를 드리게 된 점을 사과하고 용건을 전하도록 한다.

안녕하십니까? 이렇게 직접 전화드려서 죄송합니다. 경인산업 김영수 사장님 비서인 이영숙입니다. 다름이 아니오라 이번주 수요일 저녁 약속을 확인하고자 전화드렸습니다.

▍ 상사가 통화중일 때

상사가 통화 중일 때는 상대방에게는 상사가 통화 중임을 알리고 기다릴 것인지, 메시지를 남길 것인지, 아니면 상사가 통화를 마치면 우리쪽에서 전화를 해 주기를 원하는지 등을 확인하고 그에 맞는 응대를 하도록 한다. 상대방의 의사를 확인하지도 않고 상사가 통화 중이니 기다리라며 보류 버튼을 눌러서는 안 된다.

- 이사님은 지금 통화 중이십니다. 잠시만 기다려주십시오. (X)
- 이사님은 지금 통화중이십니다. 잠시 기다리시겠습니까? 아니면 이사님 통화 마치 시는 대로 저희가 전화 드릴까요?(O)

상대방이 기다릴 경우는 중간중간 전화를 다시 연결해서 상대방의 의사를 재확인한다.

전화 중개 시

전화를 중개할 경우에는 '누구로부터 누구에게'인지를 확인한 후 전화를 연결한다. 전화를 연결할 때는 상대방으로부터 들은 용건을 전해 줌으로써 전화를 건 사람이 같은 말을 되풀이하지 않도록 한다.

상대방	3분기 실적공시가 언제쯤 되는지 궁금해서 전화드렸습니다.
비 서	안녕하십니까? 담당자 연결에 착오가 있었나봅니다. 죄송합니다. 실적공시 담당자는 경영기획팀 ○○○사원이며, 바로 전화 연결 해드리겠습니다. 혹시 연결 중에 끊어지면, 담당자 직통번호는 02-526-00000이오니 참고바랍니다. 감사합니다.
담당자	경영기획팀 ○○○입니다.
비 서	안녕하세요. 비서팀 김서연입니다. 외부고객과 전화 연결되어 있으며, 3분기 실적공시 관련 문의입니다. 바로 응대 부탁드립니다. 연결하겠습니다.

통화 도중에 다른 전화를 받을 때

통화 중 다른 전화가 걸려올 때 비서는 통화 중인 상대방에게 양해를 구한 후 걸려온 전화를 받아 간단히 인사한 후 통화 중임을 알리고 통화를 마친 후 전화하겠다고 한다. 만일 후에 걸려온 전화가 윗사람의 전화이거나 시급을 요할 때는 먼저 걸려온 전화를 마무리 하고 급한 전화부터 처리하도록 한다.

> 비 서   상무님 안녕하세요. 죄송하지만, 제가 먼저 걸려온 전화를 받고 있습니다.
>   통화를 마친 후에 바로 전화드려도 괜찮으신지요?

▌ 비서 부재 시 전화응대

비서도 업무상 종종 자리를 비우게 된다. 이럴 경우 중요한 전화를 놓칠 수도 있고 전화를 오랫동안 받지 않음으로 인해 상대방에게 업무에 소홀하다는 인상을 줄 수도 있다. 따라서 이럴 때는 주변의 동료에게 전화를 받아 줄 것을 부탁하든지, 아니면 자신의 휴대전화로 착신할 수 있도록 연결해 둔다. 자동응답기는 급한 전화인 경우 상대방에게 답답함을 줄 수 있으므로 꼭 필요한 경우에만 사용하도록 한다.

▌ 전화가 잘못 걸려왔을 때

전화가 잘못 걸려왔을 때는 그냥 끊지 말고 우리 쪽의 전화번호나 회사명을 알려 준다. 만약 회사 내 다른 부서를 찾는 경우에는 해당 부서의 전화번호와 담당자를 알려 준다.

▌ 전화를 끊을 때

일반적으로 전화를 건 쪽에서 먼저 끊는 것이 원칙이지만 상대방이 손윗사람이거나 거래처일 경우에는 상대방이 먼저 끊도록 기다린다. 통화가 끝났을 때 "감사합니다. 안녕히 계십시오."라는 인사말을 잊어서는 안 된다. 수화기는 조용히 내려놓도록 한다.

> • 전화주셔서 감사합니다. 안녕히 계십시오.

전화가 도중에 끊어졌을 때도 원칙적으로 건 쪽에서 다시 건다. 그러나 이 경우에도 상대방이 윗사람일 경우는 아랫사람이 다시 걸도록 한다. 다시 통화가 된 경우 나의 고의적인 실수가 아닐지라도 전화가 도중에 끊어져서 죄송하다는 말을 먼저 하고 용건으로 들어가도록 한다.

• 전화가 도중에 끊겼습니다. 죄송합니다.

▌ 전화를 끊은 후

전화내용과 관련하여 업무를 수행한다. 예를 들어 일정이 결정되면 일정표에 기입하고 상사에게 보고를 한다. 타부서에 알려야 할 건이면 미루지 말고 바로 용건을 사내망이나 전화로 알린다. 문서작성이 필요한 내용이면 문서를 작성한다.

 사례 1

회사에 입사한지 얼마 되지 않았을 때 혹시 실수라도 할까 싶어 항상 초긴장의 상태였다. 그때 전화 한 통이 울렸다. 전화를 받자마자 상대방은 김대표 있나? 순간 비서실무에서 배운대로 소속과 존함을 여쭤보았지만 상대방은 매우 언짢아 하면서 친구니까 바로 연결하라고 하셨다. 순간 너무 당황해서 바로 연결을 하였고, 한 5분이 흘렀을까…

사장님께서 부르시더니 화를 내셨다. 듣고 보니 전화를 건 사람은 고교동창임을 사칭하여 청탁을 하는 사람이었고, 사장실로 전화해서 친구라고 이야기하여 통화하게끔 만드는 사람이었던 것이다.

그 뒤, 소속과 이름을 밝히지 않으면 절대 연결하지 않았다.

이 일을 계기로 어떠한 상황에서도 당황하지 않고 침착하게 전화를 응대하게 되었을 뿐 아니라 스팸 전화를 걸러내는 방법도 배울 수 있었다.

사례 2

녹차? 혹은 배차?

사장님께서 신임 비서에게 키폰으로 '차 준비해!'라고 지시했습니다.
신임 비서는 녹차를 대령했지요. 다급하게 외출을 해야 하는 데 웃지도 울지도 못 할
상황이 벌어졌지요. 사장님께서 말씀하신 건 자동차였기 때문입니다.

키폰 특히, 스피커로 지시를 받을 경우 혼동하기 쉬우므로 경청 후 다시 한 번 지시사
항을 확인하는 것이 실수를 줄이는 방법입니다. 예를 들어, '차 준비해'라는 지시에는
'예, 배차 준비하겠습니다.'라고 대답하면 좋겠지요.

전화서비스

전화를 효율적으로 이용하기 위해서는 전화기의 다양한 기능과 통신업
체에서 제공하는 서비스를 알아야 한다. 최근에는 특히 스마트폰의 등장
으로 전화기의 다양한 기능을 활용할 수 있는 능력이 요구된다.

 전화 기기와 부가 서비스

▌ 키폰

키폰이란 하나의 주장치에 일정수의 전화기를 연결하여 사용할 수 있는
첨단 통신시스템 장치로 대표번호를 갖는다. 대표번호란 키폰의 중요한

참고

키폰이란 전화국에서 오는 전화번호가 부여된 국선을 키폰주장치에서
받아들여 각각의 고유번호가 부여된 내선에서(키폰전화기 혹은 일반
전화기) 자유롭게 사용하거나 전환, 보류, 방송, 회의 등 여러 가지 기
능으로 효율적이고 편리하게 업무를 수행할 수 있게 만든 통신 시스템
이다. 크게 주장치와 전화기, 그리고 주장치와 전화기를 연결해주는 선
로, 또한 시스템의 성능을 보다 효율적으로 운용할 수 있게 해주는 부
가 장비로 구성된다. 주장치는 국선(전화국 측에서 오는 전화번호가 부
여된 선)과 내선 가입자를 수용할 수 있는 시스템의 최대용량에 의해서
구분된다.

기능 중의 하나로 전화회선이 2회선 이상일 경우 대표번호를 지정해서 대표번호가 통화 중일 경우 그 다음 번호로 자동 연결시켜 주는 서비스로 사무실에서 많은 양의 전화를 수용할 수 있다.

▌ 스마트폰

스마트폰은 통화기능은 물론 이메일, 인터넷, e-book 등으로 활용 가능한 소형 컴퓨터이다. 우리는 전화기를 들고 다니는 것이 아니라 컴퓨터를 들고 다닌다고 해도 과언이 아니다. 스마트폰은 휴대폰과 개인휴대단말기personal digital assistant; PDA의 장점을 결합한 것으로, 휴대폰 기능에 일정 관리, 문서 수·발신 및 인터넷 접속 등의 데이터 통신기능을 통합시킨 것이다.

스마트폰은 무선 인터넷을 이용하여 인터넷에 직접 접속할 수 있을 뿐 아니라 여러 가지 브라우징 프로그램을 이용하여 다양한 방법으로 접속할 수 있다. 또한 사용자가 원하는 애플리케이션을 직접 제작할 수도 있고 다양한 애플리케이션을 통하여 자신에게 알맞은 인터페이스를 구현할 수 있다. 나아가 같은 운영체제OS를 가진 스마트폰 간에 애플리케이션을 공유할 수 있는 등 다양한 기능을 갖추고 있다.

▌ 전화 부가서비스

❶ 단축다이얼
자주 사용하는 전화번호를 단축키로 줄여서 저장하는 기능으로 전화기에 따라 저장할 수 있는 용량이 다르다. 요즘 많이 사용되는 키폰은 약 20개 정도의 전화번호를 저장할 수 있다.

❷ 예약기능
통화하고자 하는 국선이나 내선 가입자가 통화 중일 때 예약기능을 이용하면 통화가 가능할 때 벨이 울린다.

❸ 회의 통화 기능

동시에 세 사람 이상이 함께 통화할 수 있는 기능이다. 디지털 키폰의 경우는 최대 6명까지 동시에 회의 전화에 연결될 수 있다.

❹ 부재중 안내

부재중에 걸려 오는 전화에 전화를 받을 수 없음을 자동으로 알려 주는 기능이다.

❺ 착신 통화 전환

걸려 오는 전화를 다른 번호에서 받을 수 있도록 착신을 전환하는 기능이다.

❻ 통화 중 대기

전화통화 중 걸려오는 다른 전화를 받을 수 있게 해주는 기능이다.

❼ 발신 전화번호 표시

걸려 오는 상대방의 전화번호를 표시 해주는 기능이다.

❽ 변경 전화번호 자동안내

변경 전의 전화번호로 전화를 건 사람에게 변경된 새 전화번호를 알려 주는 서비스이다.

❾ 등급별 통화 제한 기능

국제전화, 시외전화, 시내전화 사용가능 여부를 내선별로 제어할 수 있는 기능이나.

❿ 클로버서비스 toll-free service

발신자 대신 수신자가 요금을 부담하는 서비스로, 예를 들어 고객이 제품에 대해 문의하거나 주문할 때 기업에서 고객의 전화요금을 대신 지불하는 서비스이다. 국내에서는 080을 다이얼한 후 해당 전화번호를 다이얼하면 된다.

⓫ 수신자 요금 부담 서비스 collect call

전화를 받는 사람이 요금을 부담하는 서비스로 수신자가 요금 부담을 승낙한 경우에만 통화를 할 수 있다.

⑫ 음성 정보 서비스^{ARS}

일반 전화 또는 휴대전화로 각종 정보를 음성으로 확인할 수 있는 서비스이다. 각 정보별로 정보 이용료와 통화료가 부가되며 제공되는 서비스는 매우 다양하다.

⑬ 전화사서함voice mail

언제 어디서든 전하고 싶은 내용을 상대방 전화 사서함에 남겨두면 상대방이 저장된 내용을 확인할 수 있는 서비스이다. 외부에서도 자신의 전화번호에 저장된 메시지를 확인할 수 있다. 국제 업무가 많은 기업에서 국가간의 시차로 인해 업무시간 중에 통화가 어려운 경우 전화사서함을 이용하여 메시지를 주고 받음으로써 신속하게 의사소통을 할 수 있다. 전화사서함은 비밀번호를 입력해야 메시지를 확인할 수 있으므로 보안면에서도 안전하다.

⑭ 로밍서비스

국내 휴대전화 고객이 해외 출장이나 여행 시 본인의 휴대전화나 또는 임대 전화를 이용하여 해외에서도 휴대전화 서비스를 제공받는 것을 말한다. 로밍서비스는 통신사나 국가에 따라 서비스 방식과 내용이 다르므로 미리 확인하고 이용하는 것이 편리하다.

해외 출장 중에 상사의 데이터 사용량이 많을 경우 통신사를 통해 무제한 요금제를 신청하는 것이 좋다. 무제한 요금제가 아닐 경우 많은 요금이 발생할 수 있다. 일부 국가의 경우 데이터의 속도가 빠르지 않으므로 별도 wifi 기기를 대여하거나 현지에서 usim을 구입해서 사용하는 경우도 많다.

🎩 국제전화

세계화·국제화로 대부분의 기업이 전세계를 무대로 활동하고 있으므로 해외 지사, 해외 거래처 등과 전화를 통한 업무량이 급증하고 있다. 따라서 비서는 외국어 실력 향상을 위해 노력할 뿐 아니라 국제전화 서비스를 제공하는 통신업체의 새로 나온 상품이나 서비스 내용을 알아두어 필요한 서비스를 충분히 활용할 수 있도록 한다.

☝ 국제 자동전화

국제 자동전화란 전화교환원의 도움 없이 국제전화를 하는 것으로 수동에 비해 가격이 저렴하다. 자동전화를 걸 경우에는 통신사업자 식별 번호를 먼저 누른 후 국가번호, 지역번호 그리고 상대방 전화 번호 순서로 버튼을 누른다.

예를 들어 미국 (1) 뉴욕시 (212)의 545-1218에 전화하고자 할 때는 다음의 순서로 버튼을 누른다.

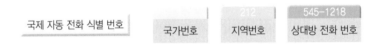

| 국제 자동 전화 식별 번호 | 국가번호 | 지역번호 (212) | 상대방 전화 번호 (545-1218) |

미국과 캐나다는 국가번호가 1로 동일하며 싱가포르의 경우처럼 지역 번호가 없는 국가도 있다. 시차가 큰 국가에 전화를 할 경우에는 미리 현지 시각을 확인한 후 전화를 걸도록 한다.

또한 국제전화 할인요금이 적용되는 시간대가 있으므로 할인 시간을 이용하면 비용면에서 유리하다. 할인 시간대와 할인율은 통신업체별로 차이가 있으므로 자주 이용하는 통신업체의 할인 내용을 알아두면 유용하다.

☝ 국제 회의 통화

미리 시각과 통화자를 지정하여 신청해 두면 2~6명까지 동시 회의 방

김영철 본부장은 이영희 소장(뉴욕 사무소), 최순재 지점장(일본 지점), 박종진 소장(런던 사무소)와 서울 시간으로 수요일 오전 10시에 전화회의를 개최하고자 한다. 따라서 전화회의 개최 일시와 회의 안건을 월요일에 e-mail로 회의 참석자들에게 보내 그들에게 회의 참석여부에 관해 회신을 받았다. 김영철 본부장은 전화 네트워크 뿐 아니라 통계자료나 그래픽 자료 등을 회의 참석자들에게 보내기 위해 메신저, 이메일 등 다양한 컴퓨터 통신 프로그램을 이용한다.

식으로 통화할 수 있는 서비스이다.

전화응대 영어

기업들이 국제화됨에 따라 전화를 영어로 응대해야 하는 경우가 자주 발생하고 있다. 특히 비서직에 있어서 영어전화 응대 능력에 대한 기업체 요구는 나날이 증가하고 있다.

간단한 영어전화 응대부터 업무 전화까지 모두 능숙하게 처리하기 위해서는 기본적인 영어실력 뿐 아니라 업무능력까지 겸비해야 하므로 비서직 종사자들은 영어실력과 업무능력 향상을 위해 끊임없이 노력해야 한다.

비서직에서 사용되는 전화영어는 표현이 정중하고 사무적이므로 상황에 맞는 표현을 암기하여 사용하여야 한다. 처음 직장생활을 하면서 경험하게 되는 국제전화는 당혹스럽기 마련이다. 꼭 필요한 간단한 영어전화 응대 표현을 적어 놓고 국제전화를 걸거나 받을 때 참고하면 매우 도움이 된다.

❤ 기본 영어 전화응대 표현

전화에서 자기 이름을 말하는 경우

Good morning, Kirin Company. May I help you?

Mr. Anderson's office. Miss Kim speaking.

Brown씨를 부탁합니다. (Brown씨를 바꾸어 주세요)

May I speak to Mr. Brown?

상대방의 이름을 묻는 경우 (누구신지요?)

May I ask who's calling, please?

전화를 연결할 경우

I'll put you through to Mr. Brown.

I'll connect you with Mr. Brown's office.

전화를 받을 수 없는 여러 가지 상황

I'm sorry, but he's in a meeting now.	회의중입니다.
I'm sorry, but he is on another line now.	통화중입니다.
I'm sorry, he's on a business trip.	출장중입니다.
I'm sorry, he's not in.	안계십니다.
I'm sorry, he's not in the office.	사무실에 안 계십니다.
I'm sorry, he's just gone out. /	
I'm sorry, he's just stepped out.	방금 나가셨습니다.
I'm sorry, he's with a client.	손님과 함께 계십니다.
I'm sorry, he's out for lunch.	점심 드시러 가셨습니다.
I'm sorry, he's gone for the day.	퇴근하셨습니다.

상사 부재시 간단한 메시지 받기

Would you like to leave a message? /	
May I take a message?	선하실 말씀 있으십니까?
No, thank you. I'll call back later.	아니요. 나중에 걸겠습니다.
Please tell him that I called.	저한테 전화 왔었다고 전해주세요.
Could you ask him to call me back?	저에게 전화해 달라고 해주세요.

기타 표현

I'm sorry. I'll get an English speaker.

죄송합니다. 영어하는 사람을 바꾸어 드리겠습니다.

I can't hear you. Could you speak up, please?

잘 들리지 않습니다. 좀 더 크게 말씀해 주시겠습니까?

Could you speak more slowly, please?

조금 천천히 말씀해 주세요.

Could you repeat that, please?

다시 한 번 말씀해 주세요.

We have a bad connection. Could you say that again, please?

연결 상태가 안 좋은 것 같군요. 다시 말씀해 주세요.

The lines are crossed. Could you call me again?

혼선이 되었습니다. 다시 전화해 주시겠습니까?

What number did you dial?

몇 번에 전화를 거셨습니까?

I'm afraid you have the wrong number.

전화 잘못 거셨습니다.

Could you spell your name, please? /

How do you spell your name, please?

성함의 철자가 어떻게 되죠?

R for Robert.

Robert의 R입니다.

전화응대 예1 전화연결

비 서	Good morning, Irving Trust. May I help you?
상대방	Good morning. This is William Johnson of Citibank.
	Can I speak to Mr. Park of the Loan Department, please?
비 서	One moment please, Mr. Johnson. I'll connect you.
상대방	Thank you.

비 서	어빙트러스트입니다. 안녕하십니까?
상대방	안녕하세요? 저는 시티은행의 윌리암 존슨입니다.
	대부계의 미스터 박을 바꾸어 주십시오.
비 서	잠시만 기다려 주십시오, 존슨씨. 연결해 드리겠습니다.
상대방	감사합니다.

<table>
<tr><td>비 서</td><td>Good morning, Mr. Taylor's office. Miss Lee speaking.</td></tr>
<tr><td>상대방</td><td>I'd like to speak to Mr. Taylor, please.</td></tr>
<tr><td>비 서</td><td>May I ask who's calling, please?</td></tr>
<tr><td>상대방</td><td>This is Donald Fred of Yusung Electronics.</td></tr>
<tr><td>비 서</td><td>Mr. Fred, would you please hold on while I see if he's available?
(to Mr. Taylor)
Mr. Fred of Yusung Electronics is on the line. Will you take his call?</td></tr>
<tr><td>상 사</td><td>Yes, put him through.</td></tr>
<tr><td>비 서</td><td>Mr. Fred, Mr. Taylor is on the line now. Go ahead, please.</td></tr>
<tr><td>상대방</td><td>Thank you.</td></tr>
</table>

비 서	테일러씨 사무실입니다.
상대방	테일러씨 부탁드립니다.
비 서	어느 분이시라 여쭐까요?
상대방	저는 유성전자의 도널드 프레드입니다.
비 서	프레드씨, 제가 사장님 전화 연결 가능하신지 알아보는 동안 잠시만 기다려 주세요. 사장님, 유성전자의 프레드씨 전화인데요, 연결할까요?
상 사	네. 연결하세요.
비 서	프레드씨, 전화 연결되었습니다.
상대방	감사합니다.

비 서	Good afternoon, Mr. Jackson's office. Miss Park speaking.
상대방	Mr. Jackson, please. This is Paul Robinson of IBM.
비 서	I'm sorry, but Mr. Jackson is not in now. May I take a message?
상대방	Oh, when do you expect him back?
비 서	He'll be back in about 30 minutes. May I ask him to call you back as soon as he returns?
상대방	No, I'll call back later. Thank you.

비 서	안녕하세요. 잭슨씨 사무실의 미스박입니다.
상대방	잭슨씨 바꿔주세요. 저는 IBM의 폴 로빈슨입니다.
비 서	죄송하지만 잭슨씨는 지금 사무실에 안 계십니다. 메모 남기시겠습니까?
상대방	그래요. 언제 돌아오십니까?
비 서	약 30분 뒤에 돌아오실 예정입니다. 돌아오시는 데로 전화드릴까요?
상대방	아닙니다. 제가 다시 연락하죠. 감사합니다.

⌁ 전화번호 읽는 법

일반적으로 숫자 하나 하나를 연속적으로 읽는다.

545—1218   five-four-five-one-two-one-eight

0이 몇 개 겹쳐있을 경우는 편리한 방법으로 읽는다.

738—2000   seven-three-eight-two thousand

747—7500   seven-four-seven-seven-five hundred

겹치는 숫자는 'double'을 붙여서 읽는다.

584—4644   five-eight-four-four-six-double four

684—8003   six-eight-four-eight-double 0-three

숫자 0은 zero보다는 [ou]라고 더 많이 읽는다.

지역번호area code가 있을 경우

212—355—2987   area code two-one-two,

                              three-double five-two-nine-eight-seven

⌁ 이름 · 지명 전하기 · 받기

외국인과 통화시 지명이나 이름 등은 발음이 듣기 어려운 경우도 있고 또는 낯설어서 잘 알아듣지 못하는 경우가 많다. 이럴 때 알파벳의 "Spelling Analogy Code"를 알아두면 편리하다. 영어회화에서 발음상 혼동이 될 경우에도 알파벳의 표준코드를 사용하면 메시지를 정확하게 남기거나 받을 때 도움이 된다.

A. for Africa	B. for Boy	C. for China	D. for David
E. for England	F. for Frank	G. for Germany	H. for Holland
I. for Italy	J. for Japan	K. for King	L. for London
M. for Mexico	N. for Nancy	O. for Oliver	P. for Peter
Q. for Queen	R. for Robert	S. for Sweden	T. for Tommy
U. for Uncle	V. for Victory	W. for Washington	X. for X-ray
Y. for Yellow	Z. for Zambia		

상대방 이름의 철자를 묻는 경우

● 성함의 철자가 어떻게 되죠?

- Could you spell your name, please?
- How do you spell your name, please?
- How is your name spelled?
- Robert의 R입니다는 "R for Robert"로 표현
- A for Africa 또는 A as in Alfred로 표현한다.

전화응대 예4 영문이름 철자확인

비 서	I'm sorry, but how do you spell your name?
상대방	Lupini. L-U-P……
비 서	T as in Tommy?
상대방	No. P as in Peter. P-I-N-I
비 서	L-U-P-I-N-I? Is that right?
상대방	Right

비 서	죄송합니다만 성함의 철자를 알려주시겠어요?
상대방	루피니. L-U-P ……
비 서	타미의 T 자인가요?
상대방	아닙니다. 피터 할 때의 P입니다. P-I-N-I
비 서	L-U-P-I-N-I? 맞습니까?
상대방	맞습니다.

❖ 지명통화 및 콜렉트콜

국제전화 이용법은 위에서 설명되었으므로 여기에서는 국제전화 이용
시 활용할 수 있는 영어전화 표현법을 제시하도록 한다.

전화응대 예5 국제지명통화 신청

교환원	Overseas Operator. May I help you?
비 서	I want to place an overseas personal call to New York City, USA.
교환원	Phone number?
비 서	Area code is 212, phone number is 540-0242.
교환원	Who would you like to talk to?
비 서	Mr. James Taylor.

교환원	국제전화국입니다. 무엇을 도와드릴까요?
비 서	저는 미국 뉴욕으로 국제 지명통화를 하고 싶습니다.
교환원	전화번호는요?
비 서	지역번호는 212, 전화번호는 540-0242입니다.
교환원	누구와 통화하고 싶습니까?
비 서	James Taylor씨입니다.

전화응대 예6 콜렉트콜

교환원	This is the United States operator. Is this 345-3454?
비 서	Yes, it is.
교환원	We have an overseas collect call for Mr. Kim from Mr. John Smith of Unilever Company. Will you accept the charges?
비 서	Yes, thank you.
교환원	Your party is on the line. Go ahead, please.

교환원	미국 교환원입니다. 345-3454입니까?
비 서	그렇습니다.
교환원	유니레버사의 존 스미스씨로부터 미스터 김에게 국제 콜랙트 콜입니다. 요금을 지불하시겠습니까?
비 서	네. 감사합니다.
교환원	존 스미스씨 연결되었습니다. 어서 말씀하시죠.

❖ 전화자동응답기|telephone answering machine 이용

자리를 비울 경우 전화 메시지를 받기 위해서 대부분의 비서들은 전화 자동응답기를 이용하고 있다. 이 자동응답기에 메시지를 요청할 때 사용되는 영어표현과 자동응답기에 메시지를 남길 때 사용되는 영어 표현법을 알아보면 다음과 같다.

메세지 요청

메세지 요청 예1

This is Miss Kim, Mr. Brown's secretary. I'm sorry I can't take your phone call at the moment. If you want to leave a message, please speak after the tone. I'll get back to you as soon as I can. Thank you for calling. Good bye.

저는 브라운씨의 비서인 미스 김입니다. 죄송합니다만 지금 전화를 받을 수 없습니다. 메시지를 남기시려면 삐소리 후에 말씀해 주십시오. 되도록 빨리 연락드리겠습니다. 고맙습니다.

메세지 요청 예2

This is Young Mee Kim. I'm sorry I'm not able to answer the phone now because I'm on a business trip until next Tuesday. If you like to leave a message, please do after the beep. In any urgency, please contact Mrs. M. S. Lee, extension 242. Thank you.

안녕하세요. 김영미입니다. 죄송합니다만 지금 출장 중이라 다음 주 화요일까지는 전화를 받을 수 없습니다. 신호음 후에 메시지를 남겨주세요. 혹시 급한 일이시면, 내선번호 242의 Mrs. M. S. Lee에게 연락해 주십시오. 감사합니다.

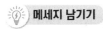 **메세지 남기기**

메세지 남기기 **예1**

This is H. K. Park of Citibank. It's 10:50 a.m. Tuesday, November 2nd. I'm calling to let you know that we don't need your project report until next Friday. You don't have to call me back. Bye.

저는 시티은행의 H. K. Park입니다. 지금은 11월 2일 화요일 오전 10시 50분입니다. 귀하의 보고서가 다음주 금요일까지 필요하지 않다는 점을 알려드리고자 전화드렸습니다. 저에게 다시 전화 주시지 않으셔도 됩니다. 안녕히 계십시오.

메세지 남기기 **예2**

This is C. J. Park of Barclays. I'm calling to let you know that we need some other documents for the NY project. And I need to speak to you urgently. Please call me back as soon as possible. Thank you.

저는 Barclays사의 C. J. Park입니다. NY 프로젝트건에 대한 몇가지 서류가 추가적으로 필요하여서 전화드렸습니다. 급히 통화하고 싶으니 가능한 빨리 제게 전화주십시오. 감사합니다.

Q1 다음의 전화 문장을 전화응대 요령에 따라 적절한 표현으로 고쳐보자.

① 사장님 어디 계신지 모르겠어요. 자리에 계시는 줄 알았는데...

② 지금 사장님 통화 중인데 잠깐만 기다리세요.

③ 누구세요?

④ 아직 출근하시지 않았는데요.

⑤ 동창회가 있어서 그 회의에는 참석하실 수 없습니다.

Q2 다음 상황에서 어떻게 전화 응대할 것인지 토론해 보자.

"사장님은 지금 긴급회의 중인데 회장님께서 급하게 사장님을 찾으신다. 어떻게 해야 하는가? (참고로 사장님은 회의중에 어떤 전화도 받지 않겠다고 말씀하셨다.)"

Q3 비서에게 있어서 예의바른 전화응대가 중요한 이유와 예의바른 전화응대는 어떤 것인지에 대해 서술해 보시오.

Q4 다음 전화통화 내용을 보고 상사에게 전할 전화 메시지를 직접 적어보자.

비 서	안녕하십니까? 기린물산 비서실입니다.
상대방	안녕하세요. 대영전자 강영식전무입니다.
비 서	전무님, 안녕하셨어요?
상대방	네. 안녕하세요. 사장님 지금 자리에 계신가요?
비 서	죄송합니다만 사장님께서는 지금 출장중이십니다. 다음 주 월요일에 돌아오세요. 메시지를 남겨드릴까요?
상대방	사장님 돌아오시면 전화 좀 부탁합니다.
비 서	예, 알겠습니다. 전무님. 전화 번호를 다시 확인해도 될까요?
상대방	554-2389입니다.
비 서	554-2389요. 감사합니다, 전무님. 안녕히 계세요.

전 화 메 모

_____님

자리를 비우신 동안에 전화가 왔었습니다.

_____年 _____月 _____日(오전/오후) _____時 _____分

발신자 : 성   명 _____

     소   속 _____

     전화번호 _____

☐ 전화요망

☐ 다시 걸겠다고

☐ 그냥 전화했다고

☐ 급한 용건이라고

MEMO _____

_____

       전화 받은 사람 _____

비　서	Good morning. Mr. Kim's office. Miss Park speaking.
상대방	Mr. Kim, please. This is Paul Robinson of IBM.
비　서	I'm sorry, Mr. Robinson, but Mr. Kim is not in now.
상대방	Oh, when do you expect him back?
비　서	He'll be back in about 30 minutes. May I take a message?
상대방	Yes, please. I would like to cancel the meeting with Mr. Kim of January 4th, Monday at 2 o'clock. I have to leave for New York tonight and I'll be back on January 6th. Could you ask him to call me back as soon as he returns?
비　서	I'm sure he gets your message. Your phone number, please?
상대방	555-2485, extension 144.
비　서	555-2485, extension 144, right?
상대방	Right. Good-bye.

TELEPHONE MEMO

Date _____　　　　　　Time : am _____

　　　　　　　　　　　　　　　　　　　　　　pm _____

To _____

　　While You Were Out

Mr./Ms. _____

of _____

　　　　Tel No : _____　　Ext _____

☐ Telephoned　　　　　　　☐ Will call again

☐ Returned your call

☐ Came to see you

☐ Please call

☐ Wants to see you

☐ Message _____

_____

　　　　　　Taken By _____

SECRETARIAL
PROCEDURES
비서실무의 5판
이해

SECRETARIAL
PROCEDURES

비서실무의 5판
이해

CHAPTER

03

내방객 응대
업무

CHAPTER 03

내방객 응대 업무

내방객 응대 업무

기업을 방문하는 사람들이 처음 만나는 사람 중의 하나가 비서이다. 따라서 비서의 내방객 응대 태도는 회사와 상사의 이미지에 크게 영향을 미친다. 비서는 어떤 상황에서도 방문객을 친절하고 호의적인 태도로 응대함으로써 상사와 회사의 이미지를 높일 수 있도록 한다.

내방객 응대에서 가장 중요한 것은 업무에 임하는 비서의 마음가짐과 태도이다. 격식을 갖추고 정중한 태도를 취하고 있지만 진심이 느껴지지 않는 형식적인 내방객 응대는 상대방을 감동시키지 못한다.

기본 원칙

어떤 일을 하든지 변하지 않는 원칙이 있다. 비서의 내방객 응대 업무와 관련해서 언제 어디서든지 비서로서의 기본 자세를 지키도록 한다.

▌ 상사의 기호파악

전화응대와 마찬가지로 비서는 먼저 상사가 선호하는 내방객 응대 방식을 파악해야 한다. 상사에 따라 선호하는 내방객 응대 방식이 다르다. 선약이 되어 있지 않으면 면담을 하지 않는 상사, 선약 없이 방문한 내방객도 대부분 만나는 상사 등 상사에 따라 차이가 크다. 또한 비서에게 요구하는 역할도 다양하다. 자신이 바쁜 경우 비서가 어느 정도의 재량권을 가지고 내방객을 응대해 주길 원하는 상사도 있다. 비서는 상사가 원하는 방식을 미리 파악하여 그에 따르도록 한다. 따라서 전임 비서에게 묻거나 또는 상사로부터 직접 지시를 받아 상사가 선호하는 내방객 응대 방식을 숙지하도록 한다.

내방객 응대와 관련하여 비서가 미리 알아야 할 사항은 다음과 같다.

방문하는 손님은 누구든지 만나는가?

그렇지 않다면

- 상사와 자주 만나는 사람들은 누구인가?
- 상사는 선약없이 방문한 내방객을 비서가 어떻게 응대하기를 원하는가?
- 선약이 되어 있지 않아도 꼭 만나는 내방객은 누구인가?
- 상사와 개인적인 친분관계가 있는 내방객은 누구인가?
- 상사는 업무와 관련 없는 내방객을 만나는가?
- 손님이 방문했을 때 상사에게 어떻게 알려야 하며, 손님을 어떻게 안내해야 하는가?
- 면담이 예정시간보다 길어질 경우 상사는 비서가 어떻게 대응하기를 원하는가?

▌ 내방객 응대 자세

비서로서 바람직한 내방객 응대 태도는 다음과 같다.

- 성심 성의껏 상대방의 입장에서 응대한다.
- 상대방의 말을 집중해서 듣고 명확하지 않은 점은 다시 확인한다. 응대시 내방객의 소속이나 성명, 용건을 잘못 듣는 일이 없도록 주의하고 복창을 함으로써 정확을 기한다. 가능하면 메모를 하면서 경청하는 것이 좋다.

- 신속하게 내방객 응대에 임한다. 자신의 일이 바쁘다고 내방객을 기다리게 해서는 안된다. 부득이 기다리게 할 경우에는 이유와 얼마나 기다려야 하는지 등을 설명하도록 한다.
- 내방객은 예약순, 선착순으로 공평하게 안내한다. 안면이 있는 손님이라고 해서 안면이 없는 손님보다 더 반가운 태도를 보이는 것은 두 손님 모두에게 예의가 아니다. 어느 손님이든지 공평하게 대해야 함을 잊지 말자.
- 태도와 자세를 올바르게 갖추고 친절하게 대한다. 내방객을 존중하고 있다는 마음을 표현함으로써 좋은 인상을 주도록 한다.

▌ 내방객 맞이 순서

비서의 밝고 예의바른 내방객 응대 자세는 회사와 상사의 이미지를 높인다. 다음은 비서의 손님맞이 순서이다.

❄ 인사를 한다

- 내방객이 들어오면 곧바로 의자에서 일어서서 인사를 한다. 중요한 손님인 경우는 방문시간에 맞추어서 대기한다. 대기장소는 현관 앞, 엘리베이터 앞, 회사 안내데스크 앞 등 손님에 따라 다를 수 있다.
- 통화 중일 때 손님이 오면 우선 목례를 하고 빨리 통화를 마친다.

❄ 상대방을 확인한다

- 내방객이 명함을 줄 때는 두 손으로 받아 소속과 이름을 구두로 확인한다.
- 명함도 주지 않고 선약도 없이 방문한 내방객에게는 회사명, 이름, 용건을 정중하게 묻는다.
- 선약된 내방객이나 자주 오는 내방객은 비서가 먼저 알아보고 인사한다. 승진이나 회사 이동으로 내방객의 소속이나 직함이 변경된 경우는 호칭시 이전의 명칭을 사용하지 않도록 주의한다.

❄ 용건을 파악한다

- 어떠한 용건으로 내방했는가를 확실히 파악한다.

- 선약이 되어 있는 내방객에게는 용건을 묻지 않는다.

 신년 인사 및 신임·전임의 인사는 의례적인 방문이므로 면회 예약 없이 방문하는 것이 보통이다. 이 경우에는 용건을 물어보지 않는다.

▌내방객 기록부와 내방객 카드

상사와 가까운 손님, 업무상 중요한 손님 등 방문객에 대한 정보를 관리하기 위해 내방객 기록부와 내방객 카드를 준비한다. 내방객 기록부나 내방객 카드에 방문내용을 적어두면 내방객 업무에 도움이 된다. 예를 들어 내방객의 첫 방문시 인상이나 특징을 적어 두어 다음 방문 시 먼저 알아보고 인사를 한다든지, 차 대접시 "지난번처럼 녹차로 드릴까요?"라고 묻는다면 아주 사소한 것이지만 회사와 상사에 대한 이미지를 높일 뿐 아니라 비서도 높은 평가를 받게 된다. 대부분의 사람들은 자신을 기억하는 사람들에게 호의적이다.

- 내방객 기록부에는 방문 일시, 내방객의 소속과 성명, 연락처, 용건, 면담자 등을 기록한다.
- 내방객 카드에는 내방객의 인적사항 외에 내방객의 특징, 기호 등을 적어 둔다.

 내방객 카드 대신 명함 뒷면에 필요한 내용을 간단히 메모할 수도 있다. 명함없이 방문한 손님의 인적사항을 적을 수 있도록 명함 양식을 만들어 두고 활용하는 것도 필요하다.

| 내방객 기록부 |

날 짜	시 간	내방객				면담자	비 고
		이 름	회사명	용 건	연락처		
2020. 3. 6.	10.00 am	김영식전무	삼신전자	공장부지건	031)367-2914	강영식전무	
2020. 3. 8.	2.00 pm	이영훈부장	기영물산	전지수출건	02)283-9980	김선호 공장장	
:	:	:	:	:	:	:	:

| 내방객 카드 |

방문자	성명 및 직책	김영식 전무
	회 사 명	삼신전자주식회사
	연 락 처	02) 3455-2557 비서 손미자(전화: 3455-2558) mjshon@samshin.co.kr
	최초 방문일자	2020. 10. 5.
방문목적	해외시장 (북유럽) 영업 확장	
기 타	상사와의 관계	업무적으로 매우 밀접함
	동반 방문자	
	특징 및 기호	키가 크고 마른편임, 안경을 착용함 블랙커피를 선호함 면담 시간에 정확히 맞추어서 방문함

 ## 면담 예약

선약 없이 불시에 방문하는 내방객은 상사의 시간을 낭비하게 하는 주요 이유 중의 하나이다. 따라서 비서가 상사의 시간을 효율적으로 관리하기 위해서는 상사와 면담을 요청하는 내방객에게 선약을 할 것을 요청하도록 한다. 면담 예약을 받음으로써 면담준비를 철저하고 세심하게 할 수 있고 일정이 이중으로 잡히는 것을 피할 수 있다. 면담 약속은 반드시 기록으로 남겨야 한다. 방문객이 많은 상사를 위해서는 별도로 면담 일정표를 만들어 사용하면 편리하다.

▌ 면담 예약 받는 법

상사와 면담을 요청하는 내방객에게 다음의 사항을 확인하도록 한다.

1. 면담을 신청하는 상대방을 정확하게 확인한다.

상대방의 소속과 성명, 직함, 전화번호 등을 확인한다. 중요한 손님의 경우 차량 종류와 차량번호도 확인하여 회사 입구에서부터 의전이 진행되도록 준비한다. 또한 비서는 지명도 있는 인사나 관계기관의 주요 인사들에 대한 정보에 평소 관심을 갖는다. 언론기관에서 제공하는 자료나 인터넷 검색 등을 이용하여 주요인사에 대한 정보를 얻을 수 있으므로 활용하도록 한다. 즉, 상사와 처음 만나는 내방객의 경우 방문 전에 인터넷 등을 통해 인물정보를 검색하여 인적사항, 경력사항, 활동사항 등을 정리하여 상사에게 보고한다.

2. 면담 목적을 확인한다.

비서는 친절하고 예의바르게 면담 목적을 확인하도록 한다. 상대방이 상사에게 직접 말씀드리겠다고 하면 더 이상 묻지 않도록 한다. 그러나 용건을 밝히지 않는 면담을 상사가 거부할 경우는 상대방에게 캐묻는 인상을 주지 않고 용건을 확인하도록 한다. 면담일지나 기록부에 면담 주제를 기록하여 후에 면담 요청이 있을 때 참고하도록 한다.

3. 면담 일시 및 장소를 확인한다.

언제 어디서 얼마동안 면담하기를 원하는지 확인한다. 상대방이 요청하는 면담 일시가 상사 일정과 맞지 않을 경우는 상대방에게 상사 면담이 가능한 시간을 2~3개 제시한 후 상대방의 일정에 맞는 일시를 정한다. 필요할 경우 접견실이나 회의실을 예약해 두고 면담에 필요한 자료가 있으면 준비한다. 손님이 찾아올 때는 출발지로부터 차편에 따른 소요 시간을 알려준다. 또한 약도(승용차용, 버스용, 지하철용)를 항상 비치해 필요한 경우 팩스, 스마트폰 등을 이용해서 전송하거나 회사 홈페이지 '찾아오는 길'에 올려둔다.

▌면담 일시 결정 시 피해야 할 시간

- 월요일 오전 중의 약속은 피하는 것이 좋다. 주말 동안 발생한 업무 처리뿐 아니라 상사가 새로운 한 주를 계획할 수 있는 시간을 갖는 것이 더 중요하다. 특히 월요일 오전은 회사 내부의 일에 집중할 수 있도록 가능한

외부 일정은 피하도록 한다.

- 회의 직전이나 직후는 피하도록 한다. 상사가 회의 준비를 해야 할 수도 있고 회의가 예정보다 길어져 면담을 늦추어야 할 수도 있기 때문이다.
- 출장이나 휴가 직전이나 직후의 시간은 피하도록 한다. 출장 전과 출장 후는 업무량이 평소보다 많기 마련이다.
- 오후 1시에서 1시 30분 사이의 약속은 피한다. 점심 외출이 예상보다 길어질 수 있기 때문이다.
- 오후 늦은 시간(5시 이후)의 약속도 부득이한 경우를 제외하고는 피한다.

▌상사 부재 중 면담 예약

상사가 출장 등의 이유로 장기간 자리를 비운 사이 상사와의 면담 요청을 받았을 때 비서는 면담 일시를 임시로 정한다. 이 때 상대방에게 추후 일정이 변경될 수 있다는 점과 일정이 확정되면 연락할 것에 대해 미리 양해를 얻어 놓아야 한다.

▌면담 약속의 변경 및 취소

상사의 예기치 못한 출장이나 회의 등으로 약속을 지키지 못하게 될 경우 가능한 빨리 상대방에게 연락해 약속을 취소하거나 일정을 조정해야 한다.

✿ 약속을 변경하는 방법

- 신속하게 상대방에게 변동 사항을 알린다.
- 상대방이 납득할 수 있도록 변경 이유를 공손하고 예의 바르게 설명한다.
- 상대방의 일정에 차질이 없도록 추후 면담 일정을 조정한다.

✿ 약속을 취소하는 방법

- 상대방의 일정에 차질이 없도록 신속하게 통보해야 한다.
- 취소 사유를 정확히 전하고 죄송하다고 사과하되 잘못된 변명을 하여 상대방을 불쾌하게 하지 않는다.

직장에서의 지칭어와 경어법

대부분의 사람들은 직장에서 지칭어와 경어법을 쓰는 것에 많은 어려움을 느낀다. 지칭어는 대체로 호칭어를 그대로 쓰는데 지칭대상이 누구이며, 어떤 상대를 지칭하는가에 따라 그 지칭어가 달라지기도 한다. 지칭대상이 동료이거나 아래 직원인 경우에는 'ㅇㅇㅇ씨가 이 일을 처리했습니다.'처럼 주체를 높이는 '-시-'를 넣지 않는 경우가 흔한데, 직급이 높은 사람은 물론이고 직급이 같거나 낮은 사람에게도 직장사람들에 관해 말할 때에는 '-시-'를 넣어 "김대리, 거래처에 가셨습니까?"처럼 존대하는 것이 바람직하다.

지칭대상이 말하는 사람보다 상급자인 경우, 듣는 사람의 직위와 나이를 고려하여 '총무과장이', '총무과장님이', '총무과장께서', '총무과장님께서' 가운데 어떤 것을 써야 할지 또 '하시었'이라고 할 것인지 '했'이라고 할 것인지를 결정하기 어렵다. 듣는 사람이 지칭대상보다 윗사람이거나 듣는 사람이 회사 밖의 사람인 경우에 '총무과장이 이 일을 했습니다'처럼 말해야 한다고 잘못 알고 있는 사람들이 있고, 또 사원들에게 이렇게 말하도록 교육하는 회사도 있다. 그러나 이러한 직장에서의 압존법은 우리의 전통언어 예절과는 거리가 멀다.

윗사람 앞에서 그 사람보다 낮은 윗사람을 낮추는 것이 가족 간이나 사제 간처럼 사적인 관계에서는 적용될 수도 있지만 직장에서 쓰는 것은 어색하다. 따라서 직장에서 윗사람을 그보다 윗사람에게 지칭하는 경우, '총무과장님께서'는 곤란하여도, '총무과장님이'라고 하고 주체를 높이는 '-시-'를 넣어 '총무과장님이 이 일을 하셨습니다'처럼 높여 말하는 것이 언어예절에 맞다.

출처: 국립국어원(2012), 표준언어예절 '경어법'

 상황별 내방객 응대

내방객을 맞는 순서를 선약이 되어 있는 경우와 그렇지 않은 경우로 나누어서 살펴보면 다음과 같다.

▌선약 유무에 따른 내방객 응대

✈ 선약이 되어 있는 내방객

○ 선약이 되어 있는 내방객 응대 준비

• 몇 시에 누가 방문하는지를 안내 데스크에 연락해 둔다. 내방객이 도착한다는 연락을 받으면 안내 데스크 쪽으로 나가서 내방객을 맞도록 한다.

- 안내 데스크가 없는 경우에는 내방객을 직접 자리에서 맞도록 한다.
- 중요한 손님인 경우는 방문시간에 맞추어 현관이나 엘리베이터 등 앞에서 대기하여 맞는다.
- 접견실을 사용해야 하는 경우는 예약해 둔다.
- 면담에 필요한 자료가 있으면 준비해 두고 자주 방문하는 손님이나 중요한 손님의 경우에는 미리 선호하는 차 등을 확인하고 준비해 둔다. 처음 내방하는 중요한 방문객의 경우에도 상대방 비서에게 취향을 미리 확인한다.
- 선약이 된 방문객과 관련된 중요한 내용(승진, 경·조사 등)을 상사에게 미리 상기시킴으로써 상사가 내방객을 맞이하면서 상황에 맞는 인사말을 할 수 있도록 보좌한다.

선약이 되어 있는 내방객 응대 순서

인사 및 확인

밝고 예의바르게 인사한다.

약속이 되어 있는 내방객의 경우는 비서쪽에서 먼저 "안녕하세요? ○시에 약속하신 ○사 ○○○님이시죠? 사장님께서 기다리고 계십니다"라고 인사하도록 하고 용건을 물어보지 않는다. 한 번 방문한 손님은 얼굴과 성명, 직함을 기억해 두었다가 다음 번에 방문할 때 먼저 인사할 수 있도록 한다.

면담실로 안내

상사에게 손님의 방문을 알리도록 한다. 약속이 되어 있는 경우는 일반적으로 구두로 알린다. 예를 들어 "사장님, 2시에 약속하신 대영물산의 강영식 전무님 오셨습니다"이다. 상사의 지시에 따라 상사의 집무실, 또는 접견실로 손님을 안내한다. 상사가 통화 중이거나 먼저 방문한 손님과 면담 중일 경우는 메모로 알려서 상사가 빨리 손님을 맞을 수 있도록 보좌한다.

내방객의 물품 보관

내방객이 코트나 모자를 입었을 경우 또는 우산이 있는 경우 등은 비서가 받아 보관해 두었다가 손님이 면담을 마치고 돌아갈 때 잊지 않고 내어 주도록 한다. 방문객의 물품은 일정한 방식을 정해놓고 보관하도록 한다.

비　서	안녕하세요? 삼신전자 김철수 이사님이시죠?
내방객	네, 안녕하세요.
비　서	사장님께서 기다리고 계십니다. 이쪽에 앉아서 잠시만 기다려 주십시오.
내방객	네,

(비서-상사)

비　서	사장님, 10시에 약속되어 있는 삼신전자 김철수 이사님 오셨습니다.
상　사	안으로 모시세요.
비　서	네, 알겠습니다.

(비서-내방객)

비　서	이사님, 기다려 주셔서 감사합니다. 이쪽으로 오십시오.

(접견실)

비　서	차는 녹차와 커피가 준비되어 있습니다. 어느 걸로 올릴까요?
내방객	녹차로 주세요
비　서	네, 알겠습니다.

☘ 선약이 되어 있지 않은 내방객

갑작스런 내방객의 방문시에도 민첩하게 행동할 수 있도록 항상 상사의 소재 · 접견실의 상황 등을 파악해 둔다. 선약이 없는 내방객도 정중하고 반갑게 맞이한다. 절대 "무슨 일로 오셨습니까?"라는 태도는 취하지 않는다.

선약이 되어 있지 않은 내방객 응대 순서

인 사

밝고 예의바르게 인사한다.

선약이 되어 있지 않은 처음 방문하는 손님의 경우에는 정중하게 성명, 소속, 용건 등을 확인한 후 상사에게 보고한다. 이 때 주의하여야 할 점은 상사가 사정상 그 내방객을 만나지 못할 경우에 대비하여 손님에게 상사를 만날 수 있다는 확신은 주지 않도록 한다. 면담 여부는 상사의 지시에 따르도록 한다.

내방객이 이름이나 방문 목적을 말하지 않고 상사를 직접 만나서 이야기 하겠다고 주장하면, 선약이 없으면 상사를 만날 수 없다고 분명히 말하도록 한다.

상사가 외출 중일 때는 손님에게 알리고 이름과 연락처를 받아 두었다가 후에 상사에게 보고하고 지시에 따르도록 한다.

내방객 응대 예2 선약되지 않은 내방객 응대–면담수락

비 서	실례지만 어느 분을 찾아 오셨습니까?
상대방	사장님을 잠깐 뵐까 합니다.
비 서	성함이 여쭈어 보아도 될까요?
상대방	(명함을 주며) 제 명함입니다. 사장님과 사업상 의논 드릴 일이 있어 이렇게 찾아 왔습니다.
비 서	대영전자 김상경 부장님이시군요.
상대방	네, 그렇습니다.
비 서	부장님, 저희 사장님께서 지금 업무 중이시라 면담이 가능한지 여쭈어 보겠습니다. 이쪽에 앉아서 잠시만 기다려 주세요.
상대방	네, 고맙습니다.
	(상사에게 여쭈어 본다.)
비 서	부장님, 사장님께서 면담이 가능하다고 하십니다. 제가 접견실로 안내해 드리겠습니다. 이쪽으로 오세요.
상대방	고맙습니다.

상사가 사내에 있는 상황에서 방문객을 거절하기는 쉽지 않다. 현직 비서들은 선약없이 방문한 손님의 경우 '예3'의 경우처럼 '잠시 외출하셨

다.', '잠시 자리를 비우셨다.'로 응대함으로써 방문객의 기분을 상하지 않게 하면서 면담을 거절한다.

비　서	죄송합니다만 어느 분을 찾아오셨습니까?
상대방	사장님 좀 뵈려구요.
비　서	죄송합니다만 성함이 어떻게 되시는지요?
상대방	저는 Epson 컴퓨터사의 김민석 차장입니다. 잠시 지나는 길에 사장님께 안부 차 들렀습니다.
비　서	알겠습니다. 사장님께서 잠시 자리를 비우셨습니다. 곧 돌아오실 수 있는지 여쭤보겠습니다. 잠시 앉아서 기다려 주십시오.
비　서	(명함을 드리며) 사장님, 엡슨컴퓨터사의 김민석 차장님이란 분이 안부 인사차 방문하셨습니다. 선약은 하지 않았습니다.
상　사	다음에 오시라고 하세요.
비　서	차장님, 기다려 주셔서 감사합니다. 죄송합니다만 사장님께서는 지금 바로 돌아오시기가 어렵다고 하십니다. 다음에 미리 연락주시고 방문해 주시길 부탁하셨습니다.
상대방	알겠습니다. 다시 연락드리죠. 안부 전해 주십시오.
비　서	예, 알겠습니다. 죄송합니다. 안녕히 가십시오.

그런데 상사가 면담을 하겠다고 하면 방문객에게 '사장님께서 곧 돌아오신다고 하십니다. 접견실에서 잠시만 기다려 주십시오'라고 응대하면 된다.

❖ 상사와 개인적으로 예약된 내방객 응대

상사가 비서에게 알리지 않고 내방객과 면담 일정을 정하는 경우가 있다. 이런 경우 비서는 방문객을 잠시 기다리게 한 후 상사에게 면담 여부를 확인한다. 이런 일을 방지하기 위해서는 상사와 일정을 자주 확인하도록 한다.

손님에게 본인의 부주의로 상사와 선약이 된 사실을 확인하지 못한 점

에 대해 사과한다. 즉, 상사가 알려주지 않아서 몰랐음을 내방객에게
밝히지 않는다.

▌내방객 조정

⚕ 약속 시간이 지연될 경우

선약이 된 손님이 약속 시간에 맞추어 방문하였으나 상사가 먼저 방문
한 손님과 면담중이거나 통화 중인 경우가 종종 있다. 이 경우 비서는 손
님에게 상황을 설명하고 양해를 구한 후 상사에게 약속된 손님이 기다리
고 있다는 내용을 메모로 전달하도록 한다.

비서는 선약된 손님이 오기 전에 상사에게 면담 일정을 상기시켜 가능한
상사가 약속된 손님을 기다리게 하는 일이 없도록 보좌한다.

⚕ 내방객이 다수일 경우

동시에 두 사람 이상의 손님이 방문했을 경우에는 먼저 온 손님이나 약
속이 된 손님을 우선 안내하고, 기다리게 되는 손님에게는 정중하게 이유
를 설명하고 대기실로 안내한다. 기다리는 동안 신문이나 잡지 또는 차
를 미리 권하도록 한다.

대기실에 여러 손님이 함께 기다리게 될 경우에는 그 손님들간의 관계
에도 주의를 기울여야 한다. 즉, 서로 알아도 될 경우에는 양측을 소개한
후 함께 대기실에서 기다리도록 안내한다. 그러나 입찰이나 기타 업무
내용상 내방객들이 상면하지 않는 것이 좋은 경우는 다른 장소에서 기다
리도록 한다.

▌상사 부재 중 내방객 응대

⚕ 상사가 약속을 지킬 수 없는 경우

상사가 선약된 손님과의 약속을 지킬 수 없는 경우가 있다. 예를 들면
예정되지 않은 중요한 회의에 참석해야 하는 경우, 급한 업무로 외출하는
경우 등 여러 가지 예기치 못한 상황이 있게 된다. 이때 비서는 선약이 된

손님에게 전화 등을 이용하여 상대방에게 이 상황을 신속하게 알려야 한다. 그러나 이미 선약된 손님이 방문했을 경우 비서는 진심을 다해 사과하고 잠시 기다려서 만날 수 있는 상황인지, 약속시간을 다시 정하는 것이 나은지를 빨리 판단하여 그에 따른 응대를 한다. 용건에 따라서는 "관련 업무 담당자를 만나서 이야기를 해 보시겠습니까?"라고 상대의 의사를 물어 상사를 만나지 않고서도 방문목적을 달성할 수 있도록 조정할 수도 있다. 후에 상사에게 부재중 내방객 응대와 관련하여 보고를 한다.

❋ 대리자로서의 응대

비서는 상사 부재시 상사의 대리자로서 내방객을 응대해야 하는 경우가 있다. 비서가 상사의 대리인으로 내방객을 응대해야 할 경우 언행을 각별히 조심해야 한다. 비서는 자신의 위치를 밝히고 상사가 면담이 불가능한 이유를 설명하도록 한다. 비서가 상사의 대리로 내방객을 응대할 경우에는 대리자임을 명심하고 상사가 전달하도록 지시한 내용만을 상대방에게 전달하도록 한다. 그리고 상사로부터 지시받지 못한 부분에 대해 질문을 받았을 때는 추측으로 답하지 말고 그 부분에 대해서는 상사의 지시를 받은 후 나중에 연락하겠다고 한다. 대리로 면담을 하였을 경우에는 면담 결과를 빠르고 정확하게 상사에게 보고한다.

▌내방객 면담 중 비서 업무

상사가 손님과 면담 중일 때 비서는 자리를 비우지 않도록 한다. 상사 면담 중 전화가 걸려오거나, 면담 중에 상사가 비서를 급히 찾을 수 있기 때문이다. 불가피하게 자리를 비워야 하는 경우에는 소재지와 돌아오는 시각을 메모하여 상사가 잘 볼 수 있는 곳에 붙여 두

연 수 중

MEMO

장 소 : 19층 소연수실
시 간 : 13:00 – 14:30
연락처 : 내선 258

도록 하거나 옆의 직원에게 부탁을 하도록 한다. 예를 들어 "복사 중입니다. 10:00에 돌아옵니다" 등이다. 최근에는 탁상용 달력의 뒷면에 "휴가 중입니다", "복사실에 있습니다" 등이 인쇄되어 있어 이를 활용하여도 좋을 듯 하다.

❄ 면담 중인 상사에게 전언이 있는 경우

면담 중인 상사를 찾는 전화가 왔을 때 상대방에게 상사가 손님과 면담 중임을 말씀드리고 용건을 여쭈어 본다. 급한 용건이 아니면 면담을 마치는 대로 전화를 드린다고 하여 가능하면 상사를 방해하지 않도록 한다. 그러나 급한 용건일 경우는 용건을 메모지에 적어 조용히 상사에게 전달하고 상사의 지시에 따르도록 한다. 이 때 "말씀 도중 죄송합니다." 라고 말함으로써 손님의 양해를 구한다. 면담 중인 상사에게 용건을 구두로 전달해서는 안된다.

❄ 면담 중인 손님에게 전언이 있는 경우

면담 중인 손님과 통화를 원하는 전화가 왔을 때 비서는 전화를 건 상대방에게 방문객이 면담 중이므로 면담을 마친 후 메모를 전달해도 되는지 물어본다. 긴급한 내용이 아니면 방문객이 면담을 마친 후 메모를 전달한다. 그러나, 급한 경우에는 면담 중인 손님에게 "말씀 중에 죄송합니다만 급한 연락이 왔습니다."라고 말하며 용건을 적은 메모를 전달한다. 그리고 방문객이 편안한 장소에서 전화를 받을 수 있도록 안내한다. 여러 사람이 회합하고 있을 때 그 중 한사람에게 급한 전화가 온 경우에도 내용을 메모지에 적어 본인에게 조용히 전달하도록 한다.

내방객 맞이 및 안내 예절

 내방객 맞이

▌인사

인사는 상대방에게 자신의 첫인상을 결정하는 중요한 요소이다. 지나치게 형식적인 인사나 형식을 무시한 인사 모두 상대방에게 불쾌감을 줄 수 있다. 마음을 담아서 하는 따뜻한 인사가 몸에 밸 수 있도록 해야 한다.

다음은 인사할 때 지켜야 할 예절이다.

인사방법

- 밝고 부드러운 표정으로 상대의 눈을 바라본다.
- 손의 위치는 옆구리에 자연스럽게 붙이거나 공수자세를 취한다.
- 머리만 숙이지 말고 목과 허리와 일직선이 되도록 상체를 숙인다.
- 다리를 가지런히 하고 무릎 사이는 붙인다.
- "안녕하십니까?", "반갑습니다"등의 인사말을 주고 받는다. 그러나 가벼운 인사를 할 때는 인사말을 하지 않는다.
- 인사말은 바르고 정확한 발음으로 끝까지 해야 한다. 얼버무리는 인사는 성의가 없어 보인다.

참고

공수자세 : 여성의 경우 오른손을 위로해서 엄지손가락이 보이지 않게 포개고 나머지 네 손가락을 가지런히 붙여 배꼽 아래에 두는 자세

가벼운 인사

방법
바로 선 자세에서 3m 정도 앞을 보고 상체를 15° 각도로 앞으로 구부린다.

상황
• 상사를 두 번 이상 복도에서 만날 때
• 타부서 상사나 손님과 스쳐 지나갈 때

보통 인사

방법
바로 선 자세에서 2m정도 앞을 보고 상체를 30° 각도로 앞으로 구부린다.

상황
• 직장생활에서 가장 자주 하는 인사
• 윗사람이나 내방객을 만나거나 헤어질 때
• 상사 외출 때나 귀가 때
• 지시 또는 보고 후

정중한 인사

방법
바로 선 자세에서 1.5m정도 앞을 보고 상체를 45° 정도 숙인후 천천히 상체를 일으킨다.

상황
• 공식 석상에서 처음 인사할 때
• 면접시 인사할 때
• 사죄의 뜻을 전달하거나 예의를 갖추어 부탁할 때
• 고객에게 진정한 감사의 표현을 전할 때

▌소개

바른 소개방법을 알아두어 다른 사람을 소개하거나 소개 받을 때 예의에
어긋나지 않도록 한다.

- 소개를 하거나 받을 때는 일어서서 한다. 소개할 때는 소개하는 사람의
  성명, 직함, 소속 등을 모두 말한다.
- 직급의 상하가 있는 경우 직급이 낮은 사람을 높은 사람에게 소개한다.
- 연령차이가 있는 경우 나이가 적은 사람을 많은 사람에게 소개한다. 그
  러나 나이가 젊더라도 직급이 상대방보다 높은 경우 사회적 지위가 높
  은 쪽에 비중을 두어 소개한다.
- 남자를 여자에게 소개한다. 그러나 남녀간의 연령이나 사회적 지위의
  차이가 많이 날 경우 이 원칙이 반드시 적용되지는 않는다.
- 사내 사람을 사외 사람에게 소개한다. 사내의 직급이 높은 사람부터 낮
  은 사람 순으로 외부 손님에게 소개를 한 후 외부 손님을 직급 순으로 소
  개한다.
- 한 사람을 여러 사람에게 소개할 때는 한 사람을 여러 사람에게 소개하
  고 그 후에 각각을 소개한다.
- 단체를 소개할 때는 한 쪽 단체를 모두 소개한 후 다른 쪽 단체를 소개한다.
- 동행인과 타사를 방문할 때는 동행인을 먼저 소개한 후 자신을 소개한다.
- 연령, 직급이 같을 때는 소개자로부터 가까운 거리의 사람부터 소개한다.

▌명함

명함은 사회에서 자신을 나타내는 신분증으로 항상 휴대하고 소중히 다루
도록 한다.

> **명함을 건넬 경우**
> - 자신의 이름을 상대방 쪽에서 보이게 돌려 두 손으로 건넨다.
> - 반드시 일어서서 건넨다.
> - 명함을 건넬 때 자신의 소속 및 이름을 밝힌다.

명함을 받을 경우

- 상대가 명함을 줄 때는 가볍게 인사를 하면서 두 손으로 받아 손가락이 글자를 가리지 않도록 한다.
- 명함을 가슴 부근까지의 높이로 들고 본다.
- 명함을 보면서 방문객의 회사명, 성명, 직책명 순으로 읽은 후 상대방의 표정을 보면서 확인을 구한다.
  "기린물산 이영신 부장님이 시군요."
- 어려운 한자 이름인 경우는 명함 뒷면의 영문 성명을 참고하도록 한다.

명함을 교환할 경우

- 명함을 교환할 경우에는 아랫사람이 먼저 명함을 내놓는다. 상대가 두 사람일 경우에는 손윗사람에게 먼저 준다.
- 방문객의 경우 방문한 사람이 먼저 명함을 주도록 한다.
- 마주 교환하는 경우는 오른손으로 자신의 명함을 내밀고 왼손으로 상대의 명함을 받는다.

명함 취급 시 주의할 사항

- 명함은 한 손으로 받지 않는다.
- 대화 도중 명함을 만지작 거리거나 손장난을 하지 않도록 한다.
- 명함을 받으면 반드시 회사명, 이름, 직함을 구두로 확인한다.
- 상대가 보는 앞에서 명함에 메모를 하지 않는다. 메모가 필요한 경우에는 상대방이 돌아 간 후에 하도록 한다.
- 대화 도중 상대방의 이름이 기억이 나지 않을 경우 받은 명함을 보며 확인해도 된다.
- 받은 명함은 꼭 가지고 간다.

비서는 처음 사무실을 방문하는 손님이 불안하지 않도록 손님의 입장을 배려하여 안내하도록 한다.

방문객을 안내할 때는 다음 사항에 유의하도록 한다.

- 방문객을 안내할 때는 방문객의 대각선 방향으로 방문객보다 두서너 걸음 앞에 서서 보조를 맞추어 가며 걷는다.
- 안내를 할 때는 눈과 입, 어깨, 손을 동시에 사용한다. 손가락은 가지런히 펴고 엄지 손가락은 붙이고 손바닥을 위로하여 허리 위치에서 가고자 하는 방향을 가리키며 안내한다. 손가락으로 가리키지 않도록 한다.
- 복잡한 곳에서는 미리 안내를 하여 방문객이 당황하지 않도록 한다.
- 복도의 구부러진 곳이나 계단에 이르렀을 때는 발걸음을 늦추고 돌아보며 걷는다.
- 찾기 힘든 부서에 내방객이 혼자 가야 할 경우에는 간단한 안내도를 그려 준다.
- 비서 자신이 익숙한 지역이라고 해서 뒤도 돌아보지 않고 혼자서만 목적지를 향해 가지 않는다.

복도와 계단에서의 안내

복도에서는 손님의 대각선 방향으로 비켜선 자세로 2~3걸음 앞서 가며 모퉁이를 돌 때는 가야 할 방향을 손으로 가리킨다.

| 복도에서는 약간 비켜선 자세로 앞서 간다.

계단을 오를 때는 남성 비서인 경우는 손님의 앞에 서서 안내하고 내려올 때는 뒤에 서서 안내한다. 그러나 여성 비서인 경우는 계단을 오를 경우 손님의 뒤에 서서, 계단을 내려갈 때는 손님의 앞에 서서 안내한다. 계단에서 안내할 때는 손님과 1~2계단 떨어져서 안내한다.

계단 난간이 있는 경우 방문객이 난간 옆에 설 수 있도록 안내한다.

| 계단을 오를 때는 방문객이 앞서도록 한다.

| 계단을 내려갈 때는 안내자가 앞선다.

▌ 엘레베이터에서의 안내

엘리베이터를 타기 전에 내리는 층을 손님에게 알려준다. 승무원이 있는 경우는 외부인이나 윗사람이 먼저 타고 먼저 내리지만, 승무원이 없는 경우는 비서가 먼저 타서 좌측의 조작판 앞에 서서 문이 닫히지 않도록 열림 버튼을 누르고 있다가 손님이 탄 후 목적 층의 단추를 누른다. 내릴 때는 손님이 먼저 내리도록 한다.

참 고
에스컬레이터에서는 올라갈 때와 내려갈 때 모두 손님을 먼저 타게 하고 안내자가 뒤에서 안내한다.

▌접견실/회의실에서의 안내

접견실 앞에 오면 "이쪽입니다."하고, 노크를 한 후에 문을 연다. 접견실의 문이 안으로 열릴 경우에는 비서가 먼저 들어가서 방문객을 접견실 안으로 안내한다. 문이 밖으로 열릴 때는 문을 활짝 열어 방문객이 먼저 안으로 들어간 후 뒤에 들어가도록 한다.

왼편 당겨서 여는 문

| "잠시만 기다려 주십시오"하며 내방객을 잠시 멈추게 한 후 왼손으로 문을 연다.

| 먼저 손님이 들어가도록 한다. 가볍게 인사하며 "들어가세요"한다.

| 나중에 들어가고 문쪽으로 돌아 바른 손으로 닫는다.

왼편 밀어서 여는 문

| 내방객을 잠시 멈추게 한 후 왼손으로 문을 밀어서 연다.

| 먼저 들어가서 문을 활짝 열은 뒤 문 옆에 서서 내방객을 안으로 공손히 안내한다.

| 바른 손으로 문을 닫는다.

비서는 테이블까지 손님을 안내한 후 손님에게 상석을 권하도록 한다.

- 일반적으로 상석은 입구에서 먼쪽, 전망이 좋은 좌석을 말한다.
- 내방객이 여러 명일 때는 상위자에게 최상석을 권하고 동상위자가 다수일 때는 연령순이 무난하다.
- 사내사람이 출구에서 가까운 쪽으로 자리를 잡고 사내사람 중에서도 상급자가 안쪽에 앉는다.

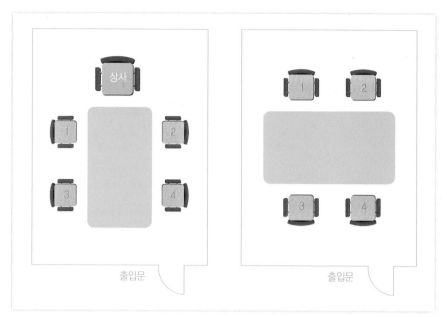

| 접견실에서의 안내

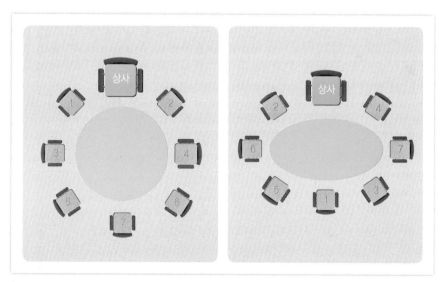

| 회의실에서의 안내

참고

자동 회전문에서는 손님이 먼저 들어가고 비서가 뒤에 들어간다. 그러나 수동 회전문에서는 비서가 먼저 들어가서 문을 민다.

▮ 교통수단에서의 안내

✤ 자동차

운전자 외에 탑승인원이 몇 명인지 또는 운전자가 누구인지에 따라 상석이 달라진다.

상사 운전1의 경우는 상사보다 직급이 높은 사람들이 탑승했을 경우의 상석 순서이다. 상사 운전2의 경우는 상사보다 직급이 낮은 사람들이 탑승했을 경우의 상석 순서이다.

✤ 기 차

기차에서 네 사람이 일행일 경우 기차 진행 방향의 창가 자리가 상석이다.

비행기

비행기에서는 창문쪽의 좌석이 상석이나, 개인에 따라 통로 쪽을 선호하기도 한다. 3인용 좌석에서는 가장 불편한 중간 좌석이 하석이 된다.

내방객 접대

▌응대 장소 환경 정비

- 접견실 등 응대 장소의 실내 환경을 항상 깨끗하게 정돈해 둔다.
- 테이블과 의자를 정리 정돈하고 먼지나 때가 없도록 한다.
- 융단이 깔려 있는 경우 항상 깨끗하고 찢어진 곳이 없도록 관리한다.
- 냉난방과 통풍이 잘 되도록 관리한다.
- 시계, 달력의 일시를 정확히 맞추도록 한다.
- 책, 신문, 잡지 등이 최근의 것으로 구비되어 있도록 한다.
- 손님 응대 시 필요한 차와 찻잔을 여유있게 갖춘다.

▌음료 대접

언제 음료를 대접할 지를 미리 상사와 상의를 하도록 한다. 일반적으로 회의가 시작되기 전에 차를 내지만 회의 도중에 차를 낼 경우는 가능한 이야기가 끊어진 때를 맞추도록 한다. 음료의 종류는 계절이나 형편을 고려하고 상사 및 손님의 기호에 맞추어 준비한다. 방문객의 수가 많아 각 손님의 취향에 맞는 차를 내기 어려운 경우는 계절에 맞는 일반적인 차를 내는 것이 좋다. 자주 방문하는 손님은 기호를 기억해 두어 재차 묻는 일이 없도록 한다. 또한 중요한 손님의 경우는 미리 상대방의 비서에게 기호를 확인한 후 필요한 차를 구비해 놓도록 한다

차를 다 낸 후에 늦게 온 손님이 있는 경우는 늦은 사람에게만 차를 낸다. 또한 차를 낸 후 1시간이 지나도록 면담이 지속될 경우 다시 차를 내야할 지를 상사에게 여쭈어 본다. 음료를 다시 내야 할 경우는 먼저 찻잔을 거둔 후 새로운 차를 내도록 한다.

음료를 준비하는 요령

- 찻잔과 손의 청결 상태를 확인한다. 찻잔과 받침의 무늬는 동일한 것으로 준비한다.
- 차의 온도는 70℃(커피는 80℃)가 적당하며 차는 찻잔의 70% 정도를 채운다.
- 커피나 홍차를 낼 때는 손님의 취향을 물어보아 취향에 맞게 설탕이나 크림을 넣어 내도록 한다. 입차는 차를 충분히 우려낸 후 내도록 하고 티백을 이용할 경우도 충분히 차기 우려난 후 티백을 빼고 대접한다.
- 차받침과 찻잔 사이에 물기가 없도록 하며 차를 낼 때는 차받침을 잡고 낸다.
- 흘리면 닦을 수 있도록 청결한 행주나 종이 타월을 준비한다.

다과를 내는 순서

- 차를 가지고 들어갈 때는 노크를 한다. 단 이 경우의 노크는 의례적인 것이므로 살짝 노크한 뒤 2~3초 후에 들어가도 무방하다. 회의가 시작된 후 차를 내는 경우는 노크를 하지 않는다.
- 가볍게 목례를 한 후 쟁반을 보조탁자 위에 놓는다. 보조탁자가 없는 경우에는 하급자 좌측 끝에 쟁반을 놓는다.
- 차는 내방객에게 먼저 낸다. 내방객의 직급이 높은 사람부터 낮은 사람 순으로 낸 후 우리회사 상급자 순으로 낸다.
- 찻잔은 손님의 오른쪽 무릎 앞, 테이블 끝에서 5~10cm 안쪽에 낸다.
- 과일이나 과자를 함께 낼 때는 과일이나 과자를 먼저 내방객의 좌측에 내고 다음에 차를 우측에 낸다.
- 탁자 위에 서류가 있을 때는 먼저 서류를 한 쪽 옆으로 치운 다음 차를 내도록 한다. 서류 위에 찻잔을 올려서는 안된다.
- 차를 낸 다음 가볍게 목례를 하고 서너 걸음 뒤로 물러선 후 돌아서 나온다.
- 면담이 두 시간 이상 길어지면 음료를 다시 내는 것이 좋다.
- 손님이 돌아간 후 곧 찻잔을 빼고 테이블을 정리한다.

마지막 인상도 첫인상만큼 중요하므로 내방객 응대 시 끝까지 성심성의껏 손님을 대한다.

- 손님이 업무를 마치고 돌아갈 때는 비서는 하던 일을 멈추고 손님을 배웅한다. 이 때 손님의 물품을 보관하고 있으면 잊지 말고 미리 준비하였다가 손님에게 전한다.
- 손님에 따라 자리에서 배웅할 것인지, 엘리베이터 앞에서 배웅할 것인지, 또는 승용차까지 함께 가서 배웅할 것인지 결정한다. 어디서 배웅을 하든지 손님이 보이지 않을 때까지 다른 행동으로 옮기지 않는다.
- 필요한 경우 주차장이나 운전기사에 연락해 손님의 승용차를 현관에 대기시키도록 한다. 방문객의 승용차번호, 운전사 연락처 등을 상대편 비서에게 사전에 확인해 둔다.
- 손님이 돌아가면 신속히 접견실을 정리하여 다음 방문객이 사용하는데 불편함이 없도록 한다.

외국인 내방객 응대

빈번한 국가 간의 교류로 인해 외국인의 회사 방문이 증가하였다. 비서는 사무실을 방문하는 외국인 내방객에게 예의바르고 친절하게 응대함으로써 상사와 회사의 이익에 기여할 수 있도록 해야 한다.

▍ 인사

서양권 손님과의 인사는 주로 악수이며, 동양권 손님과의 인사는 허리를 숙여 절하는 형태이다. 서양권 손님과의 인사 시에는 상대의 눈이나 얼굴을 부드럽게 주시하며 웃는 얼굴로 상황에 맞게 "Good morning. Nice to meet you" 등의 인사말을 한다. 악수는 윗사람이 먼저 손을 내밀 때에 아랫사람이 응하는 것으로 아랫사람이 먼저 청하지 않도록 한다. 손님이 악수를 청할 경우는 상대의 눈을 보며 악수에 응하도록 한다. 이 때 손을 너무 세게 또는 너무 약하게 쥐지 않도록 한다.

동양권 손님과의 인사는 우리의 인사예절을 따르면 된다.

남자 손님의 경우는 Mr., 여자의 경우는 결혼 유무를 구분하지 않는 Ms.로 부르는 것이 무난하다. 대화 중에 상대방의 이름을 자주 불러 주는 것이 예의이다. 상대방이 자신의 이름을 first name으로 불러달라고 하기 전까지는 Mr./Ms.의 존칭을 붙이도록 한다.

▌ 내방객 응대 영어

기업이 국제화되어 가면서 외국인 손님을 맞이하는 경우가 자주 발생한다. 비서는 외국인 내방객 응대시 꼭 필요한 영어표현을 암기하여 응대에 활용하도록 한다.

❀ 손님맞이

손님이 들어오면 상냥하게 인사를 하며 맞이한다.

- Good morning. May I help you?
- Good morning. What can I do for you?
- How can I help you?
- Welcome to our company.

예약이 되어 있는 아는 손님일 경우는

존슨씨, 기다리고 있었습니다.

- Mr. Johnson, we have been expecting you.
- Mr. Johnson, how are you today?
- Good morning, Mr. Johnson. Mr. Kim is expecting you.

  He is expecting you. 대신에 He is waiting for you.를 사용해도 됨.

❀ 용건확인

(오신 용건을) 말씀해 주시겠습니까?

- Could you tell me the nature of your business?

- Could you tell me what you want to see him about?
- Could you tell me the business affiliation?

> business affiliation : 용무

누구를 만나기를 원하시는지요?

- Is there anyone in particular you'd like to see?
- Who do you want to see, may I ask?

❉ 장소를 물을 때의 표현

* 위치

테일러씨 사무실이 어디인지 알려주시겠습니까?

- Could you tell me where Mr. Taylor's office is?
- How can I get to Mr. Taylor's office?
- I'd like to know where Mr. Taylor's office is.

* 층을 물을 때의 표현

테일러씨 사무실이 몇 층에 있습니까?

- What floor is Mr. Taylor's office on?

8층입니다. 엘리베이터를 타고 8층까지 올라가세요. 엘리베이터는 코너 끝에 있습니다.

- It's on the 8th floor. Please take the elevator and go up to the 8th floor. There's an elevator at the end of the corner.

3층에 있습니다.

- It's on the third floor.

지하입니다.

- It's in the basement.

* 위치를 설명할 때의 표현

It's
next to (옆)
opposite (맞은편)
before (앞)
behind (뒤)
in front of (앞)
the Sales Department.

- It's on the left of Mr. Taylor's office. (테일러씨 사무실 왼쪽편에 있습니다.)
- It's on the right of Mr. Taylor's office. (테일러씨 사무실 오른쪽에 있습니다.)
- It's at the end of the corridor. (복도 끝에 있습니다.)
- It's just around the corner. (모퉁이 돌자마자 있습니다.)

복도를 쭉 따라가십시오.

- Go straight along this hall.
- Go straight down this corridor.

왼쪽(오른쪽)으로 도십시오.

- Turn left at the end of the hall.
- Turn right next corner.

저쪽에 있는 엘리베이터 (에스컬레이터, 계단)을 이용하여 3층으로 가십시오.

- Take the elevator (escalator, stairs) over there to the third floor.

* 복도나 엘레베이터의 안내

이쪽으로 오십시오.

- Would you come this way, please?
- This way, please.

제가 안내해 드리겠습니다.

- I'll show you the way.
- Let me show you over.

복도 끝까지 걸어가십시오.

- Walk to the end of the hall.

복도 끝 왼쪽 방입니다.

- You will find the room on your left at the end of the hall.

✤ 응접실 안내 및 자리 권하기

이쪽으로 오십시오. 여기 앉으시지요.

- This way please. Please have a seat.

여기에 앉으셔서 잠시만 기다려 주십시오.

- Would you please have a seat and wait for a few minutes?

❖ 물건이나 코트, 모자 등의 소지품이 있는 경우

코트를 보관해 드릴까요?

- May I take your coat?

가방을 저에게 주십시오.

- Let me take your bag.

❖ 차 대접

차를 대접할 경우, 외국인에게는 반드시 취향을 물어보고 그에 맞게 대접하도록 한다.

마실 것 좀 드릴까요?

- Would you like something to drink?

커피나 차를 드시겠습니까?

- Would you care for coffee or tea?
- Would you prefer coffee or tea?

크림과 설탕을 넣으시겠습니까?

- Would you like it with cream and sugar?

커피를 어떻게 드릴까요?

- How would you like your coffee?

❖ 배웅

방문해 주서서 감사합니다.

- Thank you for your visiting.

안녕히 가십시오. 즐거운 여행되세요.

- Have a nice trip.

만나서 반가웠습니다.

- It was nice to see you.

01 선약없이 방문한 손님을 어떻게 응대해야 하는 지 설명해 보자.

02 오후 3시에 공항으로 중요한 손님을 마중 나가야 하는 데, 2시 현재 상사는 회의실에서 회의중이다. 회의가 계속되고 있는 경우, 비서는 어떻게 해야 하는가?(참고로 회사에서 공항까지는 약 50분 정도의 시간이 소요된다). 토론해 보자.

03 약속된 손님이 약속시간에 맞추어 방문하였는데 상사는 지금 급한 용무로 통화 중이다. 어떻게 손님을 응대해야 할 지 적어보라.

04 방문객을 인사부서로 안내해야 한다. 복도를 지나 엘리베이터를 이용해 안내를 해야 하는 상황이다. 복도와 엘리베이터에서의 내방객 안내 예절을 설명해 보자.

05 외국에서 손님이 3분 오셨다. 차와 다과를 어떻게 접대해야 하는가?

SECRETARIAL
PROCEDURES
비서실무의 **5판**
이해

SECRETARIAL
PROCEDURES

비서실무의 5판
이해

CHAPTER

04

일정관리
업무

CHAPTER 04

일정관리 업무

효율적 일정 수립

 상사의 일정관리

일정관리의 목적은 한정된 시간을 효율적으로 사용하는 것이다. 면담, 약속, 회의, 출장 등으로 바쁜 상사가 한정된 시간을 효율적으로 활용할 수 있도록 일정을 관리하는 것은 비서의 핵심 업무 중의 하나이다. 상사가 중요한 업무에 집중할 수 있도록 시간을 배분하고 회의와 면담 등을 효율적으로 수행할 수 있도록 일정을 알맞게 배분하여 운영하면 상사가 담당하는 조직의

기업가의 시간 낭비 요소는?

- 불시의 방문객
- 잦은 회의
- 유능한 직원의 부족
- 불분명한 의사전달
- 집중할 수 없는 물리적 환경

- 불필요한 전화통화
- 잡동사니 우편물
- 동료와의 교제
- 정보와 경영도구의 부족

주요 업무가 원활하게 수행되는데 큰 도움이 된다.

효율적인 일정관리를 위해서는 계획을 잘 세우는 것이 중요하다. 업무의 우선순위, 업무 수행에 걸리는 시간, 수행 방법 및 수행 시기 등에 관해 사전에 잘 계획한 경우는 그렇지 않은 경우에 비해 업무의 효율성과 성과에서 큰 차이가 난다.

비서의 일정관리 재량권

비서가 상사의 일정관리 업무를 담당하는 정도는 조직의 특성, 상사의 업무 처리 방식, 비서의 능력, 비서에 대한 상사의 신뢰 정도 등 여러 변수에 의하여 결정된다. 상사의 신뢰를 받는 전문비서의 경우 상사의 일정업무를 대부분 위임받아 일정수립부터 사후 관리까지 담당한다. 그러나 초보비서인 경우는 일정 확인 및 조정, 일정표 작성 등의 보조적 역할을 수행하는 경우가 많다.

상사의 일정관리 원칙

일정은 상사의 승낙을 받아 결정한다.

- 비서가 상사의 일정관리 재량권이 없는 경우 약속은 상사의 승낙을 받고 결정한다.
- 비서가 상사의 일정관리 재량권이 있는 경우는 상사의 업무 상황과 업무 특성을 고려하여 일정을 개략적으로 수립한 후 상사의 승낙을 얻는다.

계획을 세운다.

- 일정을 수립하기 전에 관련된 정보를 충분히 얻어 시간의 손실을 최소화할 수 있도록 일정을 계획한다. 평소 업무일지를 작성하고 정기적인 업무를 체계화 시키면 업무 계획을 잘 수립하는데 도움이 된다.

계획된 일정이 이행될 수 있도록 한다.

- 일정이 결정되면 상사와 비서의 일정표에 기입한다.
- 일정이 예정대로 진행될 수 있도록 일정을 확인하고 변동 사항이 있는

사례

　처음 회사에 들어와 가장 난감했던 부분이 상사의 일정관리였습니다.

　제 상사는 개인적인 일정은 물론 공식적인 일정까지도 본인이 모두 관리하고 조정하는 분이었습니다. 그래서인지 시간이 지날수록 상사와의 거리감이 느껴져 하루는 자신감을 가지고 제가 상사의 일정을 일정표에 등록을 하기 시작했습니다. 우선 정기적으로 있는 주간, 월간 회의, 내·외부 회의 등을 전 주, 전 월의 일정 관리표를 보고 등록하였습니다. 또한 상사의 외출 시 어느 곳에 어떤 일과 관련해서 가시는지 슬쩍 묻기도 하고요.

　처음부터 제가 상사의 방식을 바꾸려고 하기 보다는 시간을 조금 두고 믿음을 드리기 시작했습니다.

　회의 시간이 이른 아침으로 변경된 경우 전 날 오후에 보고하지 못했다면 스마트폰을 이용하여 알려 드리는 등 자칫 잊을 수 있는 일정들을 관리하여 상사의 일정에 차질이 생기지 않도록 많은 노력을 했습니다.

　제 마음이 통해서였는지 이제는 상사의 모든 업무 일정을 관리할 수 있게 되었습니다. 상사의 일정을 관리하면서 좋은 점은 우선 비서인 저의 시간까지도 효율적으로 관리하게 되었다는 점입니다. 또 몇 번의 반복을 통해서 알게 되었지만 시간이 지나면서 상사가 선호하는 면담이나 회의 시간, 방식 등을 파악하게 되어 상사 외출시 확인의 절차를 굳이 거치지 않아도 제가 알아서 일정을 계획할 수 있어 업무의 효율을 높일 수 있게 되었습니다.

　☞ 유의점 : 전문비서의 기본은 상사의 일정을 관리하는 것으로부터 시작된다. 따라서 비서는 상사의 신뢰를 받아 상사의 일정관리 재량권을 얻기 위해 노력해야 한다.

지 확인한다.
- 일정과 관련된 업무, 즉 회의실 예약, 자료 준비, 연락 등 필요한 업무을 수행한다.

⚡ 이중 일정의 수립을 예방한다.
- 상사의 일정을 자주 확인한다.
- 회의록 등에 기재된 다음 회의 일정을 일정표에 기입하여 일정이 이중으로 잡히지 않도록 한다.
- 불가피하게 일정이 겹칠 경우 우선순위는 상사가 정하도록 한다.
- 일정이 변경된 경우 관계되는 모든 곳에 신속하게 연락을 한다.

✤ **상사의 업무를 방해하는 요소들을 줄인다.**

• 상사가 업무에 집중할 수 있는 시간을 확보한다. 예를 들면 오늘 상사가 주재하는 회의가 2개일 경우 회의 시간을 오전과 오후로 분산시키기 보다는 오전이나 오후 중 한 곳으로 회의 일정을 수립하면 상사의 시간 활용도를 높일 수 있다. 그러나 어떠한 경우든 상사가 선호하는 일정수립 방식을 먼저 따른다.

• 유사한 업무는 같이 처리할 수 있도록 일정을 수립한다.

• 상사를 찾는 전화나 내방객을 선별하여 불필요한 통화나 면담을 줄인다.

• 불필요한 상사 집무실 출입을 자제한다. 급한 경우를 제외하고는 보고나 결재 등은 가급적 오전에 1번, 오후에 2번 정도로 정해 놓고 한다.

 일정표의 종류 및 일정표 운영

✤ **장기 일정표**

수년에 걸친 장기적인 사업을 진행할 때에 이용하는 일정표 형식이다. 그래프나 상황표를 이용하면 목표와 비교하여 현재 어느 정도 달성되었는가 등의 진행 상황을 알아보는 데 편리하다.

✤ **연간 일정표**

매년의 정기 행사나 임시 행사, 예를 들면 창립 기념일, 주주 총회, 정기 회의, 사내 행사 등의 일정을 기록한다. 연간 일정표는 기업의 기획실 등 조직 전반의 행사를 관장하는 부서가 연초에 모든 행사를 표로 만들어 각 부서로 통지하므로 이를 바탕으로 작성하거나 또는 전년도의 일정표를 참고하도록 한다. 예를 들어 매월 첫째 월요일에 임원회의가 있을 경우 일정표의 매월 첫째 월요일에 임원회의 일정을 적어 두도록 한다.

비서는 연간 일정표를 전년도말까지 작성하여 상사에게 보고한 후 수정할 사항이 있으면 정정한다.

❖ 월간 일정표

월간 일정표는 매월 작성하
는 일정표로 정기적으로 발생
하는 보고, 회의, 방문객, 출장
등을 기입한다. 월간 일정표
는 시간을 오전과 오후로 구분
하고 시간, 장소 등이 결정된
경우 이를 기입한다. 흑판이
나 화이트보드에 월간 일정 내
용을 기록하는 경우에는 공개
되어서는 안 되는 일정은 적지 않는다.

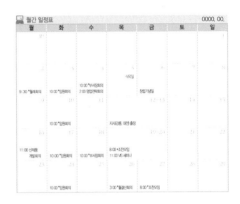

월간 일정표는 전월 말까지 작성하여 상사에게 보고한 후 결재를 받도
록 한다.

❖ 주간 일정표

주간 일정표는 일주일간의
일정을 기록하는 것으로 전주
의 마지막 근무일에 작성하여
상사에게 보고한 후 수정할 사
항이 있으면 정정한다. 주간
일정표에는 내방객 방문, 회
의, 출장 및 행사 계획 등을 요
일별·시간별로 구분하여 작
성하고 일일 일정표 작성시에
참고한다.

❖ 일일 일정표

일일 일정표는 하루 단위로 작성되는 일정표로 방문객, 행사, 회의 등을 시간대별로 적어두도록 한다. 가장 상세한 부분까지 기록되기 때문에 시간적인 예정뿐만 아니라 필요한 자료나 참고사항도 함께 기록한다. 예를

시 간	일 정	비 고
		0000. 00. 00. (수)
7:00	운전기사 자택 대기	
7:30	상공회의소 조찬 모임	조선호텔 2층 튜율립룸
8:00		
8:30		
9:00		
9:30		
10:00		
10:30		
11:00		
11:30		
12:00		
12:30	신규 직원 오찬모임	한식당 "석란" 인사부 채상일 상무 동석
13:00		
13:30		
14:00		
14:30	GM Korea 이명석 본부장 면담	소회의실, 김동성부장/ 남상일 부장 참석
15:00		
15:30		
16:00		
16:30	LG EDS 이상철 본부장 면담	여의도 LG빌딩 서관 12층
17:00		
17:30		
18:00		
18:30	리셉션 - Alaska 주지사 한국방문 환영-	초청장 지참
19:00		
오늘의 할일	오전 사내 회의실 예약 확인 상반기 영업실적 보고서 작성 한식당 석란 예약 확인 환영리셉션 축하화환 6:30까지 배송	오후 5월 12일 임원회의 장소 예약 회의록작성 (구매회의) 5월 15일 한양CC 예약 확인
MEMO	상공회의소 조찬모임 담당자 : 이민영대리 (02-346-2386) 한식당 석란 : 743-2598 예약담당자 : 김미영	LG EDS : 영등포구 여의도동 12-1 LG 빌딩 서관 12층 담당자 : 김선영대리(777-1287)

들어, 외부회의 참석인 경우에는 회의명, 시간, 장소, 이동하는데 걸리는 시간, 연락처, 준비자료, 이동에 필요한 차량 준비 여부, 동행인의 이름 등 상세한 내용이 기록된다. 비서는 상사 퇴근 전에 다음날의 일정표를 작성하여 상사에게 보고하고 수정이나 변경할 사항이 있는지 확인한다.

일일 일정표 양식을 컴퓨터에 저장해 놓고 사용하는 것이 편리하다.

✿ 방문 일정표

거래처 방문이 많은 상사인 경우에는 방문 일정표를 별도로 만들어 상사가 거래처 방문시 지참할 수 있도록 한다.

📇 방문 일정표				0000. 05. 10(목) ~ 05. 11 (금)
날짜	시간	회사명	성명 및 직위	장소
5. 10 (목)	10:00~11:30	금성종합건설 송파구 신천동 삼화빌딩 3층 Tel 435-1357 (비서실)	고세연 회장	금성종합건설 3층 회의실
	12:00~13:30	백암메디칼 송파구 방이동 세진빌딩 4층 Tel 344-7690	유영석 대표이사	롯데호텔(잠실점) 2층 일식당
	14:30~16:00	신세계 백화점 중구 충무로 Tel 346-2453(비서실)	김성안 대표이사	신세계 백화점 신관 11층 접견실
비고	롯데호텔 일식당 Tel 466-2947			
5. 11 (금)	10:00~11:00	(주)성영상사 강남구 삼성동 영남빌딩 3층 Tel 463-1128(비서실)	정노진 대표이사	성영상사 3층 회의실
	12:00~13:30	코리아 화장품 강남구 신사동 원도빌딩 3층 Tel 537-8964(비서실)	하진옥 대표이사	삼성동 인터컨티넨탈 호텔 지하1층 양식당
	14:00~15:00	(주)오리온 서초구 양재동 동명빌딩 2층 Tel 635-9678(비서실)	이경훈 대표이사	오리온 2층 접견실
	15:30~16:30	이마그룹 서초구 반포동 대선빌딩 4층 Tel 465-6809(비서실)		이마그룹 4층 소회의실
비고	인터컨티넨탈 호텔 양식당 Tel 688-9900			

✽ 휴대용 일정표

일일 일정표의 일종으로 중요한 약속이나 행사 등을 수첩에 적어 상사가 휴대할 수 있도록 한다. 최근에는 스마트폰이 이를 대신하는 경우가 많다.

✽ 전자일정표

컴퓨터의 일정관리 프로그램을 스마트 기기와 연동하여 상사의 일정을 실시간으로 관리하는 비서가 많다.

| 컴퓨터와 스마트폰을 이용한 전자일정표 양식

| 휴대폰으로 연동된 표시의 예

전자일정표는 개인 컴퓨터와 휴대 전화가 연동되어 일정 공유자들이 동일한 일정을 쉽게 확인할 수 있을 뿐 아니라 일정표를 특정 아이디와 공유하면 공유자도 실시간으로 일정 입력, 수정 및 확인이 가능하다. 또한 이전에 쓰던 전자 일정표에서 새로운 전자 일정표로 옮겨가려고 할 때, 외부계정 불러오기 기능으로 전의 일정표에서 입력되어 있던 내용을 일일이 기록할 필요 없이 자동 연동시킬 수 있어 매우 편리할 뿐 아니라 주요 일정에 알림 기능을 설정하여 일정을 잊지 않고 운영할 수 있고 필요시 일정 계정별로 색깔을 지정하여 일정을 구분할 수도 있다.

비서가 전자 일정표의 기능을 숙지하지 못하면 제대로 된 관리가 어렵기 때문에 전자 일정표를 이용할 경우 전자 일정표의 기능을 숙지해야 한다. 전자 일정표의 기능을 숙지했음에도 불구하고 전자 일정표에 입력한 일정이 오류발생으로 연동되지 않으면, 공유하는 사람의 일정표에 입력되지 않는다. 이럴 경우 상사가 일정을 입력해도, 연동 오류가 생기면 일정이 누락되어 비서가 일정 실수를 하거나 이중 일정 등의 문제가 생길 수 있다. 일정 입력 시 작동 미숙으로 '나만보기'를 설정해 놓을 경우 공유자가 일정 확인을 못하는 경우가 생길 뿐 아니라 일정 연동이 늦게 이루어지는 경우가 있다. 또한 기존 일정의 날짜 및 시간을 수정할 경우 공유자에게 따로 알림이 가지 않아 하나하나 변경 내용을 확인해야 하는 번거로움이 있다. 따라서 전자일정표를 사용할 경우 발생할 수 있는 문제점에 대비할 수 있도록 전자일정표 기능을 완벽히 숙지하도록 한다.

 사례

상사의 한정된 시간을 효율적으로 활용할 수 있도록 보좌하는 일. 일정관리는 가장 중요한 비서 업무 중 하나라 생각합니다. 하루의 일정을 재확인하고, 상기시켜 일정에 착오가 없도록 관리를 해야 합니다. 제가 일정이 매우 많은 상사를 모시기 때문에 저는 다양한 일정표를 활용하여 상사의 일정을 관리하고 있습니다. 회의 일정표, 세미나 일정표, 손님 방문일정표, 골프 일정표, 점심, 저녁 일정표 등 다양한 일정표들을 엑셀파일에 Sheet별로 나눠서 정리를 하고, 하나의 Sheet에 종합해서 정리도 합니다. 이렇게 정리를 하다 보니 제 머리 속에 상사의 일정이 주제별로 정리될 뿐 아니라 종합적으로 정리가 되어 실수를 방지할 수 있었습니다.

- 비서에게는 상사의 일정 관리가 핵심 업무잖아요. 제가 모시는 상사가 세 분이어서 일정이 너무 많고, 세 분 모두 외부로 나가셔서 각자 다른 프로젝트를 담당하시고 클라이언트들을 만나는 일이 잦다 보니 일정을 개인 스마트기기로 연동시켜서 관리하고 있어요.

- 지금 재직 중인 회사에 입사한지 1년이 되었는데요, 입사해서 가장 처음 했던 업무가 스마트폰에 상사의 일정을 연동시키는 일이었어요. 구글 캘린더를 통해 임원분의 일정을 제 스마트폰에서 확인 및 추가를 할 수 있도록 설정을 하니 제가 스마트폰으로 일정을 기입해 두면 상사의 스마트폰에서 일정 시작 15분전에 얼럿alert이 뜨게 되더라고요. 지금까지도 매우 편리하게 사용하고 있어요.

송가은 · 최애경, 비서학논총

| 다이어리 양식

전자일정표의 사용이 보편화되었다 할지라도 아직도 종이로 된 다이어리를 동시에 이용하는 비서도 많다. 다이어리는 보통 1년 기준으로 되어 있으며 사용 후 버리지 말고 일정기간 보관하여 참고자료로 활용한다. 그러나 일정관리 도구는 하나를 정해놓고 사용하는 것이 혼란을 방지하는 방법이다.

다이어리 관리시 유의할 사항은 다음과 같다.

- 다이어리는 늘 비서의 책상 위에 두어 자주 확인하는 습관을 들이도록 한다.
- 일정이 결정되면 비서의 다이어리에 일정을 기입하고 상사의 일정표에도 동일한 내용을 기입한다.
- 비서는 하루에 2~3번 정도 비서와 상사의 다이어리의 내용이 동일한지를 확인하도록 한다. 즉, 상사가 개인적으로 정한 약속이 있는지 확인한다.

● 다이어리에는 필요한 내용을 가능한 상세하게 기입하도록 한다.

　– 잠정적인 예약은 연필로 기록하고 확정되면 펜으로 고쳐 쓴다.

　– 수정은 붉은색 펜으로 하여 후에도 변경 여부를 알 수 있도록 한다.

● 다이어리는 다른 사람이 보지 않도록 잘 관리한다.

사장님은 항상 빡빡한 일정으로 바쁘고 정신이 없어서 비서에게 자신의 일정관리를 모두 맡기고 있다. 비서는 상사의 일정을 효율적으로 계획할 뿐 아니라 계획된 일정이 예정대로 이행될 수 있도록 세심한 주의를 기울인다. 매일 아침 구두로 일정을 보고하고 틈나는 대로 상사에게 다음 일정을 상기시킨다. 그러나 항상 바쁜 상사는 비서와 대면할 틈을 내기도 너무 어렵다. 또한 상사가 외부에 있는 경우는 다음 일정을 어떻게 상기시켜야 할지 난감하다.

비서는 상사의 일정을 상기시키는 알람과도 같다. 비서는 상사의 일정을 항상 기억하고 틈나는대로 일정을 재확인하도록 한다. 그러나 비서와 상사가 같은 공간에서 오랫동안 일하지만 하루에 면대면으로 대화를 나누는 시간은 매우 짧다. 상사에게 업무보고를 해야 할 경우 면대면으로 보고해야 한다는 생각을 버리고 다양한 보고 방법을 활용하도록 한다.

● 상사와 일정을 확인하는 시간을 정해 놓으면 편하지만 예기치 못한 일정 변경이나 갑작기 새로운 회의나 면담 일정을 잡아야 하는 경우도 많으므로 수시로 상사와 일정을 확인해야 하는 경우가 많다. 특히 상사가 자리에 없을 때 일정수립이나 변경을 해야 할 경우는 메모나 스마트폰을 이용하면 좋다.

● 상사 회의 중에 온 업무 연락은 상사 회의가 끝날 때까지 기다리지 말고 메모를 상사 책상 위에 붙여 놓도록 한다. 비서가 잠시 자리를 비운 동안 상사가 회의 중에 잠시 집무실로 돌아올 수도 있다. 이 때 비서를 만날 수는 없지만 책상 위의 메모는 보고 필요할 경우 업무를 처리한다. 요즘은 스마트 폰을 이용하여 실시간으로 보고하고 지시를 받는 비서들이 많지만 아직도 전통적인 메모는 비서업무를 수행하는데 많이 이용되고 있다.

과거 비서로 근무할 때 메모로 내용을 전달하기보다는 구두로 자세히 설명해 드리고 싶었다. 그래서 회의 중인 상사가 잠시 쉬는 시간에 나오면 그 때 얼른 들어가 보고를 하곤 했는데 대부분의 경우 상사와 대화할 시간을 가질 수가 없었다. 회의 중간 쉬는 시간에도 다른 임원들이 급한 결재나 보고가 있다면서 상사 집무실에 들어갔기 때문이다. 그래서 그 다음부터는 메모지에 보고해야 할 내용을 자세히 적어 상사 책상 위에 붙여 놓으면 상사가 답변을 달아 주곤 했다. 예를 들어 저녁 약속 시간이 변경되어 다른 날짜를 상대방에게 알려줘야 하는데 언제가 편한지 메모로 여쭈어보면 답을 달아 주어 상사가 회의 중이어도 일이 진행될 수 있었다. 즉, 내 입장이 아니라 상사의 입장에서 보면 비서의 구두 보고를 듣는 것도 필요하지만 메모로도 충분히 업무 진행에 문제가 없다면 상사는 신속한 업무처리를 더 선호하지 않겠는가!

일정 확인 및 변경

일정 확인

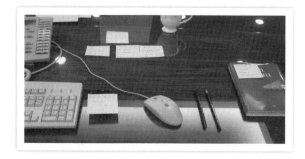

　일단 정해진 일정은 예정대로 이행될 수 있도록 세심한 주의를 기울인다. 이를 위해서 비서는 상사와 일정을 확인하는 시간을 정하여 약속을 재확인하도록 한다. 바쁜 일정이 계속될 때에도 틈을 내어 상사에게 일정을 확인^{remind}해주고 면담이나 회의 약속이 있는 경우는 주최자와 방문처에 연락하여 변경사항이 있는지 미리 확인한다. 상사와 면대면으로 일정 확인이 어려울 때는 스마트기기 내의 일정 알람 기능을 설정해 두거나 메모를 이용할 수 있다.

 사례

메모의 중요성

　비서와 메모는 실과 바늘과의 관계처럼 밀접하다. 짧은 메모 안에 전달하고자 하는 내용을 함축적으로 적기란 사실 매우 어렵다. 따라서 비서는 평소 메모작성을 습관화하여 메모 능력을 높여야 한다.

　김미숙 신임비서는 자주 주변사람들로부터 다른 사람의 이야기를 흘려듣거나 금방 잊어버린다는 얘기를 많이 들었다. 또한 이로 인해 업무를 잘못 처리하는 경우도 많았다. 그래서 김비서는 항상 메모하기로 결심하고 이를 실천에 옮겼다. 그 후 업무 뿐 아니라 신문이나 책을 읽을 때 역시 필요한 내용을 메모하려고 노력했다. 처음에는 메모가 귀찮기도 하고, 쉽지 않아 다른 사람은 어떻게 메모를 하는지 관찰하는 것을 시작으로 언제 어디서든 메모하였다.

　메모를 하다 보니 자신만의 방법을 터득하게 되었는데, 글자로만 메모를 하는 것이 아니라 기호와 자신만의 암호를 정해 더욱 간단하고 신속하게 메모할 수 있었으며, 시간이 지난 뒤에도 알아보기 쉽도록 중요한 사항은 한눈에 띄도록 메모하였다. 그리고 메모한 내용과 관련자료를 주제별로 분리하고 문서보관상자에 넣어 자신만의 데이터베이스를 만들기에 이르렀다. 이후 모아둔 메모와 자료는 업무처리에 도움이 되었을 뿐 아니라 기존의 메모에 새로운 생각이 더해져 더욱 풍부한 자료가 되었다.

비 서	김동섭 전무님. 안녕하세요? 저는 삼도물산 박종진 사장님 비서인 장영주입니다.
상대방	네, 안녕하세요.
비 서	이렇게 직접 전화드려서 죄송합니다. 다름이 아니오라 이번 주 금요일 3시 면담 확인 차 전화 드렸습니다.
상대방	네, 알고있습니다.
비 서	장소는 저희 회사 7층 회의실입니다.
상대방	네, 알겠습니다.
비 서	전무님, 그럼 금요일에 뵙겠습니다.

일정 변경

불가피하게 일정을 변경해야 하는 경우도 있다. 즉, 갑작스러운 회의나 중요한 손님의 방문 등으로 상사의 일정을 변경해야 할 경우는 변동 상황을 신속히 상대방에게 알려서 조정해야 한다. 약속 일정을 변경할 때는 상대방에게 그 이유를 정중하게 설명하고 양해를 얻어야 하며, 상대방과 상사의 일정을 감안하여 새로운 일정을 잡도록 한다.

상대방으로부터 일정 변경의 연락을 받은 경우에는 상사에게 즉시 보고하고 일정표를 정정하도록 한다. 때로는 외출 중인 상사에게 변경된 일정을 알려야 하므로 비서는 항상 상사의 소재를 파악하고 있어야 한다.

면담일정을 다시 잡는 대화 내용

비 서	이남신 상무님. 안녕하세요? 저는 제일기획 김철주 사장님 비서인 김지연입니다.
상대방	네, 안녕하세요.
비 서	직접 전화드려서 죄송합니다. 다름이 아니오라, 사장님께서 갑작스런 출장으로 이번 주 금요일 약속을 다음 주로 미루었으면 하십니다.
상대방	아~ 그래요. 알겠습니다.
비 서	상무님 가능한 시간이 언제인지요?

상대방	다음 주 수요일 오전 10시나, 오후 3시 이후에 괜찮아요
비 서	예, 그럼 수요일 오전 10시 30분으로 해도 괜찮을까요?
상대방	예, 좋습니다.
비 서	그러면 면담 일정은 6월 24일 오전 10시 30분이고요 장소는 지난 번처럼 저희 회사 10층 소회의실입니다. 상무님. 일정을 변경하게 되어 다시 한번 사과드립니다.
상대방	괜찮습니다. 안녕히 계세요.
비 서	예, 안녕히 계세요.

상사의 시정으로 약속을 지킬 수 없게 된 경우 상대방의 일정을 먼저 고려하여 일정을 재수립한다.

비서의 업무 및 시간관리

 비서의 업무관리

비서의 업무는 정형화되지 않은 업무가 많을 뿐 아니라 업무량도 매우 유동적이다. 따라서 다음의 방법을 이용하여 업무를 수행하면 업무의 효율성을 높이는데 도움이 된다. 최근 비서들은 아래의 업무효율화 방법을 전통적인 방식으로 이용할 뿐만 아니라 스마트기기의 다양한 기능을 통해 활용하기도 한다.

▌To Do List

매일 아침 출근시 오늘 해야 할 일, 즉 "To Do List"를 만들어 해야 할 업무를 중요한 순서대로 적은 후 중요한 업무부터 처리한다. 그리고 업무를 마치면 끝난 업무에는 마침 표시를 한다. 업무의 우선순위를 정할 때는 상사의 입장에서 급하고 중요한 업무가 무엇인지 판단해야 함을 잊지 않도록 한다.

To Do List를 이용하면 해야 할 일을 잊지 않고 할 수 있을 뿐 아니라 유사한 업무는 묶어서 처리할 수 있어 업무처리에 소요되는 시간을 줄일 수 있다. 열심히 일하는 것도 중요하지만 똑똑하게 하는 것도 중요하다.

▌업무일지

업무일지는 최소 2~3개월에서 1년 동안 작게는 15분, 30분에서 크게는 1시간 혹은 오전, 오후의 간격으로 매일의 업무 진행 상황을 모두 기록한 것으로 다음과 같은 점에서 유용하다.

- 업무의 유형을 분류할 수 있고 유형별 소요시간을 파악할 수 있다.
- 개선해야 할 점이 부각된다.
- 시기별 업무량을 예측할 수 있어 바쁜 시기를 미리 대비할 수 있다.

업무 일지 작성은 귀찮고 번거로운 일이지만 더 나은 업무 계획을 세울 수 있으므로 매일 꾸준히 작성하는 것이 중요하다.

업무일지			일시 :	년 월 일 요일	
시간	업무내용	확인	시간	업무내용	확인

상사출근시간		비서출근시간		회사행사사항	
상사퇴근시간		비서퇴근시간			

시간			집무결과	확인
오전	7:00			
	8:00			
	9:00			
	10:00			
	11:00			
오후	12:00			
	1:00			
	2:00			
	3:00			
	4:00			
	5:00			
	6:00			
	7:00			
	8:00			

전화		방문자		준비물(기기 및 비품)

개선할 점		잘된 점	
기타사항			

| 업무일지 양식

▌ 티클러 파일과 Bring Forward Filing System

업무의 마감일시를 지킴으로써 상사와 동료 등으로부터 신뢰를 얻도록 한다. 마감일시를 잘 지키기 위해서는 마감일시를 다이어리나 티클러 파일tickler file에 기록을 해 둔다. 티클러 파일이란 기간 내에 처리해야 할 업무, 정기적 또는 주기적으로 처리할 업무 등을 해당 일의 카드에 적어 둠으로써 비서가 실수로 업무를 빠뜨리는 것을 막아주는 장치이다. 최근에는 컴퓨터의 일정 알림서비스가 티클러 파일을 대체하기도 한다.

| 티클러 파일

다이어리나 티클러 카드에 필요한 내용을 적어 둘 수는 있으나 초청장, 팩스나 편지 등의 문서나 자료를 보관하기에는 어려움이 있다. 따라서 Bring Forward File의 해당 일자에 업무와 관련된 자료를 보관하면 자료를 찾기 위해 고생하는 일을 막을 수 있다.

| B/F Filing System

31개의 폴더를 마련하여 각 폴더 귀에 1~31의 숫자를 끼워둔다. '1'이라는 숫자의 폴더에는 각각의 달의 1일에 처리해야 하는 업무자료들이 들어있다. 즉 5월 1일, 7월 1일에 처리해야 하는 업무 관련자료는 모두 '1' 폴더에 들어있다. 따라서 5월 1일 아침에 '1' 폴더 속의 자료 중에 5월 1일에 해당하는 자료만 빼서 처리하고 7월 1일에 처리해야 하는 자료는 남겨두고 해당 달의 1일에 처리한다.
비서는 매일 아침 해당 일의 폴더에 있는 자료를 확인한다. 다음 날이 공휴일인 경우는 다음날 폴더의 내용도 확인하고 처리한다.

Bring Forward Filing System 활용

An e-mail from a Personal Assistant(PA) working in New York.

I keep a 'hard copy' Bring Forward (or BF) system at work.

I work as a PA and I keep meeting papers, agendas and invitations in a filing system ie. files marked 1 to 31 representing each day of the month.

So if my boss is attending a meeting on the 25th of the month, I would mark any

papers relevant to that meeting (that I had received previously) in the "24th" file - so on the 24th I dig them out and put in his papers along with his diary sheet for the next day.

Basically you must look at your BF system every day to be effective and keep track of things!

Hope this helps!

▋ 조직도

입사 후 조직도를 가까이 두고 조직구조와 조직 구성원의 이름과 담당 업무를 신속히 익히도록 한다.

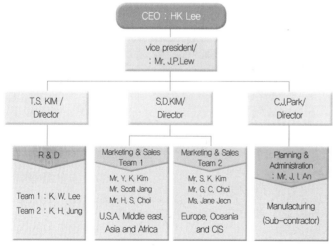

출처: www.naver.com

▌업무 매뉴얼

비서는 사고나 질병 등 예기치 못한 일로 자리를 비우거나 휴가 등을 대비해서 자신의 업무를 대리로 수행할 사람을 위해 업무 매뉴얼을 만들어 둔다. 업무 매뉴얼은 비서가 자리를 비웠을 때 업무가 원활히 수행될 수 있도록 도움을 주기도 하지만 업무 매뉴얼을 만들면서 비서 본인도 자신의 업무를 효율적으로 수행할 수 있는 방법을 익힐 수 있어 매우 유용하다.

업무 매뉴얼에 포함되는 사항은 다음과 같다.

- 일정하게 하는 업무의 종류와 방식
- 상사가 선호하는 업무처리방식
- 각종참고자료 및 서류의 위치file index를 만들어 두도록 한다
- 자주 사용 하는 비품이나 양식의 위치
- 자주 연락하는 전화번호
- 기타 상사의 기호 등등

사례

상사 법인카드 정산 업무 매뉴얼

1. 업무목적
법인카드 정산을 효율적으로 함으로써, 비용에 대한 파악이 쉽고 간결하게 처리할 수 있다.

2. 업무내용

	목차	업무내용
	1	회사 원내 그룹웨어에 로그인한다.
	2	원내 ERP 프로그램에 접속한다.
	3	재무회계 → 법인카드 정산 → 카드 선택
법인 카드 정산	4	카드를 선택하고 결제일이 일치하도록 선택한다.
	5	선택한 전표들을 취합하여 '법인카드 정산'을 클릭한다.
	6	정산일, 사업영역, 코스트센터, 금액, 계정을 확인하여 입력한다. (일자: 2020. 00. 00, 사업영역: 3000, 코스트센터: 30205, 금액: ₩, 계정번호: 6321220)
	7	입력한 내용을 확인한 후 '확인' 버튼을 클릭한다.
	8	정산된 전표를 확인하여 사용한 실제금액과 차이가 있는지 확인한다.

매뉴얼이 무엇인가? 기계나 컴퓨터 등의 사용방법이나 기능을 알기 쉽게 설명한 책이 매뉴얼이다. 그렇다면 비서의 업무 매뉴얼은 비서의 업무 내용과 수행 방법을 정리한 책으로 보면 된다.

업무 매뉴얼을 만드는 것을 어려워하지 말자. 경력이 어느 정도 쌓이면 누구나 만들 수 있다. 업무 매뉴얼을 만들 때는 목차와 세부사항을 작성한다. 즉, 비서의 업무를 나열하고 어떻게 각 업무를 처리하는지 순서와 내용을 정리하는 것이다. 내용은 간단 명료하게 쓰고 업무 프로세스에 따라 주요업무와 지원업무를 구분하면 좋다. 주관적인 의견은 주관적인 의견임을 명시하고 예시나 사례를 보태면 이해가 빠르다.

상사의 개인 정보 관리

비서는 상사의 인적사항에 대한 내용을 상사의 개인 파일에 정리해 두도록 한다. 상사의 개인파일은 보안이 잘 되는 곳에 보관하거나 컴퓨터에 암호화하여 보관하여 외부로 유출되지 않도록 주의한다.

- 상사의 이력(학력, 경력, 수상내역 등)
- 상사의 사번, 주민등록번호, 자동차면허 번호 및 발급기관, 신용카드번호와 만기일, 병원진료카드번호 등
- 여권번호와 만기일, 비자의 종류와 유효기간, 항공사 마일리지 적립상황, 사내보증보험 가입상황
- 가족의 주민등록번호, 생년월일 등
- 상사의 전자메일 아이디와 패스워드 (필요시 주기적으로 변경)
- 업무용 통장번호 및 비밀번호
- 긴급연락용 전화번호 (주요 임직원의 자택 주소, 휴대전화번호 포함)
- 상사의 주요 기념일, 신체 사이즈 (신장, 체중, 와이셔츠 크기, 허리 둘레, 신발 크기, 골프장갑 크기 등등)
- 동창회, 각종 단체 등의 회원가입 여부 및 회비 납부 현황, 회원번호 등

(사진)	이　　름	한 글		영 문		한 자
	전 화 번 호	자 택		CP1 (일반공개)		CP2 (제한공개)
	주　　소	번 지)　　도로명)				

E-mail계정	(공식)	E-mail 계정	(개인)
SNS 계정 (t)		S N S 계 정 (f)	
주민등록번호		생년월일(양 · 음)	
사 원 번 호		그 룹 웨 어　ID	

여 권 번 호			여권 만료일			
마 일 리 지	1		2		3	
비 자 만 료 일						
차 량 정 보			차량보험만료일			
신 체 정 보	키	몸무게	허리	셔츠	구두	골프장갑
가 족 정 보 (생년월일 등)	부인		자녀1		자녀2	
병 원 정 보	진료번호1	진료번호2	주치의 연락처		건강검진일	복용약
은 행 정 보	1		2		3	
카　　드(개인)	1		2		3	
카　　드(법인)	1		2		3	
협회 · 가입단체	1		2		3	

학　　　력	초)	대표경력	
	중)		
	고)		
	대)		
	원)		
결 혼 기 념 일		취미 및 특기	
골 프 핸 디		선호음악(애창곡)	
기 타 사 항			

| 상사 신상 카드

█ 노트를 활용한 메모

비서는 항상 메모할 준비가 되어 있어야 한다. 메모 공책에 펜을 연결해 두고 사용한 부분을 묶어두면 급한 상황에서도 빨리 메모를 할 수 있어 상사의 지시를 놓치지 않고 적을 수 있다. 또한 공책을 사용하면 메모를 한 곳에 지속적으로 하기 때문에 과거에 한 메모를 참고해야 할 때도 매우 유용하다.

비서는 언제 어디서나 메모할 준비가 되어 있어야 할 뿐 아니라 메모하기를 즐기는 것이 중요하다. 또한 시간날 때마다 자신이 적은 메모를 보면서 업무 처리 경과를 확인하는 자세도 필요하다.

메모노트 사용방법

· 매일 날짜를 적고 필요한 내용을 메모한다.
· 이미 사용한 부분은 고무밴드로 고정시켜둔다. 그러면 메모를 하기 위해 공책을 펼쳤을 때 바로 메모할 수 있는 빈 공간이 나온다.
· 공책의 한 면만을 계속 사용한다. 공책의 한 면을 모두 사용한 뒤 뒷면을 사용한다.
· 펜을 연결해둔다.

█ 기타 업무 효율화 방안

준비가 잘 되어 있고 정리정돈이 잘 되어 있을 때 업무의 효율성이 높다. 아래의 내용은 업무 효율성을 높일 수 있는 방법들이다.

● 업무를 정형화시킨다.
  · 잡지 회람, 서류 정리 등 규칙적으로 하는 업무는 매뉴얼에 따라 정형화한다.
● 업무 분석을 통해서 정기적으로 업무량이 많은 시기를 파악하여 업무량이 적을 때 미리 대비한다.
● 체크리스트를 사용하여 반복적인 업무에 정확을 기하고, 장기간 계속되

는 업무는 추진 상황을 기록할 수 있도록 한다.

· 회의 체크리스트, 비품 체크리스트 등을 만들어 사용한다.

· Time Schedule을 이용하여 장기적인 업무의 진행상황을 점검한다.

● 같은 종류의 일을 묶어서 처리한다.

· 초대장 작성, 보고서 작성 등 컴퓨터 입력 작업을 함께 처리한다.

● 규모가 큰 업무는 여러 개의 작은 부분으로 나누어 하나씩 체계적으로 한다.

· 상사의 출장업무를 수행할 때 예약업무, 회의 준비업무, 자료 및 비품 준비업무 등으로 나누어 처리한다.

● 업무를 구분한다.

· 책상 위에 여러 종류의 서류나 자료가 섞이지 않도록 한다. 예를 들면 노란 폴더에는 회의업무 자료를, 빨 간 폴더에는 급히 처리할 업무를, 초록 폴더에는 경 비처리 자료 등을 넣어 쉽게 찾을 수 있도록 한다.

 사례

업무는 색으로 구별하여 분리한다.

공동비서로 일하는 나는 두 상사의 업무를 색으로 구분하여 업무처리를 한다. 파일을 세 개로 만들어 같은 종류의 일은 공통으로 묶어서 보관하며 보고를 드린다. 예약업무, 출장업 무, 법인카드업무, 회의자료 작성업무 등은 상사별로 나누어 처리하고 있다. 이때 공동업무 파일, 상사별 파일의 색을 구분하여 정리한다. 또한 책상 위에 서류가 섞이지 않도록 하며, 가급적 즉시 문서를 철한다.

비서의 시간관리

우리는 속도가 매우 중요한 시기에 살고 있으므로 개인의 시간관리 능력에 따라 업무의 효율성에 차이가 크다. 비서로서 시간을 효율적으로 관리할 수 있는 방안을 살펴보면 아래와 같다.

즉시 처리의 원칙

즉시 처리란 해야 할 일을 미루지 않고 즉석에서 처리하고 결정하는 것을 의미한다. 예를 들면 e-mail의 답장을 쓸 필요가 있으면 메일을 읽고 바로 답장을 보낸다. 나중에 쓰려고 하면 다시 메일을 찾고 읽어 보아야 하므로 이중의 시간과 노력이 든다.

계획에 의한 업무 추진

업무 계획을 세워서 일을 수행하면 다음과 같은 장점이 있다.
- 업무의 우선 순위를 정확히 알게 된다.
- 제한된 시간을 업무의 우선순위에 따라 배분할 수 있다.
- 목표를 달성하는데 필요한 시간이나 노동의 양을 예측할 수 있다.
- 불필요한 노력이나 시행 착오를 거치지 않고 일을 끝낼 수 있다.

그렇다면 비서가 효율적으로 업무 계획을 수립하는 방안을 살펴보면 다음과 같다.
- 상사의 업무 계획에 따라 비서의 업무 계획을 조정한다.
- 가장 능률적인 시간에 가장 복잡하고 어려운 업무를 처리한다. 능률적인 시간대는 사람마다 다르다.
- 하나의 업무가 완전히 끝날 때까지 그 업무를 계속할 수 있도록 시간을 할애한다.
- 즉시 마쳐야 할 업무, 오늘 중으로 마쳐야 하는 업무, 여유있게 처리할 수 있는 업무 등으로 우선순위를 매긴다.

- 업무의 우선순위는 업무의 중요도와 긴급도에 따라 매겨진다. 물론 우선순위 결정은 비서가 아니라 상사의 입장에서 판단해야 한다. 중요하고 급한 일에 더 많은 시간과 에너지를 쓰도록 한다.
- 자신이 싫어하는 일을 미루어 놓는다거나 선호하는 업무에만 열중하지 않도록 주의한다.
- 모든 일을 혼자서 하려고 하지 않는다. 필요한 경우 다른 사람의 도움을 받기도 하고 본인이 다른 사람을 도울 수도 있다. 또한 다른 사람의 요청을 들어줄 수 없는 경우 거절할 수 있어야 한다.

▌ 상사와의 업무 및 시간 조정

비서의 업무는 상사의 업무와 밀접하게 관련되어 있다. 따라서 비서는 상사와 의사소통이 원활하게 이루어져야 일을 제대로 수행할 수 있다. 비서는 상사의 일정에 맞추어 자신의 업무일정을 조정하면 효율적으로 상사를 보좌할 수 있다. 또한 문제가 발생했을 때는 신속히 상사와 논의하여 처리해야 한다.

▌ 스스로의 통제

일이 한꺼번에 몰리는 상황에서도 당황하거나 여러 업무를 제대로 확인하지 않고 급하게 처리하지 않도록 한다. 침착한 태도로 한 번에 하나씩 급한 순서대로 일을 처리하도록 한다. 성공적인 직장여성에게 필요한 침착성을 기르기 위해 노력한다.

지시 및 보고

▌ 지시를 받을 때

상사로부터의 지시나 명령을 충실히 이행하는 것은 조직의 일원으로서 기본적인 자세이며 의무이다. 상사로부터 지시를 받을 때 유의할 점은 다음과 같다.

🎋 명령을 받을 때는 메모를 한다.

• 상사가 불렀을 때는 메모 준비를 하고 지시 내용을 받아 적어야 한다.

• 메모할 때는 지시 내용을 신속히 적도록 한다.

🎋 끝까지 듣고 질문한다.

• 지시 내용 중 이해가 안 되는 부분이 있으면 표시해 두었다가 상사의 지시가 끝난 후에 질문을 한다.

🎋 지시를 받은 뒤 간단히 복창하여 확인한다.

• 지시를 다 받고 난 뒤에는 지시 내용을 복창하여 잘못 들었거나 빠뜨린 것이 없는지 확인한다.

• 이해하지 못한 부분은 다시 질문하여 확실히 이해하도록 한다. 상사가 바쁜 것 같다고 이해 못한 부분을 확인하지 않아 일을 그르치는 일이 없도록 한다.

사례

1. 업무/자료의 중요도에 따라 상사에게 보고하기

• 저는 매일 업데이트 되는 보고 자료의 경우에는 파일철에 끼워 책상 위에, 상사가 바로 확인해야 하는 자료는 상사가 앉아 있는 자리 (책상 or 테이블)에 올려놓습니다.

• 업무의 중요도에 따라 회의 중 혹은 말씀 중이시더라도 메모를 넣어 다음 중요한 일정을 상기시켜 드립니다.

2. 업무가 누락되지 않도록 사전에 리마인드 해드리기

• 당일 아침 (출근 직후) / 정오 / 늦은 오후로 나누어 확정된 일정을 다시 한 번 메모지에 써서 상사에게 알려드립니다.

• 다음날 아침 일찍 예정되어 있는 회의의 경우에는 퇴근 전에 구두로, 당일 출근길에 문자로 다시 상기시켜 드립니다.

• 다음날 아침 회의에 들어가야 하는 자료인데, 자료가 밤늦게 나온 경우에는 출근 즉시 회의 자료를 프린트하여 프린트한 자료를 사진으로 찍어 문자로 발송해 드립니다.

3. 중간보고 잊지 않기

• 급히 처리해야 하는 업무를 제외하고, 얼마간의 시간이 소요되는 업무를 지시 받은 경우에는 중간에 업무의 진행상황을 보고하여 상사가 불필요하게 신경 쓰지 않도록 합니다.

✤ 곧바로 지시 받은 업무를 수행한다.

- 지시를 받으면 바로 일을 시작해야 한다. 지시 받은 업무를 바로 시작하기 어려운 상황일 때는 상황을 솔직하게 설명한다.

▌보고

지시를 받으면 즉시 실행하고 결과를 상사에게 보고해야 한다. 보고의 내용이 아무리 완벽할 지라도 상사가 원하는 시간에 맞추지 못하면 보고의 가치는 떨어짐을 명심한다.

✤ 보고를 해야 하는 경우

- 지시 받은 업무가 끝났을 때
- 지시 받은 일이나 이미 승인된 작업 계획이 도중에 변경될 때
- 상사가 담당하고 있는 업무와 관련된 정보를 획득하였을 때
- 장기적, 계속적인 업무는 중간에 진행상황을 보고한다.

✤ 보고 할 때 유의 사항

- 보고는 결론을 먼저 말하고 필요한 경우 이유, 경과 등의 순서로 한다.
- 보고는 적당히 끊어서 요점을 강조하되 추측이나 억측은 피하고 사실을 분명하게 설명한다.
- 보고는 지시한 사람에게 한다. 그러나 지시한 사람이 직속 상사가 아닌 경우 상사에게도 보고한다.

🌱 효과적인 보고

❶ 간단 명료해야 한다.

- 정보 보고는 간단 명료하게 육하원칙에 따라 요약되어야 하며, 기타 필요한 내용이나 자료가 있을 때는 별첨으로 처리한다.

❷ 신속해야 한다.

- 명령, 지시 받은 일을 끝내면 즉시 보고한다.
- 상사가 진행상황을 물어보기 전에 가능한 먼저 보고한다.
- 긴급한 상황일때는 다소 부족하더라도 파악된 내용을 먼저 보고하고 미진한 부분은 추가로 보고를 한다. 완벽한 보고를 하기 위해서 보고 시기를 늦추어서는 안된다.

❸ 보고는 사실 그대로 보고해야 한다.

- 추측이나 감정에 치우치지 말고 객관적인 사실을 분명하게 보고한다.
- 개인적인 의견이나 다른 사람들의 의견을 보고할 때는 주관적인 의견임을 밝혀야 한다.

❹ 현상 파악과 아울러 경향 파악을 할 수 있어야 한다.

- 사후 보고식의 소극적 정보보고가 아니라 현상 파악을 통하여 경향을 분석하고 전망과 예측을 할 수 있도록 다양한 각도에서 보고한다.

❺ 탄력적이어야 한다.

- 정보보고는 사용자의 창의력을 제한하는 보고가 되어서는 곤란하다. 따라서 의사 결정권자가 자유롭게 활용할 수 있도록 탄력적이고 융통성있는 보고가 되도록 한다.

❻ 보고가 끝나면 내용을 정리해 둔다.

🌱 보고방법

❶ 구두에 의한 보고

기밀 사항, 긴급 사항, 서면 설명으로는 불충분한 사항, 간단한 내용 등을 보고할 때는 구두 보고가 적절하다.

- **면담을 통한 보고** 보고자는 우선 보고할 수 있는 분위기를 조성하고 침착한 태도로 보고 내용을 이해하기 쉽게 설명한다. 용어는 표준어를 사용하고 체계적이고 논리적으로 예를 들어가며 논리적으로 보고한다.

- **전화 보고** 짧은 시간 내에 보고 내용을 정확하게 전달하기 위해서는 사전에 내용을 요약해 둔다. 전화 보고시에는 상대방의 사정을 고려해야 한다. 우선 결론부터 보고한 후에 내용을 요약, 설명하며, 이해하기 쉬운 용어로 간단 명료하게 보고하며 중요한 부분은 반복한다.

❷ 문서에 의한 보고

보고서를 작성할 때는 다음에 유의한다.

- 보고서를 읽는 대상을 생각하고 작성한다. 업무가 바쁜 상사라면 한눈에 결론이 이해되도록 작성하고 문장은 가능한 짧게 한다. 이론을 좋아하는 상사라면 논리 정연하게 문장을 기술한다.
- 문서는 가능한 소제목을 붙인다.
- 결론을 앞에 쓰고 경위나 설명을 뒤에 쓴다.
- 사실과 의견, 추측과 인용 등을 명확히 구분한다.
- 도표나 그래프 등 시각적 표현 방법을 활용한다.

| 보고 시 확인사항 |

점검내용	확인사항
1. 보고대상자를 위한 맞춤식 보고가 되었는가?	상사에게 꼭 필요한 정보, 상사가 한 눈에 이해하기 쉬운 내용으로 구성했는가?
2. 내용의 체계화가 잘 되었는가?	서론·본론·결론의 구체화, 들여쓰기나 문단 구분이 명확한가?
3. 두괄식 보고가 진행되었는가?	가장 핵심적이고 중요한 내용을 가장 먼저 보고했는가?
4. 미래지향적인 건의가 포함되었는가?	보고의 내용에 따라서는 객관적인 사실 외 전문가나 나의 의견이 정리돼 있는가?
5. 독창성(개성)이 내재되었는가?	수많은 보고자료 중에서 기억에 남을 만한 내용인가?
6. 내용이 명료하고 간결한가?	지나치게 복잡하거나 많은 내용을 담지는 않았는가?

익힘문제

01 상사의 일정관리시 유의해야 할 사항들을 논의해보자.

02 오늘은 5월 20일이다. 본사로부터 7월 10일까지 2분기 영업실적을 보내라는 e-mail을 받았는데 어떻게 이 보고서 제출일을 잊지 않고 상사에게 상기시켜 줄 수 있을까? (참고로 이 보고서를 작성하는 데는 대략 3일정도 소요된다). Bring Forward File (B/F File), Tickler File을 이용하여 설명해 보시오.

03 현직 비서들이 스마트폰을 일정관리에 어떻게 사용하고 있는지, 그들이 이용하는 일정관리 애플리케이션App은 무엇인지 알아보자.

04 비서가 자신의 시간을 효율적으로 관리하기 위해 필요한 원칙은 무엇인가?

05 일개월간 To Do List와 업무일지를 꾸준히 작성해보고 업무 수행에 어떤 변화가 있었는지 살펴보자.

SECRETARIAL
PROCEDURES

비서실무의 5판
이해

회의 업무

회의 업무

회의의 개요

　기업을 효율적으로 경영·관리하기 위해서는 다양한 사람들의 의견이 존중되어야 하며 이들을 바탕으로 의사결정이 이루어져야 한다. 회의는 경영관리의 합리화와 능률화를 도모하면서 질서와 협력 체제를 확립하기 위한 훌륭한 의사소통 방법으로 모든 조직에서 활용되고 있다.

　일반적으로 조직의 관리자들은 하루 일과의 1/3 이상을 회의에 보낸다. 회의를 주재할 뿐 아니라 조직 내·외부의 회의에 참석한다. 비서의 회의 보좌 업무는 상사가 회의를 주재하느냐 혹은 참석하느냐에 따라 다소 차이가 있지만 어떤 경우든 상사가 회의에서 자신의 역할을 다할 수 있도록 보좌하는 것이다.

　최근에는 컴퓨터와 통신의 급격한 발달로 면대면으로 이루어지는 회의 뿐 아니라 전화회의, 화상회의 등 회의 방식도 크게 변화하였다. 따라서 비서는 다양한 회의 방식이나 절차 뿐 아니라 회의에서 사용되는 기자재에 대해서도 잘 알아 두어 회의 진행이 효율적일 수 있도록 보좌해야 한다.

회의의 기능 및 회의 형식

▌회의의 기능

☆ 문제해결problem solving의 기능

조직 내·외의 해결해야 하는 사안에 대하여 참가자들이 자신들의 전문적 지식, 기술 등을 바탕으로 토론을 하여 문제를 해결함을 목적으로 한다. 이러한 회의는 참가자들을 의사결정에 참여시킴으로써 참여의식을 고취시킬 수 있을 뿐 아니라 추후 업무 진행에서도 지속적인 협조를 얻을 수 있다. 임원회의, 부서장회의, 신제품개발회의 등이 있다.

☆ 자문consulting기능

전문적인 지식이 요구될 경우 관련 분야 전문가들로부터 자문을 얻는 방식으로 자문은 조직 내·외부로부터 얻을 수 있다. 공청회나 협의회 등이 이에 속한다.

☆ 의사소통communication의 기능

회의를 통해 다양한 사람들이 자신의 입장을 피력하고 타인의 의견을 들음으로써 서로간의 의사를 확인하고 조정함을 목적으로 한다. 부서회의, 조회 등이 이에 해당된다.

☆ 교육훈련education & training기능

다른 사람의 지식·기술·경험 등을 상대방에게 효과적으로 전달, 설득함을 목적으로 한다. 기업에서 실시하는 다양한 교육훈련 및 연수 등이 있다.

▌ 회의 형식

✤ 프리토킹free-talking : 원탁 회의

형식에 구애받지 않고 문제를 제출하여 자유롭게 토론하는 방식의 회의로 반드시 어떠한 결론에 도달해야 하는 것은 아니다. 상하 구분이 명확하지 않  은 원탁에 둘러 앉아 회의를 한다고 해서 원탁회의라고 한다.

✤ 브레인스토밍brain storming : 아이디어 회의

토의 참가자가 자유롭게 정보나 의견을 제시하고 사회자는 칠판에 제기된 아이디어를 전원이 볼 수 있도록 적어 가면서 진행하는 회의 방식이다. 브레인스토밍은 변화가 빠른 오늘날 기존의 방식으로는 해결할 수 없는 문제를 풀어야 할 때나 새로운 아이디어를 얻고자 할 때 주로 사용된다.

✤ 세미나seminar

세미나는 대학 교육 방법의 하나로 교수의 지도 아래 학생들이 모여 연구 발표나 토론을 하는 공동 연구 또는 학회에서 회원의 연구 발표를 토대로 학회 회원들이 토론하는 연구 활동을 지칭한다. 요즘에는 특정 과제에 대하여 전문가가 자신의 생각을 개진하고 청중과 질문과 답변을 통해 지식과 경험을 공유하는 연수회나 강습회를 세미나라고도 한다.

❖ 패널 토의 panel discussion

토의 주제를 놓고 토의 참가자들이 준비된 단상 위에서 사회자의 진행으로 주제에 대하여 자유 토의를 하고, 토의가 끝난 후에는 청중으로부터 질문을 받아 답을 제시하는 형식의 회의로 배심 토의라고도 한다. 토의 참가자들은 토의 주제에 대해 사전에 조사해 와야 한다. 패널 토의는 현안에 관련된 분야의 전문가를 초빙하여 문제해결을 위한 의견을 경청하고 이견을 좁혀서 최적의 대안을 도출하고자 할 때 적합하다.

예 국민연금제도 개선, 학술지 평가 방식 등

 참고

토의 discussion 는 공동의 관심사가 되는 문제에 대하여 가장 바람직한 해결 방안을 찾으려고 집단 구성원이 정보나 아이디어를 교환하는 과정이다. 토의에서 중요한 것은 합의할 수 있는 결론을 이끌어 내는 것이다.
토론 debate 는 어떤 주제에 대하여 서로 다른 주장을 하는 사람들이 논증이나 검증을 통해 자기 주장을 정당화하고 다른 사람을 설득하는 과정이다. 토론은 각자의 주장과 관점이 찬성과 반대로 분명하고 확연하게 나뉜다. 이 두 관점은 본질적으로 타협할 수 없으며 수정할 수도 없다. 각자는 자신의 관점과 주장을 옹호하고 강화하여 상대방을 논박해야 한다. MBC의 '100분토론'은 패널토론의 한 예이다.

❖ 심포지엄symposium

특정 의제에 대하여 해
당 분야 전문가가 자신의
의견을 발표하고 청중 혹
은 사회자로부터 질문을
받아 답변하는 형식의 회
의이다. 심포지엄은 정보
전달의 목적이 강하다.

예 입시제도 개선방안 발표, 평가제도 개선안 발표 등

심포지엄과 패널 모두 전문가가 참여하지만 심포지엄은 일방적인 정
보전달의 성격이 강하여 일종의 발표회라고 할 수 있는 반면 패널은 참여
한 전문가들 간의 토의를 통하여 이견을 좁혀나가는 것이 차이점이다.

❖ 포럼forum

공공의 문제에 관해 다수의 이해 관계자들이 참여하는 공개 토의 방식의 회
의를 말한다. 사회자의 진행 하에 서로 다른 입장을 조율하여 실천적인 대안
을 모색하기에 적합하다. 토의를 위한 간략한 주제 발표는 있으나 강연이나
연설은 이루어지지 않는다. 다양한 의견을 이끌어내야 하므로 사회자의 역
할이 중요하다.

예 학교 주변의 유해 환경 대처 방안 모색

패널, 심포지움, 포럼에는 사회자, 전문가, 청중이 존재한다.

❖ 워크숍workshop

워크숍은 '일터', '작업장'을 뜻하는 말이었으나 오늘날은 참가자들의
자유로운 토론이나 단체 활동을 통해 기업 또는 단체의 단합과 성장을 꾀
하고 조직력을 개발하기 위한 모임 방식을 말한다.

❋ 버즈 세션 buzz session : 집단 토론

다수의 인원을 소그룹으로 나
누어 정해진 시간에 자유롭게
토의하여 나온 의견을 그룹 대
표자가 전체 앞에서 발표함으로
써 전체의 의견을 통합해 나가
는 형식이다.

❋ 컨퍼런스 conference

20~50명 정도의 중소규모의 회의에서 수백명 대규모까지 다양한 규모
의 회의 형식으로 전문적인 주제를 주로 다룬다. 기술과 과학 분야에 많
은 비중을 두는 회의이다.

❋ 컨벤션 convention

회의 산업의 대표로서 대회의장에서 개최되는 단체회의 형식이다. 정
치, 무역, 산업, 과학, 기술과 같은 특정한 사안에 대한 실행을 위한 대표
들이 모이는 회의로 총회와 부수적인 소규모의 회의가 포함된다. 일반적
으로 전시를 포함하는 형태가 많고 1년 주기로 개최되는 것이 보통이다.

❋ 의회형 회의 parliament assembly

의사록 agenda에 상정된 안건
에 대하여 회의가 열리기 전
사전 조사 및 자료 배부를 통
하여 충분히 연구한 후 찬·
반의 결정을 하기 위해 열리
는 회의 형식으로 토론보다는
채결을 중시한다.

컴퓨터·통신 기술의 발전으로 회의 참석자들이 한자리에 모이지 않고 전화, 컴퓨터 및 영상 기술을 이용하여 회의를 할 수 있게 되었다. 이러한 회의의 종류를 살펴보면 아래와 같다.

✤ 전화회의Teleconference

전화회의는 각기 다른 지역에 있는 여러 명이 전화선을 통하여 의견을 교환하는 회의 방식으로 회의에 참석하기 위해 정해진 장소로 이동하지 않아도 되며 전화만 있으면 가능하므로 최근에 매우 많이 이용되고 있다. 시간 차이가 있는 지역의 사람과 전화회의를 할 경우는 사전에 전화회의 참석자 간에 일치된 시간을 정해놓고 회의전화를 연결하도록 한다.

사례

김영철 본부장은 이영희 소장(뉴욕 사무소), 최순재 지점장(일본지점), 박종진 소장(런던 사무소)과 서울 시간으로 수요일 오전 10시에 전화회의를 개최하고자 한다. 따라서 전화회의 개최 일시와 회의 안건을 월요일에 e-mail로 회의 참석자들에게 보내 그들로부터 회의 참석 여부에 관해 회신을 받았다. 김영철 사장은 전화회의를 하면서 통계자료나 그래픽을 뉴욕, 일본, 런던으로 보내기 위해서 컴퓨터 통신을 이용하고자 한다.

✤ 컴퓨터 전자 회의

컴퓨터 및 통신기술을 활용하여 컴퓨터를 통하여 가까운 혹은 먼 곳에 있는 회의 참석자들과 서로의 의사를 컴퓨터 키보드에 입력한 후 통신망을 통하여 상대방에게 전달하면 다시 상대방은 그 내용을 모니터 상에서 읽고 그에 대한 반응을 다시 상대방에게 보내는 것이다. 컴퓨터 회의는 회의 참석자들이 동시에 참석하여 의견을 교환할 수도 있고 또는 내용이 컴퓨터에 저장되므로 시간 차이를 두고 회의에 참석할 수 있다. 슬라이드, 그래픽 이미지, 음성 등을 상대방에게 전송할 수 있고 회의에서 주고받은 내용은 컴퓨터에 저장하여 필요한 때 편집, 출력이 가능하다.

❖ 화상 회의

화상 회의^{Video Conference}란 오디오·비디오·컴퓨터·통신 기술의 통합으로 가능해진 회의 형태이다. 경영자들이 출장으로 인한 시간과 비용을 줄일 수 있어 화상회의 이용이 증가하고 있다. 화상회의를 실시하기 위해서는 지리적으로 떨어져 있는

회의 참석자 간의 시간약속이 미리 이루어져야 하며 음성을 들을 수 있을 뿐 아니라 상대방을 화면을 통해 볼 수 있어 기존의 면대면 회의와 거의 유사하다. 그래픽이나 자료 등은 팩스, e-mail, 메신저 등을 통해 전송할 수 있다. 최근 들어 화상회의 시스템 설치 비용이 낮아짐에 따라 많은 기업들이 화상회의를 이용하고 있다.

Full HD 시스코 화상회의 시스템인 TP(텔레프레즌스)

Full HD급 65인치 TV 3대가 상대방이 마치 있는 듯 회의를 할 수 있는 시스템이다. 또한, 옵션에 천장 위에 실물 화상기가 있어 이를 상대방에게 전달할 수 있다. 그리고, 3대 화면 TV 아래 컴퓨터화면을 프로젝터 또는 LCD TV로 내용을 보면서 문서회의를 함께 할 수 있다. 시스템에 인테리어도 포함된다.

회의 보좌업무

상사 회의 참석 시 보좌업무

▌ 상사 회의 참석 시 업무 순서

상사는 조직 내부와 외부에서 주최하는 많은 회의에 참석을 하게 된다. 이처럼 상사가 회의에 참석할 것을 요청 받았을 때 비서는 아래의 순서에 따라 업무를 수행한다.

│ 상사 회의 참석 업무 순서도

- 🐾 회의 일시(when), 회의 장소(where), 안건(what), 회의 형식(how), 참석 대상자(who) 등을 상사에게 보고한다.

- 상사가 회의 참석을 요청받았을 경우 비서는 상사의 일정을 확인하여 중복되는 일정이 있는지 확인한다. 일정이 중복될 경우 상사에게 중복

되는 일정도 함께 보고하고 상사의 지시를 따르도록 한다.

- 회의 프로그램에 대한 세부 정보나 참석자 명단을 미리 알 수 있으면 상사가 참석 여부를 결정하는데 도움이 되므로 관련 정보를 얻게 되면 상사에게 보고한다.

- 회의에서 상사가 담당하는 역할이 있는 경우 어떤 역할인지 알려드리고 필요한 경우 회의 형식도 보고한다.

✿ 회의 주최측에 상사의 참석 여부를 알려준다.

- 상사의 참석 여부를 주최측에 통보한다. 상사가 참석하지 않는 경우도 회의 주최측에 상사의 불참의사를 알린다.

▌ 상사 회의 참석 시 확인 사항

❶ 회의 날짜, 회의 시작과 종료 시간을 일정표에 등록하고 회의 통지서를 보관한다.

❷ 회의 장소, 주최측의 연락처 등을 사전에 확인해 둔다. 회의 장소가 외부인 경우 건물명, 몇 층, 몇 호인지까지 정확히 사전에 알아둔다. 또한 시간에 맞추어 회의장에 도착할 수 있도록 자동차 배차 등 만반의 준비를 하도록 한다. 운전기사가 동행할 경우 일시, 장소 등을 알려주어 이동에 문제가 없도록 조치하고 출발 10분 전에 차량을 대기시킨다. 상사가 직접 운전을 할 경우에는 주차시설에 대한 자료도 준비한다.

● Bring Forward File (B/F File)

Bring Forward Filing System

상사의 회의 참석일이 5월 2일인 경우에는 1이라는 숫자의 폴더에 회의 통지서와 관련 서류를 넣어 두었다가 5월 1일 아침에 폴더에 있는 자료를 꺼내 업무 처리를 한다. 이처럼 B/F 파일링을 이용하면 필요한 자료를 해당 날짜에 쉽게 찾을 수 있다.

❸ 출입제한 장소(대사관, 국회의사당, 관공서 등)에서 회의가 개최되는 경우 사전에 상사의 차량번호와 수행기사 연락처를 주최측에 통보하여 간단한 확인절차 후 출입할 수 있도록 한다. 초대장도 잊지 않고 챙겨 드린다.

❹ 정확한 시간에 착오없이 회의에 출석할 수 있도록 회의 참석 준비를 돕는다. 외부 회의인 경우에는 출발지에서 도착지인 회의 장소까지 이동하는데 걸리는 시간을 사전에 확인해 둔다. 또한 사무실에서 차량으로 이동하는 시간과 차량에서 내린 후 약속 장소까지의 이동시간을 고려하여 최종 추정시간 즉 door to door 시간을 확인한다.

❺ 회의에 필요한 자료가 있으면 미리 준비하여 상사가 검토한 후 회의에 참석할 수 있도록 한다. 회의 도중에 자료를 추가로 준비하는 일이 없도록 한다.

❻ 상사가 요청할 경우 비서가 동행해서 상사의 지시에 따라 행동한다. 비서는 회의장에 들어가지 않고 대기실에서 기다리고 있을 때도 있고 상사 옆에서 메모를 한다든지 자료 정리나 연락 업무에 임하는 경우도 있다. 상사의 지시에 따라 주최측의 업무를 도와야 하는 경우도 있는데, 이 때는 모든 사항을 주최측의 지시에 따라야 한다.

 사례

여러분 혹시 도심의 대형건물에 가 보신 적이 있나요? 주차를 회의장과 너무 멀리 떨어진 곳에 해서 회의장까지 근 30분은 걸어야 했던 경험이 있으신가요? 운전기사가 있어서 건물 1층 현관 앞에 내린다면 큰 문제가 없겠지만 상사가 직접 운전을 하고 간다면 상황은 달라지겠죠. 정확한 건물의 이름, 회의장에서 가까운 주차 구역 등을 알면 훨씬 수월하게 상사가 회의장을 찾을 수 있습니다.

대부분의 상사들은 외부회의에 갈 때 회의 시작 시간에 간신히 맞춰가는 경우가 많습니다. 저의 예전 상사들도 모두 이런 상황이었답니다. 그래서 정확한 건물 이름 (예를 들어 A빌딩 서관) 뿐 아니라 회의장의 정확한 위치 즉 18층 엘리베이터에서 내려 우측 1804호, 상사 자가 운전시는 주차시설에 대한 정보도 모두 드립니다. 최근에는 고층 빌딩이 많아지면서 엘리베이터도 저층, 중간층, 고층용으로 구분되는 경우가 많아 어떤 엘리베이터를 타야 하는지도 말씀드립니다.

즉, 엘리베이터는 왼편 것을 타야 되는지 오른편을 타야 되는지, 엘리베이터에서 내려서 오른편인지 왼편인지도 알려드렸답니다. 요즘은 위성이 발달해서 교통상황까지 실시간으로 검색이 가능해져서 상사가 가장 단시간에 갈 수 있는 길도 검색이 가능하므로 상사가 직접 운전할 경우는 길 안내까지 할 수도 있답니다. 운전기사가 운전할 경우에도 비서가 검색한 교통상황 정보를 알려주면 됩니다. 그리고 상사에게 주최측 연락처를 알려드려 혹시 불가피한 상황이 생기면 직접 연락을 할 수 있도록 합니다. 어떤 경우든 시간에 쫓기는 상사가 회의장을 찾는데 시간을 낭비하지 않도록 해야 합니다. 회의에 늦었는데 엘리베이터를 잘못 탄 경우 상사가 느끼는 심리적인 시간은 엄청 길다는 것을 기억하시기 바랍니다.

특히 상사가 방문하는 곳이 대사관, 관공서 등 신분확인을 한 후 들어갈 수 있는 곳일 경우는 미리 상대편 비서에게 상사 차량번호와 상사 연락처, 또는 기사 연락처를 주어 신원확인 절차 없이 상사 차량이 들어갈 수 있도록 조치해 두어야 합니다.

비서의 임무는 상사가 외부회의에 늦지 않게, 물론 자료도 잘 챙겨서, 도착할 수 있도록 보좌하는 것임을 잊지 마시기 바랍니다.

 ## 성공적 회의 개최를 위한 준비 업무

▌ 회의 목적과 의제 파악

회의를 준비하는 데 있어서 회의 목적과 의제를 파악하는 것이 중요하다. 회의 목적에 따라 브레인스토밍, 세미나, 워크숍 등 회의 목적에 적합한 회의 형식을 취할 수 있다.

▌ 회의 시기 결정

회의 개최 시기는 언제인지, 그리고 사정에 따라서 날짜와 시간 변경이 가능한지 확인한다. 경우에 따라서는 참석자들과 협의하여 회의 일시를 조정하는 경우도 있다.

회의 시기를 상사와 상의하여 결정한다. 상사가 회의 일시를 결정하기 전에 다음의 내용이 보고되어야 한다.

• 반드시 참석해야 하는 인사의 일정을 고려하였는가?

- 외부 강사, 발표자 등이 있는 경우 이들의 일정을 고려하였는가?
- 회의 시기가 회의 주제와 적합한가?
- 요일 선정이 적합한가?
- 회의 시설을 예약, 이용하는데 어려움은 없는가?
- 회의 참석자들에게 충분한 시간을 두고 회의를 통지할 수 있는가?

▌참석자 범위 선정

회의에 참석해야 하는 사람들의 범위를 선정하고 필요시 사회자, 발표자 등도 확인해 둔다.

▌회의 장소 선정

회의 목적, 회의 방식, 참석자 수 등을 고려하여 회의의 성격에 맞는 장소를 택한다. 외부에서 회의를 개최하는 경우에는 비서가 직접 방문하여 회의장의 크기, 조명, 기자재 설치 여부, 방음, 교통편과 주차시설 등을 알아본 후 상사에게 보고한다.

회의 장소 선정 시 고려할 요소는 다음과 같다.

- 위치 location 교통이 편리하고 주차시설이 잘 갖추어져 있는가?
- 예산 budget 회의 예산 범위 내에 있는가? 사내 시설과 외부 시설 중 어느 곳이 더 적합한가? 경제적인가?
- 규모 size 회의장의 크기가 참석 인원을 모두 수용하기에 적당한가?
- 시설 facility 회의에 필요한 기자재 등이 잘 갖추어져 있는가? 조용하며 조명, 냉난방, 환기시설이 잘 갖추어져 있는가? 외부에서 개최되는 회의의 경우 서비스의 수준은 어떤가?

▌회의 운영 계획 수립

회의의 내용, 회의 자료와 비품, 회의 중 접대 등 회의 운영 계획을 수립해야 한다. 회의 운영에 필요한 자료나 비품 등은 체크리스트를 활용하여 점검해 나가면 업무를 효율적으로 처리할 수 있다.

관계사 200명 정도의 임직원을 위한 강의가 급하게 결정되어 준비 기간이 1주일 뿐이었다. 그 당시에는 회사 내에 200명을 수용할 수 있는 강당이 없었기 때문에, 외부 세미나실을 급하게 알아보았지만 기간이 짧은 터라 마땅한 곳을 찾기는 힘들었다. 한참을 알아보던 중 수용가능한 곳을 가까스로 찾아 급하게 예약을 한 후 일시, 장소 등을 공지하였다. 강의 당일 날 아침 회의 준비를 위해 택시로 이동하던 중 네비게이션을 사용했음에도 불구하고 위치 찾기가 힘들었다. 불현 듯 무언가 잘못 될 것 같은 생각이 들었고, 강의실에 도착하여 필요한 물품 및 자료준비를 마치고 대기하던 중에 문의 전화가 오기 시작했다. 강의장이 대로변이 아닌 좁은 골목에 있었기에 찾는 것 자체가 힘들었고, 건물 내에 주차장도 공간이 부족했던 것이다. 그러한 이유로 인해 강의는 20분정도 늦어질 수 밖에 없었다.

예약 시 쉽게 찾아 올 수 있는 곳으로 선택을 했어야 하고, 아무리 급하고 바쁘더라도 정확하게 확인을 했어야 하는데 말이다.

위의 사례의 문제점이 무엇인지 해결방안은 무엇인지 정리해 보겠습니다.

원활한 장소 섭외를 위해서는 3개월 정도 전에 대관하는 것이 좋다. 그러나 위의 상황은 200명이 참석하는 대규모 회의를 1주일 후에 개최해야 해서 준비할 시간이 충분하지 않은 상황이다. 급하게 가능한 장소를 예약할 수 밖에 없는 상황일지라도 비서는 미리 확인 차 다녀와서 상사에게 상황을 보고했어야 한다. 즉, 상사에게 회의장의 문제점을 알려드렸어야 했다. 그래도 대안이 없다면 참석자들에게 상황을 충분히 설명하고 찾아올 수 있는 방법을 가능한 자세히 알려드렸어야 한다. 특히 주차시설도 부족한 곳에서 회의를 개최하는 상황이므로 가능하면 대중교통을 이용하도록 참석자들에게 안내했어야 하고 회의장에 연락하여 가까운 지하철역이나 버스역에 셔틀버스를 배차하여 대중교통을 이용하는 참석자들에게 편의를 제공했어야 한다. 특히 강사에게는 교통편을 제공하는 등의 편의를 제공해 강의장을 찾는데 어려움이 없도록 해야 했다.

외부 행사를 준비할 때 가장 신경 써야 할 부분이 바로 장소 섭외와 식사다. 특히 외부 행사의 경우 교통과 주차가 편리한 곳인지가 매우 중요하다. 따라서 외부에서 회의를 개최하는 경우에는 비서가 직접 방문하여 교통편과 주차시설, 회의장의 크기, 조명, 기자재 설치 여부, 방음 등을 알아본 후 상사에게 보고한 후 상사의 결정에 따르도록 한다.

충분한 시간적 여유를 가지고 일을 준비하면 시행착오를 줄일 수 있지만 현실은 그렇지 않은 경우가 더 많다. 일정이 갑자기 잡혀 짧은 시간 내에 업무를 진행해야 하는 경우 시간에 쫓기다 보면 기본을 잊는 경우가 많다. 사실 200명이 참석하는 대규모 회의를 1주일 안에 준비하기는 어렵다. 이처럼 시간적 여유가 없는 경우일수록 업무의 우선 순위를 잘 정리해 중요한 업무부터 처리하도록 해야 한다.

외부 회의 개최 시에는 장소 선정만 잘 되어도 행사의 50%는 성공한 것이다. 그러므로 이 회의는 다른 부분이 모두 완벽했다할 지라도 50%의 성공일 뿐이다. 그런데 회의장을 찾느라 고생한 참석자들, 늦게 도착한 참석자들, 아직도 회의장을 찾느라 고생하고 있는 참석자들 등으로 해서 회의 시작이 얼마나 분주하고 어수선했을지. 회의 주최자인 상사는 또 얼마나 화가 났을지 비서는 얼마나 안절부절 못했을지 상상이 된다.

분명 외부행사 개최 시는 직접 방문해 회의장을 확인해야 함을 배웠음에도 불구하고 다른 일에 밀려 중요한 부분을 놓친 것은 비서의 업무 자세로 바람직하지 않다.

🏊 상사의 회의 주최 시 보좌업무

상사가 회의를 주최하는 경우는 상사가 참석하는 경우에 비해 비서의 역할이 훨씬 더 중요해진다. 특히 상사가 규모가 큰 외부회의를 주최해야 하는 경우 비서는 하나부터 열까지 꼼꼼히 계획하고 준비해야 한다.

▌상사 회의 주최 시 업무 순서

회의 개최가 결정되면 회의 계획서를 작성하여 조직의 승인을 받아야 한다.

| 회의 개최 업무 순서도

🖥 회의 계획서

문서번호	71224-001	입안 (담당)	심사 (팀당)	(심사 · 합의) – 관리	결정 (실장)
발생부서	기획부				
작성일자	2020년 4월 20일				
작 성 자	오미희				

일 시	2020년 6월 10일 (화)	장 소	조선 호텔 2F(코스모스홀)
회의 목적	다양한 외환 마케팅 전략을 통한 영업이익의 확대		
참석대상자	외국계 금융기관의 국제금융 담당자 30명과 서울은행 국제금융부 10명		
사회자 및 외부 강사	사회자 – 서울은행 국제금융부 부장 강사 – 에스엠투자자문(대표) 황성민 강사		
참석인원	40명		
예 산	연회장 대여비 – 3,000,000 식사비 및 다과 – 3,000,000 외부강사비 – 1,000,000 기타 잡비 – 1,000,000 총 합계 = ₩ 8,000,000 (현장 소요비용 회의 후 별도 정산)		
첨부목록	서울호텔 Invoice, 강사이력서		

상기와 같이 신청하오니 승인 요청 바랍니다.

2020년 4월 20일

| 회의 계획서

✿ 회의의 목적이 무엇인지 확인하도록 한다

• 어떤 안건에 대해 토의하려고 하는 것인가, 문제 해결을 위한 것인가,
정보 교환을 위한 것인가, 아이디어를 교환하기 위해서인가 등 회의의
목적을 정확히 파악해야 회의를 계획할 수 있다.

✿ 회의 참석대상자를 확인한다

• 회의 참석대상자들이 누구인지 확인한다.
• 누가 사회 또는 의장을 맡을 것인지를 확인한다.
• 강사, 발표자가 있는지 확인한다.

❀ 회의 날짜와 시간을 정한다

- 회의 일시를 정할 때는 반드시 참석해야 하는 주요 인사, 발표자 또는 강사 등의 일정을 먼저 확인하도록 한다.

❀ 회의 장소를 결정하고 예약한다

- 회의 목적과 참석자 수, 회의 예산 등을 고려하여 회의 장소를 택하도록 한다.
- 외부에서 회의를 개최하는 경우는 직접 방문하여 회의장의 크기, 기자재 설치 여부, 조명 및 방음시설, 주차와 교통편 등을 알아보고 상사에게 보고한 후 상사의 지시에 따르도록 한다.
- 회의 장소가 결정되면 예약을 한다.

❀ 강사 및 발표자에게 초청공문을 발송한다

- 강사, 발표자 등이 있는 경우 구두로 강의 수락을 받았을지라도 공문을 발송하여 정식으로 강연을 요청한다.

❀ 참석대상자에게 보낼 회의 초대장이나 통지서를 작성하여 상사의 승인이 나면 인쇄한다

- 회의 통지서는 적어도 회의일 10일 전에 상대방에게 도착하여야 한다.
- 임시회의라도 최소 2-3일 전에 연락을 취해야 한다.

❀ 회의 통지서를 보낼 발송처 명단을 작성한 후 회의 통지서를 발송한다

❀ 회의 참석 여부의 회신을 참고로 하여 최종 참석자 명단을 작성한다

- 참석 여부를 확인하여 최종 참석자 명단을 작성한다.
- 대리자가 회의에 참석하는 경우 대리참석자의 이름과 직위, 연락처를 알아두도록 한다.

❖ 참석자에게 가능하면 문서로 된 의제를 보내도록 한다

- 회의 참석자들이 회의 안건에 대해 미리 준비를 해오면 신속하고 효율적인 회의가 될 수 있으므로 문서로 된 의제를 회의 전에 발송한다. 특히 의제가 많은 경우나 사전에 조사가 필요한 경우는 참석자들이 미리 회의 의제를 검토할 수 있도록 회의 자료를 발송한다.

외부강사 초청 시 확인 사항

- 상사가 연사를 소개할 때 필요한 약력 등을 미리 받아 둔다. 약력이 길 경우는 중요한 약력에 표시를 하여 상사가 중요한 약력만 소개할 수 있도록 준비한다. 무엇을 소개해야 할지 애매한 경우에는 직접 강사에게 연락하여 중요한 약력을 확인하는 것도 좋은 방법이다.
- 강사가 강의안을 회의 참석자들에게 배포하길 원할 경우는 회의 2~3일 전에 강의안을 받아 참석자 수에 맞게 복사를 해 둔다.
- 회의 날짜, 시간 및 장소, 회의 목적, 참석자 수, 참석자 수준, 회의실 배치 상태 등 강사에게 필요한 정보를 제공한다.
- 강사에게 필요한 물품 및 기자재를 확인하여 준비해 두고 외부 차편이나 그 밖의 편의 제공 여부에 대해 의논한다.
- 회의날짜가 다가오면 다시 한번 회의 일시를 재확인한다.
- 강사료는 깨끗한 지폐로 준비하였다가 강연이 시작되기 전 또는 마친 후 적절한 시간을 보아 전달한다. 또는 은행 계좌로 입금해야 하는 경우에는 사전에 은행 계좌를 확인하도록 한다.
- 세금보고서에 필요한 양식을 강사가 작성해야 할 경우에는 필기도구와 함께 건네 준다.
- 강사에게 선물을 주어야 할 경우에는 강사가 떠나기 전에 상사가 선물을 건넬 수 있도록 한다.

회의 통지

회의 통지는 참석자의 수가 적고 정기적인 회의일 경우에는 통지문을 작성하지 않고 전화로 통지할 수도 있다. 또한 요즘은 e-mail이 일반화되어 있으므로 e-mail을 통해 회의 통지를 많이 한다. 그러나 외부에서 많은 손님들이 참석하는 대규모의 회의일 경우에는 e-mail로 회의 일시와 내용을 통지하였다 할지라도 회의 통지서를 인쇄하여 우편으로 발송하는 것이 예의이다.

회의 통지서는 적어도 회의 10일 전에 상대방이 받아볼 수 있도록 해야 하며, 급하게 회의를 개최할 경우도 최소 회의 2~3일 전에는 받아볼 수 있도록 해야 한다. 회의 참석여부를 사전에 알아야 하는 경우에는 반드시 참석 여부를 회신해 줄 것을 통지서에 기입하도록 한다. 참석 여부를 확인한 후에 회의 참석자 명단을 작성한다. 참석 여부에 대한 회신률이 저조할 경우에는 주최측에서 연락을 하여 참석 여부를 확인하도록 한다.

회의 통지서에 기입되어야 하는 사항은 다음과 같다.

- 회의의 명칭
- 회의의 의제(안건)
- 회의 일시로 날짜, 요일, 회의 개시시간, 종료시간을 명시하도록 한다.
- 회의장소로 장소의 이름, 소재지, 전화번호, 약도, 교통편, 주차장 등을 표시하도록 한다.
- 회의 참석여부를 상대방이 주최측에 알려줄 수 있도록 주최측 이름, 주소, 전화번호 또는 e-mail 주소, 담당자 이름을 기재한다. 또한 회신 마감일도 알려주어 마감일 이전에 상대방이 참석 여부를 알려줄 수 있도록 한다.
- 기타 사항, 즉 식사의 준비여부, 준비물, 복장 등 필요한 내용을 기재하도록 한다.

2020. 4. 12.

수　신 : 수도권 영업 팀장
발　신 : 영업상무 김철민
제　목 : 영업전략회의 개최

　2014년도 하계 영업전략 회의를 아래와 같이 개최하오니 수도권 영업 팀장은 참석해 주시기 바랍니다.

- 아　래 -

1. 일　시 : 2020년 4월 20일(목) 오후 2시~4시
2. 장　소 : 본사 4층 대회의실
3. 안　건 : 2020. 1분기 영업현황 분석 및 2분기 전략 논의
　　　　　① 영업현황 분석
　　　　　② 동업종 영업현황 및 전략분석
4. 자　료 : 각 영업소의 최근 2개년간의 영업실적

　부득이한 사정으로 인하여 참석이 어려우시면 4월 18일까지 담당자 이도영 (☎ 637-2645)에게 연락하여 주십시오.

　감사합니다.

이상

담당자 이 도 영

| 회의 통지서

Bains

베인즈 그룹의 회장 피터 노을 경은
이번 베인즈 은행 서울지점과
베인즈 캐피탈 증권 서울지점 개설을
축하하기 위하여
아래와 같이 리셉션을 갖고자 하오니
부디 참석하시어 자리를 빛내 주시기 바랍니다.

● 일자 : 2020년 4월 11일 (목요일) 오후 7:00
● 장소 : 신라호텔 2층 다이너스티홀 I

RSVP 이난숙
전화: 02-2126-2730
nslee@bains.com

Bains

Sir Peter Knowl, Chairman of Bains PLC

requests the pleasure of your company
to celebrate the opening of the Bains Bank
PLC Seoul Branch and the Bains Capital
Securities Limited Seoul Branch at the Dynasty
Hall, Shilla Hotel on Thursday, 11th April, 2020
from 7:00 p.m.

RSVP: Ms. N. S. Lee
Tel: (82-2) 2126-2730
email: nslee@bains.com

| 초청장

 참 고

RSVP(reply if you please) : 참석 여부를 알려달라는 불어의 약어로 초청장에서 많이 쓰이는 표현이다. RSVP 밑에 기재된 연락처로 참석 여부를 알려주어야 한다.

▌회의 자료 준비

회의 자료는 회의 전에 시간적 여유를 갖고 상사의 지시에 따라 준비하도록 한다. 출석 예정자로부터 자료를 받아 자료집을 만들어야 하는 경우에는 자료를 받을 수 있는 시간을 확보한다.

자료는 본자료, 부속 자료, 기타 자료로 나눌 수가 있다.

- 본 자료는 회의 주제와 관련된 자료로 핵심적인 내용이다.
- 부수 자료는 본 자료와 분리하여 별도로 작성하거나 별첨 형식으로 하는 것이 좋다.
- 기타 자료로는 회의 일정표, 다음 회의에 대한 안내, 공지사항 등으로 별도로 인쇄하여 준비하도록 한다.

회의자료는 상사의 지시에 따라 사전에 배부하든지, 당일 회의장에 가지고 가든지 한다. 당일 가지고 갈 때에는 사전에 배부하였더라도 자료를 가지고 오지 않은 참석자를 위하여 여분을 준비하는 것이 좋다.

▌회의 진행

시간의 배분을 잘한다. 회의 시간이 너무 길 경우 참석자들의 집중력이 떨어져 성과가 적다. 회의 시간이 2시간 이상 계속될 때에는 휴식 시간을 마련하고 오전에서 오후까지 이어지는 회의일 경우는 오전과 오후에 1~2회 휴식 시간을 넣도록 한다. 너무 잦은 휴식은 회의의 집중도를 떨어뜨리므로 1시간 30분에서 2시간 사이에 한 번의 휴식이 적당하다.

| 회의일정표 예시

	시간		내용	담당	비고
일정	8:40 – 9:00	20′	등록		Tea & Coffee
	9:00 – 9:20	20′	기조연설	행장 허인	
	9:20 – 10:20	60′	금융 마케팅 강연1	강사 이수호	
	10:20 – 10:40	20′	Tea & Coffee		
	10:40 – 12:00	80′	금융 마케팅 강연2	강사 이수호	
	12:00 – 13:30	90′	오찬		
	13:30 – 15:30	120′	Buzz Session		토론형식
	15:30 – 15:50	20′	Tea & Coffee		
	15:50 – 16:30	40′	팀 발표		
	16:30 – 16:50	20′	Wrap up	상무 강영일	
	16:50 – 17:00	10′	광고 및 폐회	사회자	
	17:00 –		만찬		

의제나 회의 순서를 배열할 때는 간단한 것에서부터 복잡한 순서로 배열하고, 관련이 있는 의제는 모아서 배열하도록 한다. 또한 점심시간 이후에는 발표보다는 토의 위주의 회의가 더 생산적이다.

▌ 회의장 준비

✿ 좌석 배치

회의의 목적과 회의 방식, 참석자 수, 회의장의 크기 등을 고려하여 가장 적합한 회의장의 좌석 배치를 결정한다.

❶ 원탁형 및 네모형

둥근 탁자나 사각 탁자의 둘레에 둘러 앉는 형태로 회의 참석인원이 15명에서 20명 내외일 경우에 적당하다. 참석자들은 서로 얼굴을 보면서 자유롭게 토론할 수 있어서 프리토킹이나 브레인스토밍 회의 등 자유로운 의사 발언을 유도하는 회의 형식에 적합하다.

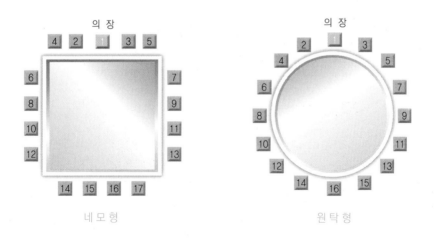

네모형 · 원탁형

❷ ㄷ자형, V자형, T자형

ㄷ자나 V자의 벌어진 곳에 회의 주재자가 자리를 마련하고, 그 뒤에 흑판이나 스크린 같은 것을 놓는 방식이다. 연수, 발표와 같이 흑판이나 슬라이드를 쓰는 회의에 적합하며 참가인원수는 15명에서 30명 정도가 적당하다.

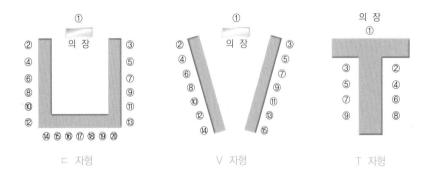

ㄷ 자형   V 자형   T 자형

❸ ㅁ자형/타원형

원탁형의 장점을 살리면서 원탁형보다 참석 인원수가 많을 때 사용하는 배열방식이다. 탁자를 ㅁ자형으로 배치하고 필요한 경우에는 안쪽에 의자를 놓기도 하는 등 회의실의 크기와 인원수에 따라 유동적이다.

❹ 교실형

발표회나 설명회와 같이 정보 전달을 목적으로 하는 회의나 주주 총회 등 참가자가 많을 때 탁자를 앞쪽으로 향하게 하여 마치 교실과 같이 배치하는 방식이다.

❺ 극장형

강연, 공연과 같이 참가자가 많은 행사를 할 때 적합한 배열 방식으로 극장식과 원탁테이블식이 있다. 극장식은 연사 또는

주빈석 쪽을 향하여 좌석을 배열하는 방식이다. 원탁테이블 배치 방식은 회의 후 그 자리에서 그룹 토의를 할 수 있을 뿐 아니라 오찬, 만찬 등의 행사용으로 쓸 수 있는 좌석배열로 보통 식사를 겸하는 대회의에 주로 이용한다.

☀ 좌석 지정

- 내빈과 임원은 상석에 좌석을 배치한다.
- 회의 진행자의 자리는 칠판을 쓰기 쉬운 곳이나 진행하기 좋은 앞쪽에 배치한다.
- 발표자는 회의장 앞쪽에 좌석을 배치한다.

좌석 지정을 해야 할 경우에는 상사와 상의하여 탁자 위에 명패를 비치한다. 회의 참석자가 서로 이름을 모르는 경우에도 명패를 놓는다. 회의실에 탁자가 없는 경우나 참석 인원이 많은 회의일 때는 명찰[name tag]을 만들어 회의장 입구에서 출석자에게 배부한다. 명패와 명찰에는 소속 · 직위 · 성명이 기재된다.

참석자의 수가 많은 경우 회의장 입구에 참석 확인을 해 준 참석예정자들의 명찰을 만들어서 이름을 가나다순으로(외국인의 경우는 last name의 알파벳순

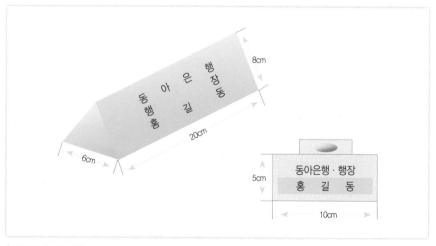

| 명패와 명찰의 예

으로) 배열해 두도록 한다. 회의를 외부에서 개최할 경우 회의 담당자에게
부탁하면 명패와 명찰을 만들어 준다.

▌ 회의 기자재 및 정보화 기기

✿ 빔 프로젝터

- 빛을 이용하여 슬라이드나 동영상, 이미지 등을 스크린에 비추는 장치

✿ 노트북 컴퓨터

- 개인이 소지하고 이동하며 사용할 수 있는 컴퓨터로 회의 중 회의 자료
  검색 및 확인 가능

✿ 테블릿 PC

- 손이나 터치 펜으로 조작할 수 있는 소형 휴대형 컴퓨터로 회의 자료 공
  유 및 필기 가능

✿ 전자칠판

- 전자 펜으로 그림, 글을 작성하며 회의 설명 가능할 뿐 아니라 작성된
  자료 전송 및 출력 가능

✿ 미러링

- 스마트폰을 PC로 전송하는 등의 여러가지 기기를 이용할 때 사용
- PC 모니터에 뜬 스마트폰을 PC 프로그램인 것처럼 쓸 수 있음.
- 미러링 기술로 스마트 폰의 영화, 사진, 게임, 메신저, 각종 자료 등을
  PC 모니터에서 활용할 수 있음

✿ AR

- 컴퓨터를 통해서 가상현실을 체험하게 해주는 최첨단 기술.
- 3차원 입체 음향의 공간상 위치에 따른 구현 등의 작업을 사실감 있게
  보여줌
- 서로 다른 공간에서 화상회의 시 사용

❖ VR

- 컴퓨터로 만들어 놓은 가상세계에서 실제와 같은 체험을 할 수 있는 최첨단 기술
- 인공현실, 사이버공간, 가상세계라고도 불림

❖ 화상회의 카메라

- 지리적으로 멀리 떨어진 여러 회의실에서 각각 TV, 카메라, 모니터, 마이크, 스피커 등을 갖추고, 이들을 통신 회선으로 연결하여 한 곳의 상황이 화상 및 음향 정보로 다른 회의실로 전달되는 방식

▌설비 및 비품 준비

최근의 회의는 다양한 기자재를 활용하여 회의의 효과를 높이는 경우가 많다. 비서는 회의에 필요한 기자재와 비품을 사전에 확인하여 철저히 준비하도록 한다. 비품 확인 목록표 및 체크리스트를 작성하여 준비 사항을 점검해 나가면 업무를 훨씬 효율적으로 처리할 수 있다.

| 회의장 설비 및 비품 체크리스트 |

내 용	수 량	확 인	종 류
회의용 설비		▫	탁자 · 의자
		▫	녹음기
		▫	마이크
		▫	노트북 컴퓨터
		▫	컴퓨터용 액정 투사기(LCD Projector)
		▫	OHP
		▫	Flip Chart 및 펜
		▫	슬라이드 프로젝터
		▫	스크린
		▫	복사기
		▫	프린터
		▫	카메라
		▫	회의장 장식품(꽃, 그림, 사진 등)
		▫	기타
회의용 비품		▫	방명록
		▫	명패 및 명찰
		▫	필기도구와 메모지
		▫	문구류
		▫	기타

사례

상사는 아시아 태평양지역의 20여개국 지사의 마케팅 이사들과 마케팅전략 회의를 서울 그랜드 하야트 호텔에서 개최하고자 하여 총 회의준비 책임을 비서인 내게 맡겼다. 참석자들에게 비행일정과 숙박시설 요구사항을 받아 호텔객실을 예약하고 공항으로 차량을 보내 참석자들이 편안하게 호텔까지 도착하도록 준비하는 등 참석자들을 세심하게 배려하여 모든 일정을 준비하였다.

회의실은 호텔 2층에 있는 30여명이 들어갈 수 있는 방을 U 자형으로 준비하였으며 조명, 환기, 기자재, 음료수 등을 잘 갖추어 놓았고 회의 후 식사할 식당을 예약해 두었다. 메뉴를 선택하기 위해 회의 참석자들에게 그들의 식성을 일일이 확인하기도 하였다. 특히 채식주의자나 이슬람 지역의 참석자들을 위해서는 그들의 특성이 맞는 음식을 주문하였다. 이 정도면 완벽하게 준비하였다고 스스로를 자랑스럽게 여기며 회의를 시작하였다.

오늘 회의의 시작은 미국 본사에서 보내온 영상 자료를 보는 것이다. 이 영상자료는 화질을 높이기 위해 베타 방식의 비디오 테이프에 녹화되어 있었다. 스크린과 비디오 카세트도 사전에 모두 점검해 두었다. 드디어 상사가 테잎을 비디오에 넣는 순간, 아차 리허설 때 보고 나서 되감기를 하지 않은 것이 아닌가? 상사는 겸연쩍게 한국에서의 본인의 경험담 등을 이야기 하면서 시간을 보냈는데 그 짧은 시간이 나에게는 너무나도 긴 터널 같았다…

☞ 유의점 : 상사의 외부회의 개최 보좌에서는 작은 실수도 회의의 완성도에 부정적인 영향을 미친다. 따라서 비서는 상사 회의 주체시 주인의식을 가지고 작은 업무 하나에도 정성을 쏟아야 한다. 회의는 디테일이 매우 중요하다. 회의의 성공을 위해서는 찻잔 하나 선택도 소홀히 할 수 없음을 기억하자. 요즘은 컴퓨터, 무선인터넷, 빔프로젝터 등 회의에 사용되는 기자재가 달라져서 확인할 내용이 다를지라도 비서가 작은 부분까지 세심히 신경써야 하는 것은 예전이나 오늘날이나 같다.

회의 당일과 회의 사후 업무

회의 개시 전 업무

- 회의장소 안내 표시, 방명록, 명찰 등이 잘 준비되어 있는지 점검한다.
- 출석 상황을 점검한다. 회의 시작 시간이 가까워졌는데도 도착하지 않은 주요 인사는 전화 등으로 출석 상황을 확인하여 상사에게 보고한다.
- 회의실의 상황을 확인한다.
  - 회의실의 조명, 환기, 냉난방, 책상과 의자의 수, 메모지와 필기도구, 음료수 등 준비해 두어야 할 물건들이 잘 정돈되어 있는가를 재확인하여야 한다.

- 필요한 기자재가 모두 갖추어져 있는지, 잘 작동하는지 확인한다.
- 의사 진행 순서를 잘 보이는 곳에 붙여야 한다.
- 회의용 자료, 메모지, 펜 등은 책상 위에 가지런히 정리하고 정해진 자리 순서에 따라 명패가 놓여져 있는지 확인한다. 참석자가 많은 경우에는 회의자료와 명찰을 접수대에서 배부한다.
- 다과와 접대용 비품은 갖추어져 있는지를 점검한다.

✿ 회의 개최 중의 업무

- 회의장은 되도록 출입구 하나만 사용한다. 출입구에는 반드시 '회의 중'이라는 표시를 하여 회의와 관련 없는 사람들의 출입을 막는다.
- 회의가 원활하게 진행 될 수 있도록 냉 · 난방, 조명 등을 살피고 음료수나 기타 준비물에 대해서도 수시로 점검해야 한다.
- 사내 회의인 경우 비서는 자기 자리에서 업무를 계속하면서 급한 연락이 있을 경우 메모를 전달하거나 회의 중간에 음료수 등을 접대하도록 한다.
- 비서가 회의장 안에서 대기할 때에는 상사와 연락이 쉽고 전체가 잘 보이는 입구쪽에 자리를 만든다. 회의 진행에 따라 필요한 자료를 배부한다든가, 참석자의 동정에 주의하여 적극적으로 도울 수 있도록 신경을 쓰며 회의 진행 중 기록을 담당하기도 한다.
- 회의장 밖에서 대기할 때는 늦게 도착하는 참석자를 조용히 장내로 안내한다. 회의 도중에 밖으로 나오는 사람을 안내하거나 관계없는 사람이 장내에 들어가지 못하게 한다.
- 회의에 출석 중인 사람에게 전화가 왔을 때는 긴급 상황이 아니면 전화한 사람의 성명, 내용, 전화한 시간, 연락처 등을 메모하여 두었다가 회의가 끝난 후 전한다. 만약 직접 통화를 요청하거나 긴급 사항일 때는 메모를 해서 노크 없이 회의장에 들어가 해당자에게 전달하고 잠시 기다려 대답을 듣는다. 회의 참석자가 상대방과 바로 통화를 해야 하는 경우는 회의실 밖에 설치된 전화기에서 받도록 한다. 사내 회의인 경우는 접견실 등 손님이 편안한 곳에서 전화를 받을 수 있도록 안내한다.

다음과 같은 자가진단표(self checklist)를 이용하면 정확하고 꼼꼼하게 업무를 처리할 수 있다.

| 회의중 업무 자가진단표 |

번호	진단 내용	확인
1	출입문은 하나만 개방했는가?	
2	출입구에 '회의 중'이라는 표시를 해두었는가?	
3	회의장 온도와 조명을 확인하는가?	
4	다과가 더 필요한지 확인하였는가?	
5	회의장 주변이 조용할 수 있도록 확인하는가?	
6	회의장 안에서 대기할 시 입구 쪽에 자리를 마련하였는가?	
7	회의장 안에서 대기할 시 회의 내용을 기록하고 있는가?	
8	늦게 도착한 참석자를 조용히 회의장으로 안내하고 있는가?	
9	참석자에게 온 전화를 메모하고 있는가?	
10	메모는 전화한 사람의 성명, 내용, 시간, 연락처 등으로 했는가?	
11	긴급한 내용일 경우 당사자에게 바로 전달하였는가?	
12	참석자가 통화를 해야 할 경우 조용한 자리를 마련해 줄 수 있는가?	
13	회의와 관계없는 사람의 회의장 출입을 통제하고 있는가?	
14	회의장 내부 시설에 이상이 없는지 수시로 확인하고 있는가?	

회의 사후 업무

- 회의가 끝나고 참석자들이 돌아갈 때에는 회의 종료시각에 맞추어 승용차를 준비하고 보관했던 물건들을 반환하고 전언이 있으면 잊지 않고 전달한다. 또한 참석자가 빠뜨리고 간 물건이 있나 점검하고 책상, 의자, 비품 등을 정돈한다.
- 회의 후속 업무를 수행한다. 예를 들어 회의 도중 업무를 부여 받은 참석자가 있을 때는 회의 종료 후 당사자에게 해당 내용을 기록하여 서신을 발송하는 등 회의 후에도 마무리 업무follow-up를 해야 하는 경우도 있다.
- 회의록을 작성하여 상사와 참석자들에게 승인을 받고 필요시 배부한다.
- 강사를 초빙했을 경우 잊지 말고 감사 편지를 보낸다.
- 회의 관계 서류를 정리, 보관하도록 하고 영수증을 첨부하여 회의 경비를 정산한다.

• 회의 결과 보고서를 작성하여 관계 부서에 제출하고 회의 사후 평가를 하도록 한다.

☆ 회의록 작성

회의록은 언제 어떤 문제가 어떻게 토의되어 어떻게 결정되었는지에 대한 기록을 적어 두는 문서로 회의록을 작성할 때는 의제와 관련하여 논의된 사항을 알기 쉽고 간결하게 그리고 무엇보다도 정확하게 기록해야 한다는 것이다. 누가 어떤 내용의 발언을 했고, 그 발언이 어떻게 심의·의결되었는지 등 회의의 진행 결과를 자세히 알 수 있도록 기록해야 하며, 동의, 제청, 질문, 설명 등은 따로 구분해서 기록해야 한다. 또한 표결 결과도 반드시 별항으로 해서 구분 짓는다.

회의록에 기재하는 사항은 다음과 같다.

❶ 회의의 명칭

❷ 회의의 의제

❸ 개최 일시(예정과 실제 폐회 시간)

❹ 개최 장소

❺ 사회자 및 특별 참석자

❻ 참석 인원(참석자수 및 조퇴자, 지각자)

❼ 발언자 성명 및 발언 내용(동의, 질문, 설명, 제안)

❽ 결론(의결, 표결, 심의 사항 등)

대부분의 회사에서는 이러한 항목이 들어 있는 회의록 양식을 사용하고 있으나, 만약 표준화된 양식이 없을 때에는 양식을 만들어 사용한다. 회의록은 회의 종료 후 빨리 정리하여 상사에게 제출하여 승인을 받은 후 회의 참석자에게 승인을 받는다. 필요한 경우 회의 참석자나 관계자에게 배포한다.

비밀 사항에 대한 회의록은 비밀 문서로 처리하여 취급과 보관에 주의해야 한다. 또 회의에서 논의된 내용을 누설하는 것은 절대로 삼가야 한다.

회의록

일시: 2014년 6월 21일 오전 9시 30분~11시 30분

장소: 본관 5층 회의실

참석자: 김재동 상무, 박철수 이사, 홍진만 인사부장, 이선희 총무부장, 김하늘 인사과장, 최영우 총무과장 (총 6명)

불참자: 김종철 기획부장(출장)

목적: 사원의 상여금 책정 및 각종 복지 개선안 모색

안건: 사원의 상여금 책정 및 각종 복지 논의

1. 회의내용

  1) 인사부: 상여금 관련 의견

   2015년 1월 상여금은 현재의 경기침체를 감안, 200% → 150% 절감하여 지급하자는 의견

  2) 총무부장: 영업1, 영업2부의 업무추진비 지급에 관한 의견

   ① 업무추진비를 유류 및 환율상승 고려, 150% 인상해야 함.

   ② 영업사원의 성과급 책정지표 개선 필요함.

  3) 기타: 복지사업에 관한 의견

   ① 직원휴게실 설치 필요성

   ② 인턴사원의 휴가문제

2. 합의내용

  1) 상여금 관련

   ① 2015년 1월 상여금 결정은 150%로 품의를 올리고, 추후 임원회의에서 결정하여 관리하도록 함.

   ② 영업1, 2부의 업무추진비는 지금 현 상태를 유지하기로 함.

   ③ 영업1, 2부의 영업성과급은 팀장 권한 비율인 10% → 20%로 책정하는 것이 바람직하므로, 내달 임원회의에 안건으로 요청함(김재동 상무).

  2) 기타 복지 관련

   ① 직원휴게실은 내년 봄에 사무실 확장공사와 함께 설치하기로 함.

   ② 인턴사원의 휴가는 사규에 규정된 대로 수습 3개월을 마친 사원들이 1일의 휴가를 사용할 수 있도록 인사부에서 각 부서에 제공지하기로 함.

  3) 기타

   다음 회의는 2014년 12월 10일 오전 10시에 본관 5층 회의실에서 개최하기로 함.

| 회의록의 예

▌회의의 진행 순서 및 용어

회의에 참석하여 회의록을 작성해야 할 경우에는 회의법과 회의 용어에 대해서도 알고 있어야 한다. 회사 내에서 이루어지는 대부분의 회의는 형식이나 절차에 구애받지 않고 안건 중심으로 진행되는 것이 일반적이나 주주 총회 등 격식을 갖추어 진행되는 회의는 회의법에 의거하여 진행되므로 다음 사항을 숙지하도록 한다.

● 회의 진행 순서

개회 - 정족수 확인, 개회 선언
전 회의록 통과
의장 인사
특별 일정
서기, 회계의 보고
임원회 및 위원회 보고
전 회의에서 심의 미결된 안건
새로운 의사 진행
광고
폐회

● 의사 진행 순서

발언권을 얻는다
동의를 제안한다.
동의를 지지한다.
동의 채택을 선언한다.(의제 상정)
제안 이유를 설명한다.
질의 및 토론을 한다.
필요할 경우 수정 동의 및 재수정 동의를 한다.
토론 종료 선언
표결을 한다
표결 결과를 선포한다.

● 회의 진행 순서

의 안	회의에서 심의하기 위하여 제출되는 안건
발 의	회의에서 의견이나 의안을 내는 일
채 결	의장이 회의 참석자에게 거수, 기립, 투표(기명, 무기명) 등의 방법으로 의안에 대한 찬·반을 결정하는 것
의 결	의안을 채결에 따라서 가결인지 부결인지를 결정하는 일
표결(表決)	채결에 참가하여 의안에 대해 찬성인지 반대인지의 의사 표시를 하는 일
표결(票決)	표결하는 과정에서 투표로써 채결을 하는 일
채 택	몇 개의 제안 가운데서 합의에 의하여 뽑는 것
정족수	회의를 개최하기 위하여 필요한 구성원의 최소한 출석 인원수
동 의	의결을 얻기 위해 의견을 내는 일 또는 예정된 안건 이외의 내용을 전체 회의에서 심의하도록 안을 내는 것
개 의	동의와 관련하여 수정된 의안을 발의하는 것

공식 행사에서 상사는 조직과 부서를 대표하는 얼굴이 되며 상사와 외부 인사의 의전이 잘 이루어지면 조직과 부서의 이미지가 제고될 수 있다. 비서실에서 공식 행사를 주관하는 경우 비서는 행사의 처음부터 끝까지 완벽하게 준비해야 한다. 행사 목적에 따라 주관 부서가 결정되어 있는 경우 비서는 소관부서에 행사 계획 및 참고 자료 등이 제대로 준비되어 있는지 확인하고 동선, 의전, 비품, 드레스 코드 등을 확인한다.

▌ 의전 계획 수립

🛬 의전의 개념

의전이란 조직이나 국가 또는 국가 간에 공식적으로 이루어지는 예절이다. 기업에서는 대내외적 업무 지원 활동 중 임원 및 사외 이사 등에게 행해지는 예절 활동이며, 기업에서 의전 대상은 내부 규정으로 정하기도 하지만, 통상 최고 의사 결정권을 가진 전, 현직 임원 및 사외 이사와 동등한 위치에 있는 자에게 적용된다.

🛬 의전 계획 수립

비서는 행사에서 의전 업무를 담당하게 되었을 경우 다음의 내용을 사전에 확인해 두어야 한다.

❶ 행사 개요, 행사명, 행사 일시, 장소, 참석 대상, 행사 내용, 프로그램 구성 등을 확인한다.
❷ 참석 대상자 중 의전 대상자(VIP)를 확인한다.

의전 대상자에 대해 의전 계획을 수립한다.

상사	내빈
· 행사에서 상사의 역할을 확인한다. · 행사장 배치도를 확인한다. · 상사 동선을 파악한다. · 상사의 좌석 배치를 확인한다.	· 사전 안내 업무를 계획한다. · 행사 일정, 행사장 도착 시각, 교통편을 확인한다. · 필요시 행사장 진출입 노선 및 주차 장소를 확인한다. · 필요시 차량 번호, 차종, 차색, 기사 연락처를 확인한다.

▍ 행사 의전 정보 수집 및 준비

✤ 행사 의전 정보 수집

행사 의전에 필요한 정보는 참석자 프로필, 공연 정보, 만찬 진행 순서, 행사 내용, 드레스 코드 등이 있다.

❶ 참석자 프로필

참석자 인적 사항(사진, 성명, 회사명, 직위, 생년월일, 연락처 등), 상사와의 관계, 기호 등 필요한 내용을 정리해둔다.

❷ 공연 정보

행사에서 뮤지컬 갈라쇼, 퓨전 국악 공연 등 축하 공연이 열린다면 공연에 대한 정보를 파악해야 한다.

❸ 만찬 진행 순서

만찬은 저녁에 열리는 식사를 겸하는 연회로 보통 1시간 30분에서 2시간 정도 소요된다. 만찬은 주최나 주관 단체가 있으며, 사회자에 의해 진행된다. 만찬 진행 순서를 미리 확인해둔다.

❹ 행사 내용

행사 내용은 식전 행사, 공식 행사, 부대 행사로 구성된다. 행사의 목적과 성격에 따라 구체적인 행사 프로그램은 다양하게 구성되므로 사전에 행사 내용을 파악하고 있어야 한다.

❺ 드레스 코드

일반 행사는 평상복이 원칙이지만 연회 등에 있어서는 복장을 명시하는 경우도 있다. 연회의 경우 white tie, black tie, tuxedo, informal 등으로 표기한다.

야회복(white tie)은 상의의 옷자락이 제비 꼬리 모양을 하고 있어 연미복(tail coat)이라고도 하는 데 무도회나 정식 만찬 또는 저녁 파티 등에 사용된다. 남성들의 저녁 정장인 연미복을 착용할 경우에는 흰색 타이를 매는 것이 관습이다.

| 야회복

약식 야회복(black tie)은 턱시도(tuxedo)라고도 하며, 정식 만찬 이외의 모든 저녁 파티에 입는 편리한 약식 야회복이다. 남성들의 예복으로 검은 나비 타이를 착용한다.

| 약식 야회복

평상복(informal)은 남성 정창의 총칭으로 색과 무늬, 스타일 등 제한을 받는다. 일반적으로 짙은 색의 무난한 것이 사용되어 '다크 슈트'라고 부르기도 한다. 평상복의 경우 재킷과 바지의 색깔이 다른 것을 입어서는 안 된다.

| 평상복

다음은 상사 앞으로 온 공식 리셉션 초대장이다.

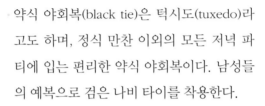

In Celebration of the
238ᵗʰ Anniversary of the Independence of
The United States of America

The Ambassador of the United States of America
Christopher D. Johnson
requests the pleasure of your company
at a Reception
on Thursday, July 3, 2014
from 6:30 p.m. to 8:30 p.m.

Civilian : Business Suit   Grand Ballroom, Grand Hyatt Seoul
Military : Dress Blue or Equivalent   RSVP Form Enclosed

Please present this invitation card upon entry.

| 초청장

위의 초청장을 보면 일시, 장소, 복장 등에 대한 설명이 있다. 공식적인 모임의 경우 옷차림(dress code)를 명시함으로써 참가자들이 일정한 격식을 갖출 것을 요구하는 경우가 많다.

 리셉션(reception) 지위가 높은 정부의 공직자나 외교관이 공식적으로 개최하는 칵테일 파티이다. 어떤 사람을 환영하거나 어떤 일을 축하하기 위하여 베푸는 공식적인 모임으로 칵테일 파티보다는 격식을 갖춘다.

다음은 상사 앞으로 온 만찬 초대장이다.

상사가 공식 저녁 식사에 초대를 받아 참석할 경우 상사의 좌석이 정해져 있으므로 저녁 시작 시간과 마침 시간을 정확히 지켜야 한다. 만찬의 경우 중간에 자리를 뜨는 것은 예의에 어긋난다.

의전 수행

✈ 의전 원칙

의전 원칙은 상대에 대한 존중(respect)과 배려(consideration), 문화의 반영(reflecting culture) 등 가변성(variability), 상호주의(reciprocity), 서열(rank), 오른쪽(right)이 상석이라는 것이다. 이를 5R(respect, reflecting culture, reciprocity, rank, right)이라고 한다.

✤ 행사 의전 원칙

행사에서 참석 인사에 대한 예우 기준은 헌법 등 법령에 근거한 공식적인 것과 선례에서 비롯된 관행적인 것이 있다. 비서가 참석 인사에 대한 예우 기준을 적용할 때는 행사의 성격, 직급 및 연령, 기념사 등 행사에서의 역할과 당해 행사와의 관련성 등을 고려하여 결정한다.

행사에서의 서열과 좌석 배치는 다음과 같다.

❶ 서열

| 행사서열 기준 |

직위에 의한 서열 기준	관례상 서열 기준
· 직급 순위 · 헌법 및 정부 조직법상의 기관 순위 · 기관장 선순위 · 상급 기관 선순위 · 국가 기관 선순위	· 전직 · 연령 · 행사 관련성 · 주빈 존중 · 부부 동반의 경우 부인의 서열은 남편과 동급 · 여성 간 서열은 기혼, 미망인, 이혼, 미혼 순 · 외국인 상위

❷ 좌석배치

◆ 단상 좌석 배치

단상 좌석 배치는 행사에 참석한 최상위자를 중심으로 하고 최상위자가 부인을 동반하였을 때에는 단 위에서 아래를 향하여 중앙에서 우측에 최상위자를, 좌측에 부인을 각각 배치한다. 그다음 인사는 최상위

| 단상에서의 좌석배치

자 자리를 중심으로 단 아래를 향하여 우좌의 순으로 교차 배치한다.

◆ 단하 좌석 배치

단하 좌석 배치는 분야별로 좌석군을 정하는 것이 무난하며, 당해 행사의 관련성을 고려하여 단상을 중심으로 가까운 위치부터 배치한다. 주관 기관의 소속 직원은 뒤에, 초청 인사는 앞으로 한다. 행사 진행과 직접 관련이 있는 참석자는 단상에 근접하여 배치한다. 양분하는 경우에는 단상에서 단하를 바라보아 연대를 중심으로 오른쪽은 외부 초청 인사를, 그 왼쪽은 행사 주관 기관 인사로 구분하여 배치한다.

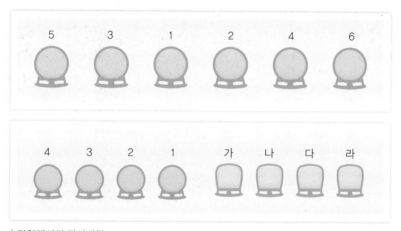

| 단하에서의 좌석배치

❸ 의전 수행 절차

① 주차장 또는 행사장 입구에서 영접한다.

② 현장 본부에 도착 보고를 한다.

③ 좌석을 안내한다.

④ 식순에 따라 다음 장소로 이동 시 안내한다.

⑤ 기념품 준비 및 식사 여부를 확인한다.

⑥ 행사 종료 시 환송한다.

⑦ 의전 수행 중 특이 사항 확인한다.

⑧ 의전대상자별로 history card를 작성한다

▌ 국제 행사

국제교류가 활발해짐에 따라 국제 행사의 횟수가 증가했다. 국제 행시 시 주요 준비 업무는 다음과 같다.

❀ 통역준비

대규모 국제 행사에서는 동시통역을 하며 이 때 동시통역 시설이 필요하다. 동시통역실은 통역이 필요한 외국어의 수만큼 필요하고 동시통역 수신기는 참석자의 수에 맞게 준비한다.

❀ 교통안내

국제 행사에서는 외국인의 교통안내가 매우 중요하다. 치밀한 계획을 세우고 인원수에 따라 버스나 자동차를 배차한다. 배차시 교통수단에 회의 안내 표시를 하여 회의 참석자들이 쉽게 알아볼 수 있도록 한다.

❀ 국기의 취급

국제 행사 뿐 아니라 외국 손님을 맞을 때도 상대국의 국기를 게양해서 손님을 맞는 것이 예의이며 좋은 친선 도모 방법이다. 국기는 한 국가의 상징이므로 국기를 잘못 달면 상대방에게 돌이킬 수 없는 모욕감을 주게 된다.

국기 게양 방법은 다음과 같다.

- 국기는 언제나 깃대의 왼쪽 깃봉 밑에 붙여 단다. 깃대의 깃봉과 국기 사이가 떨어져서는 안된다.
- 여러 나라 국기를 한꺼번에 게양할 때는 국기의 크기나 깃대의 높이를 똑같이 한다.

| 국기 교차 시

- 국기로 외국에 대해 경조의 뜻을 나타낼 때에는 원칙상 우리나라 국기를 게양한다. 그러나 관공서나

| 국기가 홀수일 시

| 국기가 짝수일 시

외국 공관에 외국 원수 혹은 외국 국빈을 맞이할 때는 체류 기간 동안 그 나라의 국기와 우리나라 국기를 동시에 게양하는 경우가 보통이다. 이 때 단상을 바라보았을 때 우리 국기는 왼편에, 외국 국기는 오른 편에 각각 세운다.

- 국기 하나만을 세울 때는 문 밖에서 보아서 왼편에 세운다.
- 3개국 이상의 국기를 게양하는 방법은 다음과 같다. 우리나라에서 개최되는 행사의 경우 참여국가의 수가 홀수인 경우에는 우리 국기를 중앙으로 하고, 외국 국기는 단상으로 향해 국명의 알파벳 순으로 왼편으로 둘째, 오른편으로 셋째, 그 밖의 왼편에 넷째, 오른편에 다섯째 등의 순으로 게양한다. 국기의 수가 짝수일 경우에는 우리 국기는 단상을 바라보아 맨 왼쪽에 게양하고, 외국 국기는 국명의 알파벳 순으로 그 오른쪽에 차례대로 게양한다.
- 국기를 반기로 게양할 때는 조의를 표하는 경우이다. 반기를 다는 방법은 국기를 일단 깃대 끝까지 올린 다음 깃봉에서 기폭만큼 내려서 단

다. 반기를 내릴 때에도 일단 깃대 위까지 국기를 올린 다음에 내린다.

- 우리나라 국기는 달지 않고 외국 국기만을 달아서는 안 된다.
- 국기와 단체기를 같이 게양할 때에는 국기가 단체기보다 커야 하고 높이 달아야 한다.

01 상사가 회의를 주최할 경우 회의 당일 비서의 업무 내용을 정리해 보자.

01 페널 토의와 심포지움의 회의 방식을 각각 설명해보고 차이점이 무엇인지 확인해 보자.

02 회의 장소를 정할 때 고려해야 할 사항을 토론해 보자.

03 화상 회의실을 갖춘 기업을 방문하여 화상회의 이용실태를 분석해 보자.

04 10개국이 참여하는 국제회의 개최시 올바른 국기 게양 방법을 설명해 보자. 회의 주최국은 우리나라이다.

SECRETARIAL
PROCEDURES

비서실무의 5판
이해

CHAPTER

06

출장 업무

출장 업무

출장준비

 출장계획

출장지가 미국, 일본, 유럽 등 몇 개국으로 한정되었던 과거와 달리 오늘날은 아시아, 아프리카 대륙의 오지에 이르기까지 다양해졌을 뿐 아니라 해외로 출장을 가는 사람들의 숫자도 급속히 증가하였다. 더불어 인터넷의 급속한 발달로 출장업무를 수행하는 방식도 과거와 많이 달라졌다.

출장은 국내출장과 해외출장으로 크게 구분될 수 있으며 모든 출장은 사전 준비 여부에 따라 성과가 크게 달라진다. 특히 비용과 시간이 많이 드는 해외 출장의 경우 더욱 철저한 준비가 필요하다.

비서실에서 상사의 출장을 직접 준비하는 경우도 있지만 출장 목적에 따라 소관 부서에서 출장을 준비하는 경우도 많다. 이런 경우 비서는 소관 부서에 상사의 출장 준비 진행 상황을 확인하여 문제가 발생하지 않도록 한다.

 참 고

출장 폴더 : 출장준비 폴더를 마련하여 출장 관련 정보나 서류를 한 곳에 모으면서 일을 진행하는 것이 좋다. 출장준비 폴더를 이용하여 출장 계획을 수립하면 미진하거나 개선해야 할 부분을 쉽게 확인할 수 있다.

다음은 상사 출장업무 보좌 시 비서가 숙지해야 할 내용이다.

▌조직 규정 및 상사 취향 확인

조직의 여비 규정과 상사의 기호를 파악한 후 출장 계획을 수립하도록 한다.

❶ 출장 승인 절차를 사전에 확인한다.

출장은 반드시 조직의 승인을 받아야 한다. 따라서 상사의 출장 계획이 잡히면 승인 절차를 확인하고 출장계획서를 작성한다. 출장계획서에는 출장일정 및 예산 등이 첨부된다.

❷ 조직의 출장 및 여비 규정을 확인한다.

대부분의 조직은 출장과 관련된 규정을 규정집에 명시하고 있으며 조직에 따라 내용에 차이가 있다. 비서는 조직의 여비규정을 검토한 후 규정을 준수하여 출장업무를 수행한다. 기업들은 여비규정에 직급별로 출장여비 기준을 정해놓고 있다. 따라서 직급에 따라 숙박비, 교통비 등이 다르므로 상사 직급에 맞는 여비 계획을 세우도록 한다.(부록 쪽의 '여비규정' 예를 참고하세요)

❸ 출장전담부서가 있는지 확인한다.

출장 업무가 많은 조직은 출장전담부서가 있는 경우가 많다. 출장전담부서가 있는 경우 비서는 출장업무 분장이 어떻게 구분되어 있는지 확인한 후 담당 업무를 수행한다.

❹ 상사의 취향을 확인한다.

상사가 선호하는 교통편이나 숙박시설, 상사가 요구하는 서비스 수준, 출장 기간 중의 일정 수립방식 등을 확인하도록 한다.

전임자로부터 상사가 선호하는 교통편, 숙박 시설 등에 대해 업무 인계를 받은 경우라도 결정은 상사가 하는 것이므로 비서는 상사가 최선의 선택을 할 수 있도록 다양한 정보를 제공하고 상사의 지시에 따르도록 한다.

출장계획 수립시 출장준비 자가진단표(checklist)를 만들어 진행 상황을 확인하면서 업무를 수행하면 효율적으로 상사의 출장 업무를 보좌할 수 있다.

📖 출장준비 자가진단표

번호	진단 내용	확인
1	출장 목적과 출장 기간을 확인하였는가?	
2	출장지를 확인하였는가?	
3	출장 승인 절차를 미리 확인하였는가?	
4	출장 및 여비 규정을 확인하였는가?	
5	여비 규정에 맞게 상사의 출장 계획을 세웠는가?	
6	상사가 출장지에서 만나는 사람과의 선약 여부를 확인하였는가?	
7	출장지에서 만나는 사람과의 선약 여부를 확인하였는가?	
8	방문처 및 방문 목적에 따른 자료와 준비물이 있는지 확인하였는가?	
9	상사의 출장 일정을 수립하였는가?	
10	출장 동행인이나 환송 관계자가 있는지 확인하였는가?	
11	상사가 선호하는 교통편, 숙박시설, 서비스 수준 등을 파악하였는가?	
12	상사가 출장지에서 이용할 교통수단을 확인하였는가?	
13	신용카드 이용 시 해외 사용 가능 여부, 한도 금액, 만기일을 확인하였는가?	
14	출장지에서 만날 사람에게 전할 선물이 있는지 확인하였는가?	
15	선물의 종류, 크기, 부피, 과거에 한 선물과의 중복 여부, 상대방의 수준과 취향 등을 고려하였는가?	

▌출장 업무 순서

다음은 상사 출장 시 업무 순서도이다. 출장업무 시 아래의 순서에 따라
업무를 수행하면 출장업무를 정확하게 수행할 수 있다.

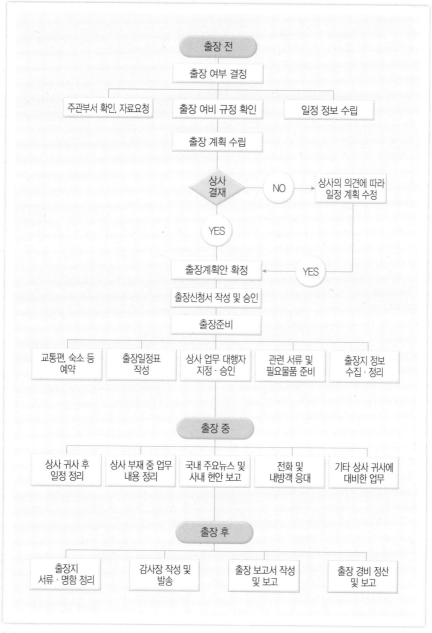

▌출장 업무 순서도

▌ 출장계획안 수립

출장계획서에 들어갈 내용은 다음과 같다. 아래의 내용을 확인한 후 작성한다.

종류	내용
출장목적	회의 참석, 연수, 산업체 시찰 등 출장 목적을 확인한다.
출장일시	출장이 결정되면 출발일시와 도착일시 등의 일정정보를 확인한다. 이 때 목적지 도착 시간은 현지 시간 기준이다. 따라서 목적지에 제 시간에 도착하기 위해서 출발을 언제 해야 하는지 알아둔다.
출장지	출장 지역과 경유지 정보를 확인한다. 출장지가 한 곳인지 아니면 여러 곳인지, 출장지가 여러 곳일 경우 어떻게 이동해야 하는지 등을 파악한다.
방문처	출장지에서 만나는 사람의 인적사항을 확인하고 선약 여부도 확인한다.
일정 내용	회의, 식사, 골프 등의 일정이 예정되어 있는지 등 상세 일정을 확인한다.
교통편	상사 및 출장 관계자와 상의하고 회사의 여비규정을 확인하여 출장업무 수행을 위해 적합한 교통편을 선택하고 예약 가능한 시간대를 확인한다. 상사에게 가능한 교통편을 2~3가지 제시하여 상사가 편의에 따라 선택할 수 있도록 한다.
숙박	상사 및 출장 관계자와 상의하고 회사의 여비규정을 확인하여 출장업무 수행을 위해 적합한 숙박업소를 선택할 수 있도록 한다. 상사가 자주 이용하거나 회사 또는 출장 관련 기관과 계약이 체결된 숙박업소가 있는지 확인한다. 필요 시 출장지 현지 관계자에게 추천받는 것도 좋은 방법이다.
여비	출장과 관련하여 필요한 여비 금액, 여비지급방법과 시기 등을 확인한다.
준비물	출장 시 필요한 자료나 서류, 기타 준비물이 무엇인지 확인한다. 또한 선물 준비가 필요한 경우 어떤 선물이 적합한지 알아본 후 상사와 상의하여 결정한다.

출장계획안은 여러 번의 수정을 거쳐서 완성되므로 수정 사항이 잘 반영되었는지 여부를 확인하여 최종 출장계획안에 오류가 없도록 한다. 상사의 출장 일정은 기밀인 경우가 많으므로 문서보안에 주의한다.

출장계획안

작성자 : 김미영
작성일 : 2020. 4. 2

출장자	소속	사장실	직급	대표이사	성명	이민영
출정기간		5월4일(월)요일 ~ 5월9일(토)요일				
출장장소		미국 뉴욕시				
출장목적		회의 참석 및 삼성전자 미국 동부 지사장 면담				

일정	일자	시간	일정내용
일정	5/4(월)	9:00 ~ 17:00	ERP(Enterprise Resource Planning) 회의, Millennium Hilton Hotel
	5/5(화)	9:00 ~ 17:00	ERP(Enterprise Resource Planning) 회의, Millennium Hilton Hotel
		19:00~	Volvo사의 부회장 Mr. Eric K. Clark과 저녁식사
	5/6(수)	9:00 ~ 17:00	ERP(Enterprise Resource Planning) 회의, Millennium Hilton Hotel
		17:00 ~ 19:00	Reception, Millennium Hilton Hotel 지하1층 Convention Hall
	5/7(목)	12:00 ~ 13:30	삼신전자(SEA) 영업본부 우홍규 지사장과 점심식사,
		13:30 ~ 17:00	삼신전자(SEA) 영업본부 임원진과 회의

예산

1. 항공편 예약

날짜	편명	항공사	출도착정보		등급/좌석	요금
2020.5.3. (일)	KE081	대한항공	10:05	인천(ICN)출발	2등석 A열 9	6,994,500원
			11:20	뉴욕(JFK)도착		
2020.5.9. (토)	KE082	대한항공	14:00	뉴욕(JFK)출발	2등석 A열 9	
			17:20(+1)	인천(ICN)도착		

2. 숙소예약

(환율 US$1 = 1,111.78)

호텔명	요금/1박	비고
Millennium Hilton Hotel	US$ 350.00	US$350(세금포함금액) x 6 = US$2,100.00

3. 렌터카 예약

대여일자	대여지점	요금	비고
2020. 5. 3. ~ 5. 9.	JFK 국제공항	720,000원	-

예상경비

항공 (6,994,500원) + 숙박 (2,334,738원) + 렌트카 (720,000원)
+ 기타경비 (3,000,000원) = 총 13,049,238원 (현장 소요비용 출장 후 별도 정산)

예약업무

▌ 교통편 예약

🌟 **출장의 성격을 파악하고 교통편을 결정한다.**

- 회사 여비 규정에 맞추어 이용할 교통수단과 등급을 정한다.
- 상사의 취향을 고려한다.
- 일정에 무리가 없도록 하고, 가능한 갈아타지 않고 한 번에 갈 수 있도록 한다. 갈아타야 할 경우에는 시간적 여유를 고려한다.
- 상사가 선호하는 좌석을 확인한다. 항공편을 이용할 경우 최근에는 대부분의 항공사가 항공권 티켓 구매 시 좌석 등급에 상관없이 좌석을 예약할 수 있다.
- 동행인이나 환송 관계자가 있는 경우 상대방의 형편도 고려하여 출발 시간을 잡는다.

>
>
> 인천국제공항이 제1여객터미널과 제2여객터미널로 나뉘어져 있다. 취항 항공사에 따라 여객터미널이 구분되므로 항공권 예약 시 출도착 여객터미널을 확인한다.

🌟 **교통편을 예약한다.**

- 상사의 출장일정이 결정되면 교통편을 예약하도록 한다. 성수기에는 교통편 예약이 어려우므로 일정이 결정되면 곧 예약한다. 항공편을 이용하여 출장을 가는 경우 상사가 선호하는 항공편에 좌석이 없을 때는 가능한 다른 항공편을 예약하고 상사가 원하는 항공편의 대기자 명단^{waiting list}에 상사의 이름을 올린다. 이 때 대기인이 몇 명인지 확인한다.
- 항공권을 예약할 때 결제 시한을 확인한다. 예약 시 즉시 결제를 하는 경우도 있지만 추후 구매를 선택할 경우 항공권 결제 시한 내에 결제를 해야 한다. 결제를 하지 않으면 예약이 자동 취소되므로 주의한다.
- 무료 위탁 수하물의 중량과 갯수를 확인한다. 또한 기내 반입 가능 수하물의 수량과 크기도 확인하여 상사에게 보고한다.

- 항공권에 따라 예약 취소 및 변경 시 추가요금이 발생할 수 있으므로 예약한 항공권의 운임 규정을 확인한다. 출장 일정의 변경 및 취소를 대비하여 일정 변경과 취소가 가능한 항공권을 구매하는 것이 좋다.
- 출발 및 도착일시, 교통편의 종류 및 번호, 좌석번호, 승·하차역 이름 등을 기록해둔다.

다음은 서울 ↔ 뉴욕간 비행일정이다. 항공일정을 읽을 수 있도록 하자.

번호	편명	출발 공항	도착 공항	출발일자	출발시간	도착시간	중간기착	기 종
1	KE081	Incheon(ICN)	John F. Kennedy JKF	12/04	10:00	09:25	0	Boeing747
2	KE035	Incheon(ICN)	Atlanta(ATL)	12/04	18:20	20:30	1	Boeing747
	DL1072	Atlanta(ATL)	John F. Kennedy JKF	12/05	08:00	10:08	0	M80
3	KE086	Newark(EWR)	Incheon(ICN)	12/09	21:50	06:45(+2)	0	Boeing747

- 1번 일정은 대한항공 081편으로 인천에서 뉴욕에 있는 JFK공항으로의 일정이다. 출발시간은 우리시간으로 12월 4일 오전 10시이고 도착시간은 미국 동부 시간으로 12월 4일 오전 9시 25분이며 KE081편은 중간에 멈추지 않고 뉴욕 JFK까지 직항하는 비행기임을 알 수 있다. 비행기종은 Boeing747편이다.

- 2번 일정은 인천에서 뉴욕에 가기 위해서 우선 KE035편으로 12월 4일 오후 6시 20분에 인천을 출발하여 아트란타에 12월 4일 8시 30분에 도착하는 일정으로 1번의 중간기착이 있다. 비행기종은 Boeing747이다. 그리고 다음날 델타항공사 비행기인 DL1072편으로 아트란타를 12월 5일 오전 8시에 출발하여 당일 10시 8분에 뉴욕의 Newark공항에 도착하는 일정으로 비행기종은 M80이다.

- 3번 일정은 뉴욕에서 인천으로 돌아오는 일정으로 비행기편은 대한항공 086편이고 뉴욕에 있는 뉴왁공항을 12월 9일 오후 9시 50분에 출발하여 우리 시간으로 12월 11일 오전 6시 45분에 도착하는 일정이다. 중간기착은 없고 비행기편은 Boeing747이다. 출발날자 난의 (+2)는 도착공항의 날짜가 출발일자의 이틀 뒤임을 알려주는 것이다.

항공권 예약시 확인해야 할 사항은 다음과 같다.

예약시 확인해야 할 사항	주의 사항
• 출발 및 도착 날짜와 시각 • 항공편명airline • 비행기의 편명flight No. • 출발 및 도착 공항명 • 좌석의 등급 및 좌석번호 • 영문 성명full name • 예약받은 담당자 이름 • 항공사 마일리지 적립 회원번호(필요 시) • 예약번호	• 예약 담당자의 이름, 예약한 날짜와 시각, 예약번호 등을 기록해 둔다. • 예약 확인서written confirmation를 요청한다. • 중간에 다른 비행기로 갈아타야 하는 경우 갈아타는 공항명, 항공편을 정확히 확인한다. • 예약시 탑승자의 성명, 생년월일을 기입해야 한다. • 상사의 여권에 기재된 영문 성명으로 정확하게 입력한다. • 항공권 운임 규정을 확인하여 노선이나 일정을 변경하거나 취소할 때 어떤 제약이 있는지 알아둔다. 취소할 경우 환불 조건도 알아둔다.

● 주요 항공사 코드

AC	Air Canada	에어캐나다
CX	Cathay Pacific	캐세이패시픽항공 (홍콩)
CZ	China Southern Airlines	중국남방항공
JL	Japan Airlines	일본항공
KL	KLM Royal Dutch Airlines	케이엘엠네덜란드항공
SQ	Singapore Airlines	싱가폴항공
TG	Thai Airways Int'l Ltd.	타이항공
UA	United Airlines	유나이티드항공 (미국)
AF	Air France	에어프랑스
DL	Delta Airlines, Inc.	델타항공 (미국)
KE	Korean Airlines	대한항공
LH	Lufthansa German Airlines	루프트한자 독일항공
MH	Malaysia Airlines	말레이시아 항공
OZ	Asiana Airlines	아시아나 항공
QF	Qantas Airways Ltd	콴타스항공 (호주)

• 항공편 예약시 항공기종도 확인하여 상사에게 보고한다. 기종에 따라 좌석수, 좌석의 넓이, 편의시설 등에 차이가 있다.

등급	설명
1등석 (First Class)	최상급 객석
2등석 (Business Class / Prestige Class / Executive Class)	1등급과 3등급의 중간 등급
3등석 (Economy Class / Travel Class)	기본급 객석으로 최근에는 travel class로 명명되는 경우가 많다.

| 비행기 좌석 등급

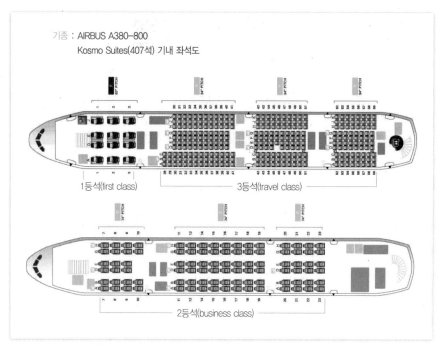

기종 : AIRBUS A380-800
Kosmo Suites(407석) 기내 좌석도

1등석(first class) 3등석(travel class)

2등석(business class)

| 기종(AIRBUS A-380-800) 내부 도면

참고
비행기 내부도면을 보면 좌석등급별 좌석의 갯수, 위치, 좌석의 넓이 등을 확인할 수 있다.

▎비행기 예약 관련 기타 내용

- 항공일정은 항공사의 시간표^{timetable}을 통해서 또는 여행사, 항공사 등을 통해 얻을 수 있다. 최근에는 인터넷이나 스마트 기기를 이용해 항공사의 일정을 수시로 확인할 수 있다. 비행기 뿐 아니라 기차나 버스를 이용하는 출장에도 대비해 기차 및 버스의 시간표^{timetable} 등을 잘 활용하는 것도 중요하다.

- 예약 시에는 일정을 재확인한 후 예약번호를 받아두도록 한다. 교통편을 예약한 후 결제완료를 해야 교통편 예약이 마무리된다. 따라서 예약을 한 후 결제일을 놓쳐서 예약 취소가 되지 않도록 유의한다.

- 대부분의 상사들은 직항^{non-stop, direct} 일정을 선호한다. 즉, 비행기를 갈아타지 않고 목적지까지 가는 것을 선호한다. 그러나 직항 비행기편이 없는 곳에 출장을 가야 할 경우에는 가능한 중간기착이 없고 갈아타는 데

소요되는 시간이 너무 길지 않은 항공편을 예약하도록 한다.

- 항공동맹   항공사간의 연합체를 말한다. 노선확충과 비용절감을 위해 항공편을 공동 운항(Code-Share)하거나 마일리지 제도를 통합하여 관리하면서 항공사와 승객 모두에게 도움이 되는 제도이다. 대표적인 항공동맹은 스카이팀(대한항공 소속), 스타얼라이언스(아시아나 소속), 원월드가 있다.

- 경유(Transit)   출발지에서 탑승한 비행기가 중간 경유지에서 급유, 기내식준비, 청소, 승객의 재탑승 등의 이유로 잠시 1~2시간 정도 대기후 동일한 비행기에 재 탑승하는 경우를 말한다. 항공권은 1장이며 항공편명도 동일하다.

- 환승(Transfer)   환승은 경유와 달리 비행기가 변경된다. 구한 항공권에 따라 같은 항공사일수도 있고 항공사가 다를 수도 있다. 즉, 완전히 다른 비행기로 갈아타므로 당연히 항공권도 2장이 있어야 하고 항공편명도 다르다.

- 체류(Stopover)   단기체류 즉 여정상의 두 지점 사이에 잠시 체류하는 것으로 24시간 이상 체류 시에는 해당국가 입국심사를 마치고 위탁수하물을 수령하여 세관검사까지 마쳐야 한다.

- 오픈티켓(Open Ticket)   일정이 확정되지 않아 돌아오는 날짜를 정확히 지정하기 어려운 경우, 돌아오는 날짜를 임의로 정하여 예약하고, 항공권의 유효기간 내에서 일정변경이 가능한 항공권을 말한다.

- 위의 인천 ↔ 뉴욕 간 항공 일정에서 보았듯이 뉴욕시에는 공항이 두 개 이상이 있음을 알 수 있다. 참고의 뉴욕시 공항은 모두 3개로 가장 큰 존에프케네디John F. Kennedy공항과 뉴왁Newark공항, 라가르디아LaGuardia공항이다. 이처럼 큰 도시에는 공항이 두 개 이상 있는 경우가 많다. 우리나라도 서울 도착공항이 김포국제공항과 인천국제공항 2곳이다. 따라서 비행기를 갈아타야 할 경우는 동일한 공항에서 갈아탈 수 있는 항공편을 선택하도록 하고 가능한 숙소 및 출장지에 가까운 공항의 항공편을 예약하는 것도 좋다.

- 또한 항공사에 문의하여 상사가 가져갈 수 있는 수하물의 중량을 확인하도록 한다. 항공 수하물은 별도로 부치는 위탁수하물과 기내에 가지고 들어갈 수 있는 휴대 수화물로 나뉜다. 무료 수하물의 수량, 무게, 크

기, 초과 시 비용은 항공사별로 차이가 있으므로 상사가 이용하는 항공사의 홈페이지를 확인한 후 준비하는 것이 좋다.

- 상사가 이용할 교통편의 회원카드를 소지하고 있는 경우 예약시 회원번호를 등록하여 마일리지 혜택을 받을 수있도록 한다.
- 예약을 확인한다. 해외 여행일 경우 출발 3일 전에 항공사에 전화하여 예약을 확인하고 출발 당일에도 비행기가 예정대로 출발하는지 확인한다.
- 기상 악천우로 인해 예상했던 교통수단을 이용할 수 없을 경우 대체 교통수단을 준비하는 지혜도 필요하다.
- 항공사가 의전서비스를 제공하는 경우 기한 내에 신청한다. 예를 들어 대한항공의 경우 일등석 탑승 시 탑승 48시간 전에 신청하면 수속에서 탑승까지 직원이 직접 와서 의전서비스를 제공해준다.

● 도심공항터미널에 대해 알고 싶습니다.

국제공항 청사는 많은 수속 대기자들로 항상 복잡합니다. 그래서 공항에서 하는 모든 탑승 수속(보딩패스 발급, 짐 붙이기 등)을 시내에서 끝내고, 공항으로 갈 수 있는 곳이 있는데, 이것이 도심공항터미널이죠. 서울에도 삼성동 도심공항터미널과 서울역 도심공항터미널이 있습니다. 대도시에는 대부분 도심공항터미널이 있습니다. 항공사에 따라 이용 가능 여부가 다를 수 있으므로 미리 내가 이용하는 항공사의 카운터가 도심공항터미널에 있는지 확인해야 해요.

e-Ticket Itinerary & Receipt

Powered By. TOPAS

751-0300   1819/07AUG13

승객성명	Passenger Name	~~LINARK/TRANSOPHO~~
예약번호	Booking Reference	367-6892
항공권번호	Ticket Number	0163592347394-395

여정 Itinerary

편명 Flight **UA892** (예약번호:**LPKE25**) Operated by **UA(UNITED AIRLINES)**

출발 Departure	서울(ICN) Incheon Intl	20DEC13	**18:10** Local Time	Terminal No. : -
도착 Arrival	샌 프란시스코(SFO) San Francisco	20DEC13	**11:30** Local Time	Terminal No. : I

예상비행시간	Flight Time	10H 20M			
예약등급	Class	W (일반석)	항공권 유효기간	Not Valid Before	20DEC13
좌석 타입	Seat Type	-		Not Valid After	20DEC13
예약상태	Status	OK (확 약)	수하물	Baggage	1PC
운임	Fare Basis	WKXT3UCF/KRA1			

편명 Flight **UA698** (예약번호:**LPKE25**) Operated by **UA(UNITED AIRLINES)**

출발 Departure	샌 프란시스코(SFO) San Francisco	20DEC13	**13:30** Local Time	Terminal No. : 3
도착 Arrival	시카고(ORD) Ohare	20DEC13	**19:34** Local Time	Terminal No. : 1

예상비행시간	Flight Time	04H 04M			
예약등급	Class	W (일반석)	항공권 유효기간	Not Valid Before	20DEC13
좌석 타입	Seat Type	-		Not Valid After	20DEC13
예약상태	Status	OK (확 약)	수하물	Baggage	1PC
운임	Fare Basis	WKXT3UCF/KRA1			

편명 Flight **UA3664** (예약번호:**LPKE25**) Operated by **UA(UNITED AIRLINES)**

출발 Departure	시카고(ORD) Ohare	25DEC13	**11:00** Local Time	Terminal No. : 2
도착 Arrival	필라델피아(PHL) Philadelphia	25DEC13	**13:57** Local Time	Terminal No. : D

예상비행시간	Flight Time	01H 57M			
예약등급	Class	W (일반석)	항공권 유효기간	Not Valid Before	25DEC13
좌석 타입	Seat Type	-		Not Valid After	25DEC13
예약상태	Status	OK (확 약)	수하물	Baggage	1PC
운임	Fare Basis	WKXT3UCF/KRA1			

편명 Flight **UA368** (예약번호:**LPKE25**) Operated by **UA(UNITED AIRLINES)**

출발 Departure	필라델피아(PHL) Philadelphia	30DEC13	**15:20** Local Time	Terminal No. : D
도착 Arrival	로스엔젤레스(LAX) Los Angeles	30DEC13	**20:54** Local Time	Terminal No. : 7

경유	Via	샌 프란시스코(SFO)	경유지체류시간	Ground Time	00H 50M
예상비행시간	Flight Time	08H 34M			
예약등급	Class	S (일반석)	항공권 유효기간	Not Valid Before	30DEC13
좌석 타입	Seat Type	-		Not Valid After	30DEC13
예약상태	Status	OK (확 약)	수하물	Baggage	1PC
운임	Fare Basis	SA14HN			

편명 Flight **UA032** (예약번호:**LPKE25**) Operated by **UA(UNITED AIRLINES)**

출발 Departure	로스엔젤레스(LAX) Los Angeles	06JAN14	**11:05** Local Time	Terminal No. : 7
도착 Arrival	도쿄(NRT) Narita	07JAN14	**16:05** Local Time	Terminal No. : 1

예상비행시간	Flight Time	12H 00M			
예약등급	Class	L (일반석)	항공권 유효기간	Not Valid Before	06JAN14
좌석 타입	Seat Type	-		Not Valid After	06JAN14
예약상태	Status	OK (확 약)	수하물	Baggage	1PC
운임	Fare Basis	LKXT3UCH/KRA1			

편명 Flight	**UA881** (예약번호:**LPKE25**) Operated by **UA(UNITED AIRLINES)**		

출발 Departure	**도쿄(NRT)** Narita	07JAN14	18:20 Local Time	Terminal No. : 1
도착 Arrival	서울(ICN) Incheon Intl	07JAN14	21:10 Local Time	Terminal No. : -

예상비행시간	Flight Time	02H 50M			
예약등급	Class	L (일반석)	항공권 유효기간	Not Valid Before	07JAN14
좌석 타입	Seat Type	-		Not Valid After	07JAN14
예약상태	Status	OK (확약)	수하물	Baggage	1PC
운임	Fare Basis	LKXT3UCH/KRA1			

* 모든 정보는 항공사나 공항 사정에 의해서 변경될 수 있습니다.
* 수하물 정책 - 미국을 여행하시는 승객은 아래 사이트를 방문해 주시기 바랍니다.
https://www.united.com/web/ko/content/travel/baggage/default.aspx

항공권 운임정보 Ticket/Fare Information

Restriction 연결항공권	**Restriction** Conj.Ticket No.	KRA1/REFUNDABLE/CXLFEE/CHGFEE.
운임 산출내역	Fare Calculation	N*SEL UA X/SFO UA CHI UA PHL764.57UA LAX Q18.60 214.88UA %X/TY O UA SEL339.77 NUC1337.82END ROE1120.972000 XT 324200YQ 2%8000 BP 6200YC 19400US 19400US 5700XA 7900XY 11600AY 11700SW 5%800O I 5100XF LAX4.5
Tour Code 산출운임	Tour Code Fare Amount	980CQ KRW 1499700
지불 화폐	Equiv. Fare Paid	-
세금 수수료	TAX	KRW 445000XT
총 산출금액	Total Amount	KRW 1944700
지불 수단	Form of Payment	CC AX ************262
발행일 발행처	e-Ticket Issue Date/Place	07AUG13 / 17393751 / 751-0300

상기 운임정보는 공시운임으로 실제 지불 금액과 다를 수 있습니다.

▸ 본 e-티켓 확인증과 함께 제공된 법적 고지문을 반드시 참고하여 주시기 바랍니다.
▸ e-티켓 확인증은 탑승수속시, 입출국/세관 통과시 제시하도록 요구될 수 있으므로 반드시 전 여행 기간 동안 소지하시기 바랍니다. e-티켓 확인증의 이름과 여권상의 이름은 반드시 일치해야 합니다.
▸ 대부분의 공항에서는 탑승 수속 마감 시간은 해당 항공편 출발 40분 전(미주, 유럽 출발편은 1시간 전)으로 되어 있으니, 해당 항공편 출발 예정시각 최소 2시간 전에는 공항에 도착하시기 바랍니다.
▸ 일부 공동 운항편의 경우 탑승 수속은 운항 항공사의 카운터에서 이루어지며, 운항 항공사의 규정에 따라 탑승 수속 마감시간이 다를 수 있습니다.
▸ 사전에 좌석을 배정받으신 고객께서는 항공기 출발 1시간 30분 전까지 (일등석 및 프레스티지석 이용 고객께서는 1시간 전까지) 탑승권을 발급 받으시기 바랍니다. 해당 시각까지 탑승권으로 교환하지 못하신 고객은 사전 배정된 좌석 번호가 본인에게 배정되지 않을 수도 있습니다.
▸ 항공사가 제공하는 운송 및 기타 서비스는 운송 약관에 준하며, 필요시 참조하실 수 있습니다. 이 약관은 발행 항공사를 통해 확인하실 수 있습니다.
▸ 일부 항공사 (공동운항편 포함)에서는 탑승수속 시 해당 항공사 정책에 따라 무료 수하물 허용량과는 별도로, 위탁 수하물에 대한 Handling Fee(수하물 취급수수료)를 징수하는 경우가 있으니, 자세한 사항은 항공사로 확인하시기 바랍니다.
▸ 본 ITR 을 임의로 수정 시 법적 제재를 받을 수 있습니다.

	대한민국 국민이 이라크, 아프가니스탄, 소말리아, 리비아, 예멘을 여행하는것은 법에 의해 금지되어 있습니다.
외교통상부 해외안전여행	안전한 해외여행을 위해 여행목적지 여행경보단계를 꼭 확인하세요 (www.0404.go.kr) 해외여행중 긴급한 도움이 필요할 때는 영사콜센터(24시간) 연락하세요 (+82-2-3210-0404)

| 전자항공권

 사례

1

필자가 비서로 근무하던 중 우리 회사 아시아태평양 본부장이 서울 지사를 방문하였다. 돌아가시기 전날 비행기 티켓을 주면서 예약확인을 부탁하였다. 비행기 티켓이 무려 16개나 있는 티켓북이었다. 본부장님이 요청한 것은 비행기 예약 재확인 뿐 아니라 비행기의 크기, 1등석의 좌석 넓이 및 좌석 수가 몇 개인지를 확인하라는 것이었다. 본인은 도대체 왜 비행기 크기와 좌석수를 확인하라는 것인지 이해할 수 없었지만 항공사에 전화로 확인을 하였다. 그런데 항공사 직원도 정확한 정보를 가지고 있지 않아 여행사에 연락을 해 보니 여행사 직원도 그냥 큰 비행기라고만 하였다. 송구스러웠지만 정보를 알아보지 못했다고 사과하면서 티켓을 돌려주었다.

후에 해외 여행을 하면서 비행기가 클수록 안정감 있고 덜 흔들린다는 것을 알게 되었다. 그때 그 본부장님은 남아프리카공화국의 East London까지 가는 긴 여정이었으니 큰 비행기이길 원했을 것이고 1등석의 좌석이 적을수록 넓고 서비스도 좋으므로 그런 요청을 한 것임을 나중에서야 알게 되었다.

이제는 인터넷을 통해 내가 예약하는 비행기의 내부 도면까지 볼 수 있는 세상이 되었다. 그때 인터넷만 있었더라도 ……

☞ 유의점: 비서들이 어려워하는 업무 중의 하나가 출장보좌업무이다. 특히 해외 출장인 경우 해외 경험이 적은 비서들은 특히 상사가 해외 출장을 갈 경우 출장 업무를 수행하는 데 곤란을 겪는다. 위의 경우도 비행기에 대한 상식이 없어서 상사에게 도움을 주지 못한 사례이다.

2

오늘 오후 6시 비행기로 상사는 동경으로 출장을 간다. 갑작스러운 출장이라 아침 일찍 출근하여 상사의 출장에 대비하여 자료준비, 기타 출장관련 준비 업무로 눈코뜰새 없이 바쁜 시간을 보냈다. 3시가 되어 상사는 공항으로 출발하였으며 편안하고 느슨한 기분으로 업무를 정리하고 있는데 상사가 도로 사무실로 돌아오는 것이 아닌가?

너무 당황하여 아무 말도 못하고 있는 데 상사 왈 비행기가 취소되었다는 것이다. 날씨도 좋고 항공사가 파업한다는 소식도 접한 것이 없는데 어쩐 일인가… 폭우로 인해 나리타 공항이 폐쇄되었다고 한다… 잘 생각해 보니 오늘 아침에 너무 바빠서 비행기 출발 여부를 재확인하는 것을 잊어버리고 말았다. 출국 당일 아침에도 날씨나 항공사 사정으로 인한 결항이나 연발이 없는가를 확인했어야 함을 잊은 것이다.

참 고

비서는 상사 출장 업무 보좌 시 출장 전날 교통수단을 다시 확인하여 결항이나 지연이 없는지 확인해야 한다. 위의 사례처럼 저녁 6시 비행기라면 전 날뿐 아니라 당일 출발 전에 다시 한번 결항 여부를 확인했어야 한다. 요즘은 인터넷이나 스마트폰을 이용하여 언제 어디서든 항공 일정을 확인할 수 있을 뿐 아니라 위성의 발달로 운항 중인 비행기의 위치까지도 확인할 수 있다. 또한 항공편이 결항되거나 항공일정 등이 변경된 경우 항공사 비상연락망에 전화번호가 있는 경우는 메시지가 오기도 한다. 비행기가 결항되는 가장 많은 이유로는 기상악화이지만 때로는 항공사의 파업이나 정치적인 소요 등의 이유로 결항되기도 한다. 따라서 비서는 상사의 출장 업무 시 확인하고 재확인하는 과정을 거쳐 만전을 기해야 한다. 결항뿐 아니라 항공 스케줄 변경, 비행기 편명 변경, 항공 경로 변경 등이 있으므로 항공사에 예약과 다른 내용이 있는지 확인하고 상사에게 보고하도록 한다. 비행기는 이착륙시 특히 착륙할 때 날씨의 영향을 많이 받는다고 한다. 위의 사례에서처럼 동경 기상 상황을 확인하지 않고 우리나라 날씨가 좋다고 아무 문제가 없을 것이라고 판단하는 것은 곤란하다.

▌ 숙박시설 예약

✿ 출장의 성격을 파악하고 숙박시설을 결정한다.

• 조직의 여비 규정에 따르도록 한다.

• 출장지에서 업무를 수행하기에 편리한 곳으로 선택하도록 한다.

  · 숙박업소에 대한 정보는 출장지 관계자에게 문의하면 그 곳의 사정을
    잘 알고 있기 때문에 도움을 받을 수 있다.

  · 인터넷이나 여행사를 통해서도 다양한 정보를 얻을 수 있다.

• 상사가 선호하는 숙박 업소가 있는지 확인한다.

  · 요즘은 숙박업소들이 전 세계적으로 체인화되어 있는 경우가 많으므
    로 세계 어디를 가든 체인호텔들은 유사한 서비스를 제공하고 있다.
    그러나 지역 및 호텔 등급별로 가격, 시설, 서비스 등에 차이가 있기도
    하므로 잘 알아보고 선택하도록 한다.

  · 객실수가 몇 개인지, 시내 중심에 위치하는지, 사업가들이 주로 이용
    하는지, 여행자들이 주로 이용하는지, 편의 시설이 잘 갖추어져 있는
    지, 부대시설은 어떤지 등을 잘 알아보도록 한다. 호텔 홈페이지에 상
    세한 내용이 나와 있으므로 확인해서 상사에게 보고한다.

  · 호텔의 종류는 크게 다음 세 가지가 있다.

일반호텔	주요 고객층을 특별히 정하지 않고 설립한 호텔을 말한다.
비즈니스호텔	출장 온 비즈니스맨들이 업무를 보기 수월하도록 기반시설이 잘 갖추어 져 있고, 일반 호텔에 비해 상대적으로 요금이 저렴하여 장기투숙하기에 유리하도록 만든 호텔을 말한다.
레지던스호텔	객실 내부는 주거용 오피스텔 시설을 갖추고 호텔식 서비스와 기반 시설을 제공하는 호텔을 말한다. 객실 내에 주방시설과 세탁시설 등의 편의시설을 갖추어 집처럼 이용할 수 있고 호텔 직원 등이 상주하고 있어 언제든지 호텔식 서비스를 받을 수 있다.

  · 우리 회사 또는 출장지 회사와 협약이 체결되어 있는 호텔인 경우는
    객실 요금 할인(Commercial rate) 혜택 뿐 아니라 기타 다양한 서비스
    를 받을 수 있으므로 협약 체결여부를 확인하도록 한다. 일반적으로

출장 예산이 큰 기업들은 여행사, 호텔, 항공사 등과 협약을 체결하여 할인, 등급상향조정, 포인트 적립 등 다양한 혜택을 받는다. 따라서 회사와 계약이 체결되어 있는 호텔 등이 있는지 확인한다.

· 동일 체인 호텔을 이용할 경우 항공사의 마일리지와 같은 포인트 적립 혜택을 받을 수 있다. 일반적으로 체인호텔에서 제공하는 포인트 누적 및 할인 등의 혜택을 받기 위해 동일한 호텔을 이용하는 경우가 많다. 상사가 묵을 호텔의 회원카드를 소지하고 있는 경우 예약시 회원번호를 등록해 포인트가 누적되도록 한다.

☌ 숙박시설을 예약한다.

· 숙박장소가 결정되면 여행사 또는 전화, 인터넷, 팩스 등을 통해 예약을 하도록 한다.

· 예약 시는 숙박인의 소속과 이름, 숙박일수, 인원수 등을 알려주고 상사가 선호하는 객실을 예약한다. 숙박업소의 객실 형태는 호텔에 따라 다양하나 기본적으로 1인용침실single room, 2인용 침실double room, 1인용 침대가 2개 있는 트윈룸twin room, 응접실과 침실 1~2개로 구성된 특실suite 등으로 나뉘며 가격 차이도 크다.

커머셜요금(commercial rate) : 할인요금의 일종으로 특정한 기업체나 사업을 목적으로 하는 비즈니스 고객에게 일정한 율을 할인해 주는 것이다. 이 제도는 미국의 도시 호텔에서 많이 채택되고 있으며 우리나라에서도 대규모 호텔에서 이 제도를 실시하고 있다.

| 호텔 객실의 종류 |

싱글룸single room	1인용 침대가 하나인 방
더블룸double room	2인용 침대가 하나인 방
트윈룸twin room	1인용 침대가 두개인 방으로 객실료가 싱글룸 두개보다 저렴하다.
트리플룸triple room	3인용 방으로 1인용 침대가 세 개 있는 방과 2인용 침대와 1인용 침대가 각각 하나 씩 있는 두 종류가 있다. 일반 침대가 아닌 간이용 엑스트라베드가 추가되는 경우도 많으므로 성인 3명은 비좁을 수 있다.

스위트룸suite room	침실이 별도의 방으로 되어 있고 응접실로 사용할 수 있는 거실, 회의실 등이 있다.
커넥팅룸connecting room	옆방으로 갈 때 복도를 통하지 않고 방과 방 사이에 있는 전용 문으로 갈 수 있는 객실

- 해외 출장인 경우 항공일정을 숙박업소에 알려준다.
  - 특히 상사의 호텔 도착시간이 밤시간일 경우는 예약시 항공일정을 미리 알려줌으로써 호텔측에서 예약을 취소하지 않도록 한다. 상사에게도 호텔 입실check-in과 퇴실check-out 가능 시간을 미리 말씀드린다.
- 공항에서 호텔까지의 셔틀버스서비스shuttle bus service제공여부를 확인하고 셔틀버스 시간과 승차 장소도 확인해둔다. 필요할 경우 숙박업소 예약시 리무진 서비스limousine service를 예약하여 상사의 공항 도착시간에 맞추어 상사를 호텔로 안내해 줄 차량을 미리 예약하도록 한다.
- 예약 취소 및 변경, 환불 규정도 알아본다.
- 예약시 보증금deposit을 요구할 경우 상사의 신용카드 번호와 유효기간을 알려준다.
- 최근에는 스마트폰에 호텔 앱을 설치하면 예약정보뿐 아니라 호텔시설, 주변명소 등 다양한 정보를 쉽게 확인할 수 있다.

호텔 보증금(deposit) : 호텔 예약 시 상사의 신용카드 번호와 유효기간을 호텔측에 알려주어 위약금을 물어야 하거나 기물파손 등의 경우 호텔측에서 상사에게 청구할 수 있도록 한다.

| 숙소 예약 시 확인해야 할 사항 |

예약시 확인해야 할 사항	주의사항
• 입실check-in 및 퇴실check-out 일시 • 객실의 종류 및 전망 등과 관련된 내용 • 예약된 숙소의 상호명, 주소, 전화번호 등 • 예약된 상사의 성명 및 신용카드 번호 • 예약을 받은 담당자의 성명 • 예약 번호 • Shuttle bus 운행 여부	• 예약 담당자의 이름, 예약번호를 기록해 둔다. • 예약 확인서written confirmation를 요청한다. • 취소할 경우 위약금 여부 알아둔다.

다음은 팩스, e-mail, 인터넷을 이용한 호텔 예약 영문편지의 예이다.

● 호텔 예약 관련 e-mail의 예

Could you please make reservations for S. K. Kim for 3 nights from January 5 to January 8, 2020. He would prefer having a double-bed room on the executive floor. Please also arrange car transfers with the following flight details.

| Jan. 5 | Mon | CX410 | 10.20/14.40 | Seoul/Hong Kong |
| Jan. 8 | Thu | CX417 | 10.45/13.40 | Hong Kong/Seoul |

I would appreciate it if you could confirm this reservation by e-mail.
Thanks & regards,

 참고

Executive Floor : "호텔내의 귀빈층"이라 불리고 있으며, 잦은 해외 출장, 바쁜 스케줄, 복잡한 업무에 시달리는 현대 비즈니스맨들을 위해 보다 신속하고 정확하며 차별화된 서비스와 안락함과 편안함을 제공하는 호텔내의 특별층이다.

| 호텔에서 이용할 수 있는 서비스 |

bellman	숙박객의 짐 운반 및 보관 업무와 안내 역할 서비스
wake-up call/morning call	아침에 잠을 깨워 주는 서비스
room service	식사를 방으로 배달해 주는 서비스
laundry & pressing service	세탁 및 다림질 서비스
tour service	가까운 관광지나 시내관광 제공
limousine^{shuttle} service	비행장이나 시내 중심부를 운행하는 교통편 제공
business^{secretarial} service	호텔 고객에게 사무기기나 비서 업무 제공
concierge	고객이 필요한 각종 정보를 제공하며, 고객의 불만 해소나 현지 활동상의 어려움을 도와 줌
business lounge	업무 상담이나 여러 명의 고객과 회의를 할 수 있는 분위기의 장소를 제공
safety box	귀중품이나 현금을 보관
cloakroom service	코트와 모자 등을 맡아두는 서비스
house doctor	호텔에 있는 전담 의사로 병세가 심각하거나 다쳤을 때 우선 의료 서비스를 받을 수 있음. 진단서와 영수증을 챙겨서 여행자 보험을 통해 배상 받을 수 있음.
money exchange	호텔 프론트 데스크에서 환전을 할 수 있음.

room-to-room call	같은 호텔 내 객실과 객실간의 통화로 통화료를 지불하지 않음.
international/overseas call	호텔 룸에서 사용하는 국제전화로 통화료가 비싼 편이다.

▌ 렌트카 예약

출장지에서 렌트카가 필요한 경우 미리 예약을 하도록 한다. 해외 출장의 경우 우리나라와 달리 오른쪽에 운전석이 있는 경우 상사에게 이 내용을 알리고 지시에 따른다.

해외에서 렌트카를 상사가 운전하기 위해서는 국제운전면허증이 필요한지 확인하고 필요할 경우 국제운전면허증 신청을 하도록 한다. 지리를 잘 모르는 경우 네비게이터[Navigator]가 장착된 차량을 렌트하면 많은 도움을 받을 수 있다.

렌트카 예약시 확인 사항

- 차종
- 가격
- 렌트카를 받을 장소와 반납 장소 확인
- 사용 기간
- 운전사의 필요 여부
- 자동차 보험 가입 여부 확인

현직 비서 인터뷰 ──→ 스마트 기기를 이용하여 상사 출장 업무를 보좌하고 있는 비서들의 현장

- 상사가 해외 출장 중일 때도 스마트 기기로 실시간으로 편리하고 간단하게 부담 없이 의견을 교환하고 일정을 조율할 수 있어 예전보다 업무 속도가 빨라졌어요.
- 상사가 출장을 가실 경우 공항에 가시거나 입국 후 회사로 돌아오시는 경우에도 비행기 출도착 앱을 통해 비행기 편명만 알면 편리하게 예상 시간을 알 수 있고 기사가 마중 나가는 경우에도 시간 오차를 줄일 수 있어서 자주 사용하고 있어요.
- 업종 특성 상 해외 출장이 잦으신 상사를 모시고 있는데요 출장 가실 때마다 스마트기기 앱을 통해 그곳 날씨가 어떤지, 항공권 예약 및 확인, 구글맵을 통한 현지 위치 찾기 서비스, 로드뷰 서비스를 이용하여 상사께서 불편함이 없도록 업무를 처리하고 있어요.
- 상사가 해외 출장이 잦은 편인데 출장으로 해외에 계실 경우에 e-mail보다 SNS로 업무 지시를 하시는 경우가 많아요.

송가은·최애경, 스마트기기 이용에 따른 비서 업무 변화에 관한 연구, 비서학논총 제21권 제2호

🏃 해외 출장 수속

▌여권

여권이란 해외 여행 중 여행자의 국적을 증명해 주는 유일한 신분증이다. 외무부장관이 상대국에 자국 여행자의 보호를 요청하고 신분을 증명해주는 공문서로 해외 여행시 보호와 협조를 받을 수 있

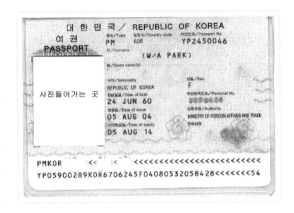

다. 그러므로 해외에서 불의의 사고 발생시 신원을 증명해줄 뿐 아니라 환전, 면세점에서 물건 구입, 호텔투숙 시 필요하므로 항상 소지하도록 한다.

여권은 크게 일반여권과 관용여권, 외교관여권으로 나뉜다.

요즘은 유효기간이 10년인 전자여권을 발급받는다. 전자여권에는 IC칩이 내장되어 개인의 정보가 저장되어 있고 여권의 위·변조를 막아준다.

많은 국가에서 여권유효기간이 최소한 6개월 이상 남아있어야만 입국이 가능하므로 여권 유효기간이 6개월 이하로 남아있을 경우에는 여권 갱신이나 전자여권인 경우는 재발급을 받아야 한다.

▌비자

비자는 여행국의 정부에서 입국을 허가해 주는 허가증이다. 출장 일정이 잡히면 출장지 국가 입국시 비자가 필요한지 확인한다. 비자 필요여부는 국내에 있는 출장지 국가의 대사관을 통해 확인하거나 인터넷, 여행사를 통해서도 확인할 수도 있다. 비자는 입국 목적에 따라 종류가 다양하며^{학생비자, 취업비자, 관광비자 등} 유효기간도 다르다. 비자가 필요한 경우에는 발급 받아야 하는 비자의 종류와 기간을 확인하고 비자 신청을 하도록 한다. 국가별로 비자의 발급형태가 다양하지만 대부분은 여권 안의 사증란에 스탬프를 찍든지 스티커를 붙여준다.

1. 비자번호: 여권 번호와 혼동하지 않도록 주의
2. 비자종류
3. 입국가능횟수
4. 비자유효기간: 비자사용만료일
5. 비자발급일
6. 비자발급지역
7. 성명
8. 생년월일
9. 여권번호: 비자번호와 혼동하지 않도록 주의

| 중국 비자의 예

✈ 비자의 종류

- 사용횟수에 따라
  - 단수비자: 1회 방문에만 유효
  - 복수비자: 유효기간 동안 몇 번이라도 다시 방문 가능
- 방문목적에 따라
  - 관광비자, 학생비자, 방문비자, 주재원비자, 경유비자, 이민비자, 도착비자, 문화공연 비자
- 체류기간에 따라
  - 영주비자: 영주권자가 되기 위해서 입국을 하기 위한 비자
  - 임시비자: 임시 체류를 허가하는 것

환전

환전은 시중은행의 외국환 점포 어디서나 할 수 있으며 환전시에는 상사의 여권과 외국환과 교환할 돈을 준비하도록 한다. 환전을 할 경우는 현지국의 통화로 환전하는 것이 이중 수수료를 막는 길이다. 또한 환전 시에는 고액권과 소액권을 섞어 바꾸는 것이 출장지에서 사용하기 편리하다. 출국 시 1인당 소지할 수 있는 외화금액이 정해

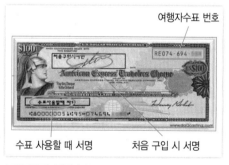

여행자수표 번호

수표 사용할 때 서명   처음 구입 시 서명

| 미국달러 여행자 수표

져 있으므로 이를 초과하지 않도록 한다.

여행자수표Traveller's Check T/C는 매매시 현금보다 유리한 환율을 적용 받을 뿐 아니라 현지 화폐로 환전할 때도 유리한 환율을 적용 받는다. 또한 여행자수표에는 고유 번호가 기재되어 있어서 분실 또는 도난시에도 신고하여 재발급 받을 수 있으므로 수첩이나 출장일정표에 여행자수표 일련번호, 분실 시 연락처를 적어 놓거나 여행폴더에 여행자수표 영수증을 보관하도록 한다. 여행자 수표는 구입 즉시 서명하도록 되어 있고 사용할 때 카운터 서명한다. 그러나 최근 여행자 수표를 받지 않는 곳이 많아지고 있다.

신용카드 이용시는 해외에서의 사용가능 여부, 사용가능 금액, 신용카드 만기일을 확인하도록 한다. 해외에서 신용카드를 쓸 때 유의할 점은 사용금액 한도를 초과하지 않도록 유의하며 카드번호와 만기일을 수첩이나 출장일정표에 적어 두고 분실시 즉각 신고할 수 있도록 출장지의 신용카드사 전화번호를 알아두도록 한다.

여행자수표에는 2개의 서명 란이 있다. 구입 시 오른쪽 위의 서명 란에 서명을 하고 현금으로 교환할 때 받는 사람 앞에서 왼쪽 아래에 서명을 한다. 이 때 양쪽의 서명이 동일해야 한다.

▌ 여행자 보험

해외여행보험은 여행 중 사망, 질병, 사고, 휴대품 분실 및 손해, 제3자에게 입은 손해 등에 대해 보험금을 지급받을 수 있는 보험으로 가입전에 보험 기간과 보상내역을 확인한 후 가입하도록 한다.

▌ 예방 접종

해외 출장 시 예방접종의 필요 유무를 확인한 후 필요할 경우는 미리 예방접종하도록 한다. 국가별로 유행 질병 확인 후 최소 출국 4주 전에 접종을 마쳐야 안전하며, 일부 국가에서는 국제공인 예방접종기관에서 접종 증명서를 지참해야 입국이 가능한 경우가 있다. 증명서가 없을 경우 해당국의 입국이 거부 될 수 있으므로 예방접종이 필요한 국가 방문 시 사전에 정보

파악 후 대처하는 것이 중요하며, 외교통상부 홈페이지^{www.mofa.go.kr}에서 국가별로 예방접종 관련 정보를 얻을 수 있다.

 사례 1

상사가 호주로 출장을 가게 되었다. 여행사에 확인을 하여 보았더니 영국인은 호주에 입국하는 데 비자가 필요 없다고 하였다. 상사는 영국인이었으므로 비자에 대한 걱정 없이 출장준비에 임했다. 그런데 출장 전날 호주인인 마케팅이사가 영국인도 호주에 입국하는데 비자가 필요하다는 것이다. 호주 대사관에 급히 전화를 하여 확인하여 보았더니 호주비자가 있어야만 된다고 한다. 앞이 깜깜했다. 상사에게 사실을 전하자 상사의 얼굴빛도 울그락불그락. 다행히 마케팅이사의 도움으로 출장일 아침에 비자를 받아 상사는 무사히 호주행 비행기를 탔다. 영원히 잊혀지지 않을 큰 실수를 한 것이다.

 사례 2

저는 스마트 기기로 인해서 상사께서 출장을 가시지 못 할 뻔 했는데 겨우 면한 경우가 있었어요. 우리나라가 미국 비자면제(VWP) 국가라서 미국 비자가 따로 필요 없잖아요. 제 상사께서 미국 출장을 가시는데 별도로 절차가 필요 없을 줄 알았는데 미국 대사관 홈페이지에 접속해서 전자 여권 신고를 해야 하더라고요 (중략). 제가 그 때 휴가라 여행 중이었는데 스마트 기기를 사용해서 상사와 함께 검색해서 뭐가 필요한 지 알아보고 업무를 처리 했었어요.

송가은 · 최애경, 스마트 기기 이용에 따른 비서 업무 변화에 관한 연구, 비서학논총 제21권 제2호

무비자로 미국 입국 시 사전 입국승인을 받아야 한다. 이를 위해서는 전자여권을 소지하여야 하고 ESTA^{Electronic System for Travel Authorization}, 즉 전자여행허가 프로그램을 통해 입국 승인을 받아야 한다. 미대사관 홈페이지에서 일정의 수수료를 지불하고 신청한다. 한번 입국승인을 받으면 2년간 유효하다.

☞ 유의점: 위의 두 사례는 해외 출장 시 비자와 관련된 사례들이다. 첫 번째 사례는 저자가 비서로 일할 때 경험했던 내용이고 두 번째 사례는 '비서논총'에 실린 현직 비서의 사례이다. 상사의 출장과 관련하여 필요한 서류나 절차를 꼼꼼히 살피고 확인하여 위와 같은 실수를 하지 않아야 한다.

---

* **VWP(비자 면제 프로그램):** 미국 정부가 지정한 국가의 국민들에게 최대 90일간 비자없이 관광 및 상용 목적에 한해 미국을 방문할 수 있도록 해주는 제도

출장보좌 업무

출장일정표

　출장에서의 업무 일정, 교통편, 숙박시설 등이 결정되면 상사의 출장일정 표itinerary를 만들도록 한다. 출장일정표는 출장기간 중의 일정을 한눈에 볼 수 있게 한 장의 표에 모아 작성한 것으로 비서가 일정표의 초안을 작성하여 상사의 확인을 받은 후 최종 일정표를 작성한다. 출장일장표 서식을 컴퓨터에 만들어 놓고 출장일정표 작성 시 활용하면 쉽게 작성할 수 있다.

　출장 기간이 길 경우는 일자별로 페이지를 달리하여 그날의 일정이 한 눈에 들어오도록 작성하는 것이 좋다. 또한 출장지가 여러 곳일 경우에는 출장지역별로 작성하는 것이 좋다. 지갑 또는 주머니에 넣어 다닐 수 있는 출장개요를 담은 휴대용 출장계획표나 스마트기기에 출장일정을 연동해 두면 상사가 언제 어디서나 출장일정을 확인할 수 있다.

▌ 출장일정표 기재사항

　출장 일정표에는 다음의 내용이 들어간다.

| 기본 내용 |

일정	출장 중의 회의 및 모임, 방문 등의 날짜, 요일, 시간, 장소, 주제 등 　예 6월 9일 (화) 9:00-5:00, ERP 회의, Millennium Hilton Hotel 2층 Diamond Room
교통편	출발 및 도착시간, 교통편의 자세한 이름 및 번호, 연결 교통편, 역/공항의 명칭 등 　예 6월 8일 (월) 11:00 인천국제공항 출발, KE 081편 (Business Class, 좌석# J-20 복도) 　/ 6월 8일 (월) 11:40, 뉴욕 John F Kennedy공항 도착
숙박	숙박할 곳의 명칭, 주소, 전화번호, 예약 정보출장지가 여러 곳일 경우에는 각 지역별로 숙박업소 정보 제공 　예 Millennium Hilton Hotel : 55 Church St., New York, NY 10007 　　 Tel : 212-755-5900　　 Fax :212-644-0079

면담자 및 방문처	방문처의 상호명, 위치, 연락처, 면담자의 소속과 성명, 면담자의 주요 인적사항, 연락처, 면담 장소 등 예　삼성전자 New Jersey 영업본부 우홍규 지사장 면담 　　　Tel: 313-544-8998(Office)/212-588-2970(Home)/313-544-8990 (비서Susan Lee)
귀국일정	교통편 및 도착 일시, 도착 역/공항 명, 운전기사 대기 여부 등 예　6월 12일 (금) KE081 16:40 인천공항 도착

| 기타 내용 |

긴급 연락처	현지 지사 및 주재원, 재외공관대사관 등의 주소 및 연락처
항공사 연락처	현지 항공사 연락처항공 예약 재확인 시 필요
기타	여권 및 신용카드 번호 및 만기일, 분실시 연락처 여행자 수표 번호 및 분실시 연락처 호텔, 교통편, 렌터카 등의 예약번호 및 연락처
준비물	드레스코드(dress code) 복장 준비 방문처 및 방문 목적에 따른 자료 및 준비물 시차표 및 출장지 지도, 기상정보 등등

　완성된 출장일정표는 상사의 확인을 받은 후 상사와 상의하여 필요한 곳에 보낸다.

　출장일정표와 함께 현지 정보를 수집하여 보고하면 상사가 현지 상황에 미리 대비할 수 있다.

| 출장지 정보 |

구분	내용
날씨정보	출장지역의 날씨 확인하여 의복 준비
문화정보	옷차림, 예법, 금기사항 등의 관한 정보
식당정보	출장지 근처 유명 음식점, 한식당 정보, 호텔 조식
관광정보	업무시간 외 관광할 수 있도록 관련정보 준비
회화정보	현지인사말, 감사, 사과 표현 등 간단한 회화 정보 준비

▌ 출장일정표 작성 시 유의사항

출장일정표 작성 시 유의할 점은 다음과 같다.

- 우선 출발지가 자택인지 사무실인지 기록하도록 한다. 출발지에서 공항까지의 이동 시간과 탑승 수속에 걸리는 시간을 고려하여 출발시간을 정하도록 한다. 비수기에 비해 성수기에 그리고 상사가 이용하는 교통편의 등급이 낮을수록 탑승 수속에 걸리는 시간은 길다.

- 회의, 모임이나 방문과 관련된 내용을 상세히 기록한다. 일시, 장소, 안건, 면담자의 소속과 성명, 연락처^{자택/휴대전화 포함} 등.

- 교통편에 대한 내용을 상세히 기록하도록 한다. 즉, 출발공항, 도착공항, 날짜, 시간, 항공사, 편명, 좌석번호, 예약번호 등

- 숙박시설에 대한 상세한 정보를 일정표에 넣도록 한다. 즉, 호텔명, 주소, 전화번호, 예약번호를 적도록 하고 공항 호텔간 이용할 셔틀버스 시간이나 자동차 마중^{pickup} 예약 여부를 알 수 있도록 한다.

상사출장 시 출장지의 기후, 언어, 환율, 주변의 명소나 관광지 등에 대한 자료를 정리해 출장일정표에 첨부하도록 한다. 본 교재의 부록의 '4박5일 싱가포르 여행계획안'을 참고하여 상사에게 필요한 내용을 1~2장으로 축약해 보자. 이런 자료는 상사가 출장지에서 시간을 효율적으로 활용하는데 도움이 된다.

날짜	시간	일정	면담/참석자	비고
6/16(일)	7:30	자택출발		기사 대기
	10:00 ~ 11:20	인천공항→ 뉴욕 존F케네디공항		KE081편 (Business Class, 좌석 J-20 복도)
	15:00 ~	호텔 체크인		Millennium Hilton New York Downtown
6/17(월)	09:00 ~ 17:00	ERP Conference		Diamond Room, Millennium Hilton Hotel 32층
6/18(화)	09:00 ~ 17:00	ERP Conference		Diamond Room, Millennium Hilton Hotel 32층
	17:30 ~	저녁식사	Volvo 부사장 Mr. Eric K, Clark(연락처: +1 212 345 6789)	The Capital Grille 레스토랑
6/19(수)	09:00 ~ 17:00	ERP Conference		Diamond Room, Millennium Hilton Hotel 32층
	17:00 ~	Reception		Convention Hall, Millennium Hilton Hotel 지하 1층
6/20(목)	10:00 ~ 12:00	면담	삼신전자 미국지사 우홍규 대표이사(연락처: + 212 987 6543)	
6/21(금)	10:00 ~	메트로폴리탄 미술관		
6/22(토)	14:00 ~ 17:20 (+1일)	뉴욕 존F케네디공항→ 인천공항		KE082편 (Business Class, 좌석 J-18 복도)

기타정보	
도착공항	John F Kennedy 공항 Tel : 718-244-4444
숙소	Millennium Hilton Hotel : 55 Church St., New York, NY 10007 Tel : 212-755-5900 Fax :212-644-0079
삼신전자(SEA)	Samsin Electronics America, Inc., 105 Challenge Road, Ridgefield Park, NJ 07660-0511 우홍규 지사장 Tel: 313-544-8998(Office) 588-2970(Home) / 544-8990 (비서 Susan Lee)
The Capital Grill	120 Broadway, New York NY 10271 Tel: 1+206-382-0900
The Metropolitan Museum of Art	1000 5th Avenue, New York, NY 10028 Tel: 1+ 212-535-7710
대한항공 뉴욕사무소	Tel:212-755-5900 Fax :212-644-0079

출장일정표

일시	시 간	일 정	면담/참석자	비 고
2/12 (수)	08:00	자택출발		회사차량 1234 자택앞 대기
	09:00~10:37	서울역→ 대전역		KTX 특실 3호 좌석 22번
	10:40~11:20	대전사무소 이동		도착출구 000운전기사대기 대전지사 차량 그랜저 2222 운전기사 010-2234-4555
	12:00~14:00	대전사무소 임원들과 점심 및 업무보고		대전사무소 구내식당
	14:30~15:30	협력업체 방문	삼도물산 박민석 대표이사	박민석 대표 선물준비 및 관련 정보 (Tel : 042)777-8888)
	15:30~18:00	숙소이동 및 휴식		롯데대덕호텔-특1급호텔 1207호 Tel) 042)865-7000 Fax) 042)862-0059
	18:00~21:00	만찬	대전사무소 전직원	롯데대덕호텔(4층 아테네룸) 042) 865-7100/1-7096
2/13 (목)	08:00~09:00	조식	김동엽 영업상무	'라세느' 아침부페
	09:00~09:30	대전사무소 이동		대전지사 차량 그랜저 2222 운전기사 010-2234-4555
	10:00~12:00	대전지역 판매전략회의	김병수 영업부장 외 담당자 3명	대전사무소 회의실
	12:00~	점심식사 후 대전역으로 이동		구내식당 대전지사 차량 그랜저 2222
	13:30~15:00	대전역→부산역		KTX 특실 1호 좌석 12번
	16:00~	숙소도착		부산롯데호텔 Tel) 051-810-1000 부산사무소 TEL) 051-877-1122
2/14 (금)	09:00~10:30	조찬회	부산사무소 임 동만 부장외 7명	부산롯데호텔 라세느(조찬회의준비) 회의자료 지참
	11:00~12:00	강연 (판매확대를 위한 전략)		부산사무소 대강당 파워포인트 자료/유인물 배부 확인
	12:00~14:00	점심 및 업무보고	부산사무소 소장	부산사무소 구내 식당
	14:00~17:00	부산공장 순회 및 부산상공회의소 방문		부산사무소 김철중 대리 동행
	17:00~18:00	숙소도착및공항으로출발		호텔 → 김해공항간 리무진(20분)
	19:00~20:00	김해공항→김포공항		KE 1140 편 회사차량 1234 김포공항 대기

ITINERARY

Mr. Michael Laurence   January 11-14, 2020

Monday, January 11 (Seoul to New York City)	
10:00 a.m.	Leave Seoul Incheon Int'l Airport on Korean Air Flight 802; 747, first class A2 (window)
9:25 a.m.	Arrive at New York LaGuardia Airport. Take limousine to Waldorf Hotel, 2021 Second Avenue, New York (212-542-6000); guaranteed hotel reservation; confirmation in trip file
1:00 p.m.	Meeting with Mr. Rogers C. Harper, Jr., President, ACF Corporation at Ninth Gate, 994 Third Avenue, New York (212-776-1420)
7:00 p.m.	Dinner-meeting at Stewart's Restaurant, 727 Avenue of the Americas, New York, with Mr. Joyce L. Rohrson, Consultant, American Business Systems (212-325-4692)
Tuesday, January 12 (New York City)	
9:30 a.m.	The National Office Systems Conference, City Conference Center, 1004 Central Parkway, New York (212-554-4200)
9:45 a.m.	Presentation: "The Office Environment -- Networking and Today's Automated Office"
1:00 p.m.	Luncheon with Mr. Raymond L. Bernard, Vice President and General Manager, Wilson Automation, Inc., at the Oakdale City Club, 9250 Fifth Avenue, New York (212-347-3300)
3:00 p.m.	Tour of Advanced Business Systems, Inc., 125 Seventh Avenue, New York. Contact Person: Ms. Helen Adams, Office Automation Consultant (212-774-1550)
Wednesday, January 13 (New York City to Seoul)	
9:45 a.m.	Leave Waldorf Hotel by limousine for John F. Kennedy Airport
11:55 a.m.	Leave JFK Airport on Korean Air Flight 804, business class, C4 (aisle seat)
Thursday, January 14 (Seoul, Korea)	
3:00 p.m.	Arrive at Seoul Incheon Int'l Airport. Company limousine will meet you at the baggage claim.

🏃 출장 전·중·후 업무

▌출발 전 업무

❀ 휴대품 준비

비서는 필요한 준비물 내역을 여행폴더^{trip file}에 정리해 두고 하나씩 체크해 가면서 준비하도록 한다. 출장에 필요한 휴대품은 다음과 같다.

- 여권 여권번호와 상사의 이름이 표시된 페이지를 복사해서 복사본도 첨부한다
- 비자 필요한 국가 방문할 경우
- 전자항공권^{e-ticket}, 숙박, 렌트카 등의 예약확인서
- 출장일정표
- 관련 서류 및 자료 만일을 대비해 복사본이나 USB도 준비한다
- 명함 해외 출장일 경우 영문으로 되어 있는 명함 준비
- 목적지의 지도 및 안내도, 시차표 등 필요 시
- 신용카드, 현금, 또는 여행자수표
- 필요한 문구류 상사의 이름과 직함이 인쇄된 문구류가 있을 경우 인쇄된 것으로 준비한다
- 노트북컴퓨터 등 상사의 지시에 따른 준비물
- 여분의 안경이나 약품 필요 시
- 해외용 멀티플러그 국가별로 다른 전압대비용

해외 출장 시 선물을 준비할 때는 상사와 상의하여 준비하도록 한다. 선물을 준비할 때 유의할 점은 다음과 같다.

- 선물의 부피가 너무 크거나 무거운 것, 깨지기 쉬운 것은 피한다.
- 과거에 한 선물과 중복되지 않도록 하며 이를 위해 평소 선물을 한 곳의 선물내역을 기록해 두는 것이 좋다.
- 방문국의 종교나 관습상 금기시되는 물품일 경우 상사나 상대방 모두 당황할 수 있으므로 사전에 확인하도록 한다.
- 상대방의 수준과 취향을 고려하여 준비한다.

사례

회장님을 모시고 캄보디아로 4일간 출장을 간 적이 있다. 항공, 호텔, 스케쥴, 그룹 소개서, 선물 등등 출장 준비만 대략 3주 정도가 소요된 중요한 출장이었다. 현지에서도 전혀 문제 없이 일이 잘 진행되어 가는 것 같아 뿌듯하기만 했다. 하지만 뿌듯함도 잠시 회의 장소로 이동 중에 다음날 잡혀 있는 회의와 오늘 진행하기로 한 회의가 급하게 변경되었다는 것을 이동 중에 알게 되었다. 매 회의 마다 상대측에게 줄 선물을 지참해서 가는데, 현재 가지고 있던 선물과 내일 사용하려고 했던 선물 자체가 달랐던 것이다. 정말 청천벽력 같았다. 만약을 대비해 남아 있는 선물을 차에다 두었어야 했는데, 그 생각까지 못했던 것이다. 다시 되돌아가기엔 시간이 없었고, 이동거리도 길었기 때문에 차를 보내기도 힘든 상황이었다. 어쩔 수 없이 가지고 갔던 선물로 전달을 하였고, 참석인원도 예상보다 더 많긴 했지만 여분으로 몇 개 더 챙겨 놓았기에 다행히 상황은 모면할 수 있었다. 회장님께서 화를 내시지는 않았지만, 완벽히 수행을 못했다는 생각에 출장 기간 내내 속상해 했던 기억이 난다.

해외 출장의 경우 긴급한 상황 발생 시 대처할 수 있는 폭이 좁기 때문에 국내보다 더 많은 경우의 수를 두고 대비를 해야 한다는 것을 깨달았다.

출발 전 확인 사항

상사 출발전에 확인해야 할 사항은 다음과 같다.

❶ 상사 출장 중 상사의 업무를 대행할 대행자를 지정하고 관련 부서에 상사의 출장과 업무대행자를 알리는 문서를 작성하여 상사의 승인을 받는다.

❷ 상사가 해외에서 전자 결재가 가능할지라도 상사 출발 전에 상사의 출장으로 업무가 지연되지 않도록 결재 등 가능한 업무를 미리 처리하도록 한다. 관련부서에도 알려서 상사의 출장으로 업무가 지연되지 않도록 한다.

❸ 출장 중 상사 업무대리인이 처리할 업무, 출장지의 상사에게 연락해야 할 업무 등에 대해 미리 상사로부터 지시를 받는다.

❹ 상사의 출장 중에 발생할 전화, 내방객 응대 등 비서의 업무에 대해 지시를 받도록 하고 출장지의 상사와 연락을 취할 수 있는 방법 및 연락 시기 등을 상의하도록 한다.

❺ 출장 도착지에 마중 나올 사람이 있는 경우에는 상대방에게 상사의 이름, 출발시간, 도착지, 도착시간, 교통편을 미리 알려주도록 하고 상사에게도 마중나올 사람에 대한 인적사항을 알려준다.

❻ 교통수단을 다시 확인하여 결항이나 지연이 없는지 확인한다.

❼ 호텔예약과 렌트카 예약 등 예약내용을 다시 한번 확인하도록 한다.

❽ 상사의 출장준비 체크리스트checklist에서 빠진 부분이 있는지 다시 체크한다.

▌출장 중 업무

상사 출장 중에는 중요한 안건은 필요에 따라 출장지의 상사에게 보고하고 지시를 받도록 한다. 또한 출장지의 상사로부터 오는 지시에 따라 업무를 처리한다. 상사와 매일 또는 2~3일에 한번씩 일정한 시각을 정해 놓고 통화를 하거나 e-mail, SNS 등을 이용하여 전화/내방객 내역, 주요 업무 사항, 주요 우편물 등을 상사에게 보고한다.

❧ 상사 출장 중 비서의 업무태도

일부 비서들이 상사 출장 중에 자리를 자주 비우거나 업무태도가 해이해져서 비서들의 이미지를 추락시키는 경우가 있다. 언제 어디서나 자신의 일에 최선을 다하는 전문 직업인으로서의 자세를 고수하도록 한다. 그리고 불가피하게 자리를 비워야 하는 경우가 발생하면 다른 직원에게 부탁하여 급한 연락을 놓치지 않도록 하고 돌아오는 시각을 알려주도록 한다.

상사 부재 기간 동안 비서는 스스로 일을 찾아서 하는 솔선수범적initiative 태도를 보여준다. 즉, 평소에 밀렸던 서류 정리나 컴퓨터 파일 정리, 앞으로 해야 할 업무 혹은 상사가 출장에서 돌아오기 전에 마무리 되어야 할 일 등을 미리 처리해 두는 것이 바람직하다.

또한 출장지의 상사의 지시를 수행하고 상사 업무 대행자를 적극 보좌하는 자세를 보이도록 한다.

사례

회장님께서 미국으로 출장을 가셨을 때의 일이다. 당시 회장님의 건강상태가 썩 좋지 않았음에도 불구하고 회장님께서 직접 출장을 가서 업무를 처리해야 하는 상황이었다. 가실 때 꼭 드셔야 하는 약을 시간대별로 기재하여 필요하신 물품에 같이 넣어드리긴 했지만, 항상 회장님의 약을 시간대별로 챙겨드렸던 내 입장에서는 마음이 편치 않았다. 생각 끝에 약을 복용해야 할 시간마다 문자를 하거나 전화를 드리는 것이 좋겠다고 생각을 했다.

LA와 한국과는 16시간의 시차가 있었기 때문에 시간대별로 예약문자를 해놓거나, 보고 건이 있을 때 전화를 드려 복용해야 하는 약과 건강상태를 체크했다.

다행히 별다른 탈 없이 귀국하실 수 있었고 회장님께서 돌아오셔서 굉장히 흡족해 하시며 칭찬해 주셨던 기억이 떠오른다.

지금도 여전히 어떻게 해드리는 것이 최상의 방법일지 항상 몇 번이고 생각하며 업무를 한다. 내가 모시는 상사의 모든 것을 최상의 상태로 끌어올리는 것. 그것이 비서의 중요한 업무이자 능력이라 생각한다.

상사 출장 중 비서의 업무 처리

❶ 우편물 처리

- 개인우편물 개봉하지 않고 모아둔 후 상사 귀사 후 전달한다. 그러나 상사가 출장지에서 받아 보기를 원하거나 비서가 개봉을 한 후 중요한 내용을 전달해 줄 것을 지시할 경우에는 지시에 따르도록 한다.
- 대외비 및 특수 취급 우편물 개봉하지 않고 상사의 대리인에게 전달한 후 지시를 받도록 한다. 전달시 수신날짜, 발신인, 수신인 등을 메모해 두도록 한다.
- 일반 업무용 서신 개봉하여 일부인date stamp를 찍고 복사를 한 후에 상사의 대리인에게 사본을 전하고 업무 지시를 받도록 한다. 수신된 우편물과 대리인이 처리한 내용을 함께 철해 둔다.
- 상사의 회신을 요하는 우편물 상사가 출장 중임과 회신 가능한 날짜를 알리는 메일을 보내도록 하여 상사와 상대방과의 신뢰관계가 유지되도록 한다. 또한 회신에 필요한 자료나 서류를 찾아 첨부해 두도록 하고 경우에 따라 비서가 초안을 작성하도록 한다.

❷ 전화 및 내방객

· 상사 부재중 방문한 내방객들의 명단을 표로 만든다. 방문 일시, 소속과 성명, 연락처, 용건, 면담자 등이 포함된 양식을 만들어 내용을 기록해 두도록 한다.

· 상사 부재시의 전화는 메모를 하여 상사의 책상 위에 놓아 둔다. 장기 출장인 경우는 전화메모 명단을 내방객 방문처럼 표로 정리하도록 한다.

번호	방 문 일 시	방문객 성명, 소속, 연락처	용 건	비 고
1	2013. 11. 3. (수) 오후 2시	삼성전자 김영철 부장, 02)544-1218	안부인사차 방문	상사 돌아오시는 대로 연락 요망
2	2013. 11. 4. (목) 오전 11.00	대우물산 김상중 전무, 02)2644-5857	공장부지관련 상담 차 방문	김영훈 공장장 대리 면담. 추후 면담 내용 보고 예정
3				
4				

상사의 귀사에 대비한 업무

상사 귀사와 관련하여 비서가 처리해야 할 업무는 다음과 같다.

❶ 상사의 도착 일정에 따라 공항에 차량을 대기시킨다.

❷ 비서는 상사 출장 중에 발생한 업무 자료들을 정리하여 상사가 귀사 후 바로 업무를 시작할 수 있도록 제반 준비를 한다. 상사가 시간을 절약할 수 있도록 용건별로 서류철을 구분하여 서류를 정리한다.

각 용건별로 서류를 구분한 후 분류된 서류들의 번호를 매긴다. 목록표에 번호별로 날짜, 수·발신인, 제목, 주요내용 등을 요약하여 서류철 앞에 붙여 놓으면 상사가 귀사하여 출장 중에 일어난 업무를 쉽게 파악할 수 있다. 서류철은 다음 세 종류로 한다.

· 상사가 직접 처리해야 할 사안 : 상사가 귀사하여 처리해야 할 업무를 서류철에 중요도 순으로 구분하여 철하고 업무를 처리하는데 필요한 자료를 찾아 함께 철해둔다.

- 상사의 업무 대행자가 처리 한 업무 : 출장 중에 업무대행자가 처리한 업무의 내용과 처리 결과를 서류철에 정리해 둔다.
- 기타 : 상사 출장 중에 발생한 기타 업무 내용을 철해 둔다.

❸ 상사 부재중의 사건이나 사고, 내방객, 전화 목록을 일목요연하게 정리한 업무보고서를 작성해 둔다.

❹ 출장 후 일정을 개략적으로 작성해서 상사 귀사 후 확정지을 수 있도록 한다.

업무보고서

결재	담 당	부서장	본부장

작성일	2019-07-12	작성자	홍길동 대리

사내정보

전화 및 내방객 정보

우편물/문서/결재 정보

지시 사항 처리 내용

질의 및 요청 사항

기타 보고 사항

| 업무보고서 양식

▌ 출장 사후 업무

- 출장지에서 가져온 서류 및 명함 등을 정리한다.
- 상사의 지시에 따라 출장지에서 도움을 준 사람들에게 감사카드 및 편지를 작성하여 상사 명의로 발송한다. 감사 인사는 출장에서 돌아온 후 가능한 빨리 한다.
- 기한 내에 출장 경비를 정산한다. 출장경비보고서 양식에 출장지에서 사용한 내역과 금액을 입력한다. 경비보고서는 날짜별, 항목별로 작성하고 영수증은 별도의 용지에 날짜별로 붙인다. 경비보고서는 상사의 승인을 받은 후 원본은 경리부서에 사본은 상사의 개인파일에 보관한다. 대부분의 조직은 출장경비정산 양식을 가지고 있으므로 이를 활용하도록 한다.
- 기한 내에 출장보고서를 작성하여 필요한 절차를 밟는다.
- 출장 경비 정산 마감일과 출장보고서 제출 마감일은 조직 여비 규정을 참고하면 된다.

출장비용보고서

이민영 대표이사

출장기간	2020.6.7. ~ 2020.6.13.		전화번호	02-3477-1234
출장목적	회의참석 및 ○○전자 지사장 면담		내선번호	(1234)

숙박비, 교통비, 식비(항공료 제외)

	숙박비 및 교통비(Hotel, Transportation)(A)						식비(Employee Meals)(B)			
날짜	숙박비	교통비	택시비	렌터카	통행료	소계	조식	중식	석식	소계
6/8	US$257.5					257.5			US$138.6	138.6
6/9	US$257.5					257.5	US$22.55			22.55
6/10	US$257.5			US$200		457.5	US$22.55		US$28.30	50.85
6/11	US$257.5		US$30			287.5	US$22.55			22.55
6/12							US$22.55			
계	1,030		30	200		1,260	67.65		US$166.9	234.55

항공료(Air Fare)(C)

출발일	도착일	등급(Fare class)	운항 경로(Routing Detail)	항공사	금액
6.7	6.7	비즈니스	서울(인천) – 뉴욕(JFK)	대한항공	
6.12	6.13	비즈니스	뉴욕(JFK) – 서울(인천)	대한항공	
				계	US$7,200

접대비(Business Meal & Entertainment)

날짜	장소	사용내역 : 기관명 및 담당자, 접대 목적 등	금액
6.9.	Stewart's Restaurant	Volvo사 부사장 Mr. Eric K. Clark과 저녁식사	US$280
		계	(D)

기타(Others)

날짜	내역	금액	날짜	내역	금액
6.8~9	세탁비용	US$8.70	6.10	Soft drinks	US$2
6.8	영화시청	US$2		Tip	US$85
		계			(E) US$22.70

비용 총계(Total Expenses)

숙박비, 교통비	(A)	US$1, 260	
식비	(B)	US$234.55	
항공료	(C)	US$7,200	
접대비	(D)	US$280	
기타	(E)	US$22.70	
비용 총계	(A+B+C+D+E)	8,997.25(KRW9,740,000)	
선불액(Cash Advance)(F) (날짜 : 2013.6.1)	KRW3,000,000		현재 환율: 1141.80 (US$ 매매기준률)
차액(Balance)	반납액(Due Company)		청구액(Due Employee)
(F-(A+B+C+D+E))	–		–

익힘문제

01 출장일정표에 들어가야 하는 내용을 서술하시오.

02 상사가 일본(3일간), 영국(3일간), 헝가리(4일간), 폴란드(5일간)을 거쳐 서울로 돌아오는 출장을 계획하고 있다. 각각의 국가 입국시 비자가 필요한지, 필요할 경우 비자 신청 절차가 어떻게 되는지 알아보자.

03 상사는 12월 14일에서 17일까지 미국 뉴욕 Millennium Hilton Hotel에서 개최되는 신제품개발 회의에 참석할 예정이다. 이 출장과 관련하여 교통편을 어떻게 준비할 것인지 기술하시오.

04 출장에서 돌아온 상사가 출장 기간 중에 수신된 문서나 우편물을 신속하게 처리할 수 있도록 하기 위해서 비서는 우편물을 어떻게 분류 및 처리해야 하는가?

05 상사 출장 중 바람직한 비서의 업무태도에 대해 서술하시오.

SECRETARIAL
PROCEDURES
비서실무의 5판
이해

SECRETARIAL
PROCEDURES

비서실무의 5판
이해

CHAPTER

07

총무 업무

총무 업무

상사의 인간관계 관리

 상사의 대 · 내외 활동 보좌 업무

유능한 경영자일수록 업무상 또는 개인적인 인간관계 형성을 위해 각종 모임이나 단체에 가입하거나 참여하는 경우가 많다. 이러한 활동은 기업 활동에 직 · 간접적으로 도움이 된다. 따라서 비서는 상사가 성공적인 인간관계를 형성하고 유지할 수 있도록 상사의 대내 · 외 활동을 보좌해야 한다.

- 상사가 공적으로 혹은 사적으로 관련되어 있는 인사에 대한 정보를 수집하여 데이터베이스 프로그램을 사용하여 전산화해 둔다. 항상 가장 최근의 정확한 정보를 가지고 있도록 업데이트하고 이러한 정보가 외부에 노출되지 않도록 한다.
- 외부 인사 뿐만 아니라 회사 내의 인사, 즉 상사의 윗사람, 동료, 부하 직원 등의 생일, 기념일, 기타 주요 사항 등을 파악해 두어 상사가 필요할 때 인사를 할 수 있도록 보좌한다.

- 주요 인사에 대해서는 되도록 많은 정보를 갖고 있도록 한다. 예를들어 성명, 회사명, 직위, 주소_{회사, 자택}, 고향, 학력, 전화번호_{회사, 자택}, 생년월일, 상사와의 관계, 가족 사항, 취미, 좋아하는 운동, 좋아하는 음식의 종류, 소속 단체, 대외 활동 등 수집 가능한 모든 자료를 정리해 두도록 한다.
- 상사와 거래 관계가 많은 국내 · 외 회사에 대한 자료도 일목 요연하게 카드 형태로 정리해 두는 것이 좋으며, 바이어나 상담 차 방문한 고객들의 거래 내용이나 상담 내용 등을 기록해 두면 필요할 때 많은 도움이 된다.

대·내외 행사 업무

상사의 교제 활동은 개인적인 차원과 전사적全社的 차원의 활동으로 크게 분류될 수 있다. 전사적인 행사에는 정기적으로 개최되는 행사, 회사 업무상 통상적으로 행해지는 일반 행사, 그리고 특별한 사안이 있을 때 비정기적으로 개최되는 특별 행사가 있다.

이러한 상사의 대내 · 외 행사에 비서는 상사의 대리인으로 직접 참석하거나 또는 상사를 수행하기도 하고, 간접적으로는 상사가 교제 활동을 원활히 할 수 있도록 여러 가지 준비와 점검을 한다.

비서는 행사 관련 정보를 얻게 되면 먼저 정보의 정확성 여부를 확인한 후에 즉시 상사에게 보고하여 다음과 같이 처리방안을 세운다.

① 상사가 직접 처리_{방문·출석}할 것인가?
② 상사 대신 대리인이 참석한다면 누구로 할 것인가?
③ 무엇을, 어느 정도 준비_{축의금, 선물, 화환, 경조전보 등} 해야 하는가?

연례행사는 상사와 상의하여 회사의 선례, 여러 규정 등을 참고로 하여 계획하도록 한다. 상사가 축사를 준비해야 하는 경우는 이전의 축사내용을 참고로 하여 초안을 작성하고 최종적인 내용은 상사가 확정하도록 한다. 만일 예전의 자료가 없을 경우에는 상사가 작성할 때 도움이 될 만한 참고 자료를 수집하여 상사에게 제출한다.

▌ 비지니스 골프

많은 상사들이 비즈니스를 위해 거래처와 골프를 하는 경우가 많다. 비서들은 자동 재다이얼이 되는 전화기를 활용하거나 인터넷을 이용하여 골프장 Country Club 예약을 한다. 골프장 예약과 관련해서는 상사가 자주 이용하는 골프장이나 회원인 골프장의 홈페이지에 들어가 보면 1년간의 주말 예약 일정이 모두 나와 있다. 과거에는 주로 전화기를 이용해 골프장 예약을 하였지만 요즘은 전화뿐 아니라 인터넷, 이메일, 팩스 등을 이용하여 예약을 할 수 있다. 예약 방식은 골프장 예약 방식을 따르면 된다.

골프장 홈페이지나 회원약관에 있는 위약규정을 확인한다. 예약하고 나타나지 않는 노쇼업no show up, 예약 취소의 경우 벌점이나 위약금이 있으므로 이런 상황을 미리 방지하여 상사가 피해를 입지 않도록 한다. 골프장마다 예약 시스템이나 회원 약관이 다르므로 상사가 이용하거나 회원으로 가입되어 있는 골프장의 예약시스템이나 약관을 숙지하도록 한다.

다음은 골프 용어와 골프장 예약 시 확인해야 할 사항들이다.

| 주요 용어 |

용어	의 미
그린피	골프장에 지불하는 코스 사용료
캐디피	캐디에게 지불하는 금액
카트피	카트 사용료
티오프	티에서 첫 타를 치는 순간, 경기의 시작을 의미
파	각 홀에 정해진 타수
퍼트	그린에서 공을 홀에 넣기 위해 치는 것
클럽 하우스	휴게소를 가리키는 말로 식당, 샤워실, 사무실 등이 있는 건물

| 골프장 예약 시 확인사항 |

필요 정보	예약 시 확인 사항
날짜	날짜 확인 시 요일도 확인하여 날짜를 혼동하는 일이 없도록 한다.
티오프 시간	분 단위로 티오프(tee-off) 시간을 정하는 경우가 많으니 예약 시 시각을 혼동하는 일이 없도록 한다. 예) tee off time : 7:38am, 8:13am
동반자 정보	보통 3명 혹은 4명이 한 팀으로 라운딩이 가능하고 예약 시 동반자 정보가 대부분 필요하다.
골프장(CC)	회원권 소지자만 예약이 가능한 회원제 골프장과 일반인도 예약 가능한 퍼블릭 골프장이 있다. 주로 회사나 상사 개인이 회원권을 소유한 골프장을 이용하는 경우가 대부분이나 예약 대행사들을 통해서 예약을 진행하기도 한다.
코스	골프장마다 난이도나 경관에 따라 2~3개 코스로 나누어져 있으므로 예약 시 상사가 원하는 코스가 무엇인지 확인한다.
위약 규정	골프장마다 자체적으로 정한 위약 규정이 홈페이지에 안내되어 있다. 규정을 어기면 벌점을 받게 되는데 일정 점수 이상이 되면 골프 예약이 불가하므로 규정을 잘 준수해야 한다.
예약 담당자명	전화 예약으로 예약한 경우는 예약 담당자의 이름을 기록해 두고, 팩스나 인터넷 예약 시에는 반드시 확인서를 받아 둔다.
비용	그린피와 캐디피, 카트피로 나누어지며 캐디피는 법인 카드 사용이 안되는 곳이 대부분이므로 현금을 준비하도록 한다. 회원여부, 주말이나 주중에 따라서 가격이 달라지므로 해당 골프장 홈페이지를 참조해서 가격 정보를 확인한다.
기타	일기 예보, 골프장 내 식당과 편의 시설 정보, 코스 공략법 등을 확인한다.

 사례

골프예약 현직 비서 사례

처음 비서가 되고 아무것도 모를 때 전임자에게 인수인계 받은 대로 골프예약을 진행했어요. 그런데 어느 날 상사가 부르시더니 골프예약을 왜 이렇게 했냐고 언짢아 하시는 거예요. 저는 영문을 몰라 무슨 일인지 여쭤봤더니 왜 매번 상사가 선호하는 코스로 예약을 안 해주고 다른 코스로만 예약을 하냐고 하시더라고요. 저는 지금까지 코스를 따로 고를 수 있었는지도 몰랐거든요. 전임자가 말을 해준 적도 없고, 골프장에서 예약할 때 따로 확인한 적도 없어요. 그래서 상사의 얘기를 듣고 골프장 홈페이지를 살펴보니 코스 소개가 자세히 나와있더라고요. 아마 그때 상사가 그런 말씀을 안 하셨다면 저는 지금도 골프 예약할 때 코스같은 것은 신경 못썼을 것 같아요.

지금은 그래서 경기 시작 선호 시간대 뿐만 아니라 코스까지도 꼭 확인하고 예약을 진행해요.

Q 골프장 예약 취소도 없이 안 갔어요.
어떻게 해요???

사장님의 장기 해외 출장으로 골프장 회원권을 빌려 쓰시는 분들이 많거든요.
오늘도 사장님 친구분의 부탁으로 평일 예약을 해 두었는데, 제가 실수로 골프장을 헷갈려서 손님이 부탁하신 골프장은 A 제가 잘못 부킹한 골프장은 B. 그래서 손님은 골프를 못 하시고 전결장을 해 버렸죠. 결장한 골프장은 ○○ 컨트리 클럽country club이에요. 혹시 회원님들 중 ○○ 골프장에 아시는 분 없으세요. 이러다가 다음주 부킹까지 못할까봐 간이 조마조마…

Re 정말 큰일이네요. 회원권 구입시 회원약관, 규칙사항… 등을 자세히 적어 놓은 팜플렛이 있을거예요. 잘 읽어보시면 '예약 위반자 벌칙사항', '기타 위반자 벌칙 규정'이 있을거예요. 읽어 보시면 아시겠지만 미통보시 위약금이나 일정기간 부킹 금지 등이 있지요. 1주일 전, 3일 전, 2일 전, 당일 취소 벌칙 사항이 다 틀려요. 저희는 ○○ 골프장을 이용하지 않아 잘 모르지만 일정기간 예약금지하는 곳이 더 많아요. 다른 곳은 no show의 경우 위약금 27만원, 2일 전 통보 20만원, 3일 전 통보 불이익 없음 등 정도의 위약금을 내지요.
빨리 약관 찾아보시고 없으시면 ○○ ○○에 전화해서 벌칙사항 메일이나 팩스로 보내달라고 하세요…

 ## 경 · 조사 업무

상사와 평소에 친분 또는 거래관계를 맺고 있는 사람에게 경사 또는 조사가 생겼을 때 경조금, 화환, 전보, 방문, 선물 등의 방법을 이용하여 예禮를 표하는 것은 인간관계에서 매우 중요하다.

따라서 비서는 신문의 인물 동정란이나 인물 관련 기사를 매일 빠짐없이 확인하고, 사내게시판 등에 올라오는 경조사도 확인해야 한다. 경조사가 발생했을 경우에는 상사에게 즉시 보고 한 후 필요한 조치를 취한다. 경 · 조사 업무를 처리할 때 주의할 점은 다음과 같다.

❶ 정확한 정보인가를 반드시 확인한다.

대중매체를 통해서 얻은 정보이든 상사와 관계를 맺고 있는 사람에게서 얻은 정보이든 정보의 정확성 확인은 필수이다.

❷ 시기를 놓치지 않는다.

경·조사 업무에서는 무엇보다도 시기가 중요하다. 시기를 놓친 인사는 진심으로 성의를 표했다 하더라도 그 효과가 제대로 나지 않을 수 있다.

❸ 형식을 갖춘다.

경·조사 업무는 관례나 회사의 경조규정에 따라 형식을 갖추도록 한다.

▌경사

경사로는 승진, 취임, 자녀의 결혼, 부모님 회갑, 회사 설립, 출판 기념회, 전시회, 음악회, 다양한 가족 행사 등이 있다.

상사와 친분이 있는 사람들의 경사 소식을 듣게 되면 상사에게 보고를 한 후 지시를 받는다. 행사의 성격이나 평소 상사와의 친분관계에 따라 상사가 직접 참석하거나 상시 대리인이 참석하거나 또는 축하품 또는 축전을 보내게 된다. 경사의 성격에 따라 축하품은 다양하지만 일반적으로 꽃바구니나 화분, 화환을 주로 많이 사용하므로 전화 주문만으로도 업무를 안심하고 처리할 수 있는 화원을 평소에 알아두는 것이 좋다.

경사 중에서 가장 빈번하게 접하는 것은 결혼식이다. 결혼 축의금은 되도록 깨끗한 돈을 준비하여 흰 종이에 싸고 단자單子를 써서 봉투에 넣는다. 이 때 봉투는 봉하지 않는다.

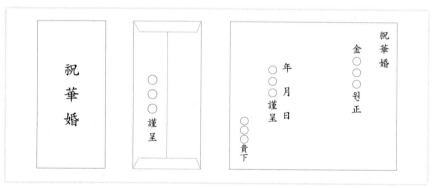

| 결혼 부조 단자의 예

참고

단자(單子) : 부조나 선물 따위의 내용을 적은 종이. 돈의 액수나 선물의 품목, 수량, 보내는 사람의 이름 등을 써서 물건과 함게 보낸다.

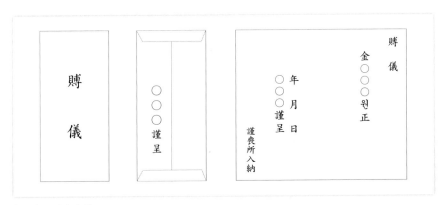
Q 법무부의 모분의 결혼식이 있는데요. 저희 사장님과의 친분이 어느 정도인지는 잘 모르겠어요...축의금 금액으로 봐서는 그리 친한 분은 아닌 듯 싶구요. 그런데 이 축의금 전달이 문제입니다. 결혼식 장소가 지방이라 거기까지 달려갈 수도 없고 계좌입금을 하려고 회사로 전화를 해 보았더니 당연히 이분은 출근을 안 하셨고 다른 분들도 계좌를 모르겠으니 전달해 주신다 하지만 그것도 영 아닌 듯 싶고…

Re 우체국에서 송금하세요. 일단 사장님께 청첩장 봉투가 있는지 여쭈어 보시고, 봉투에 집 주소와 성함이 있잖아요. 그곳으로 우체국에서 송금을 하는 거예요. 우체국에 직접 방문하지 않고 전화, 인터넷으로도 신청 가능합니다. 축하 카드도 함께 갑니다.

▎조사

비서는 상사의 지인, 자사自社나 거래처 혹은 상사가 관련된 모임이나 단체 관계자의 사망이나 사고 소식을 들으면 다음 사항을 확인하고 상사에게 보고한 후 지시에 따라 처리한다.

❶ 사망 또는 사고일시, 사인死因

❷ 조문장소

❸ 장례형식

❹ 발인 시각, 장지葬地

❺ 상주 성명, 주소, 전화번호

賻
儀

○
○○
○
謹
呈

賻
金
○
○○
○
원
正

儀

年
月
日
謹
呈

謹喪所入納

| 부의금 단자의 예

조문시의 복장은 특히 다음과 같은 사항을 주의하는 것이 좋다.

- 가급적 정장을 입는다. 정장을 입지 못할 상황이면 단정한 느낌의 수수하고 깨끗한 평상복을 입어도 무방하다. 단, 화려한 색깔이나 요란한 무늬의 옷은 피한다.
- 검정색, 감색 등 짙은 색 계열의 옷과 구두, 핸드백이 적당하며 흰색 옷도 무방하다.
- 여성의 경우는 짙은 화장이나 요란한 액세서리는 피한다.
- 조문하기 전 장갑이나 모자, 코트는 벗고 들어간다.

조문을 하는 절차는 조객록에 서명을 한 후 조의금을 전달하고 호상護喪에게 자기 신분을 밝힌 후 조문을 한다.

비서가 상사를 대신하여 조문을 가게 되었을 때 조문 절차는 다음과 같다.

❶ 조객록에 상사의 소속과 이름을 적은 후 호상에게 상사를 대신해 왔음을 알린다.

❷ 상주에게 가볍게 목례를 하고 영정 앞에 무릎을 꿇고 앉는다.

❸ 분향이나 헌화를 한다. 분향을 할 때는 오른손으로 향을 집어 향로 위에 놓는데 이 때 왼손으로 오른 손목을 바친다.

❹ 영좌 앞에 일어서서 잠깐 묵념 또는 두 번 절한다.

❺ 영좌에서 물러나 상주와 맞절을 한다. 종교에 따라 절을 하지 않는 경우는 정중히 고개를 숙여 예를 표해도 된다.

❻ 상주에게 낮은 목소리로 짧게 위로의 말을 하되 고인과 관련된 질문을 많이 하는 것은 좋지 않다.

❼ 문상이 끝나고 물러나올 때에는 두세 걸음 뒤로 물러난 뒤, 몸을 돌려 나오는 것이 예의이다.

호상 : 상례를 거행할 때 처음부터 끝까지 모든 절차를 제대로 갖추어 잘 치를 수 있도록 하기 위하여 상가 안팎의 일을 지휘하고 관장하는 책임을 맡은 사람

조의금을 전달 할 때에는 봉투 표면에 '부의賻儀' 혹은 '삼가 조의를 표합니다.'라고 쓴다. 물품으로 보낼 때에는 물품은 깨끗한 흰 종이에 따로 싸고

단자만 봉투에 넣어 전달하며, 근조화환을 보낼 때에는 화환의 종류와 조의 문구를 정한 후 후 주문한다.

병원에 입원한 환자에게 문병을 갈 때에는 환자의 상태나 입원예정 기간 등을 확인하고 환자에게 편한 방문시기에 가서 간호사나 가족의 면회 승낙을 받는 것이 예의이다. 문병의 인원수는 3인 정도가 적당하며, 많은 사람이 몰려가는 것은 실례가 된다. 병문안 시에는 꽃을 갖고 가는 것이 일반적이나 꽃의 반입을 금지하고 있는 의료기관도 있으므로 확인을 한 후 음료 등을 가져가도 무방하다. 꽃을 갖고 갈 때는 꽃병을 준비해 가는 것도 사려 깊은 일이며 쾌유를 비는 카드get-well card를 꽃다발에 끼워주면 더욱 정다운 문병이 될 수 있다.

각종 경·조사에 직접 참석하지 못하는 경우에는 전보나 물품을 전화나 인터넷을 통해 보내기도 한다. 물품을 보내야 하는 경우 상사와 받을 사람과의 친분 관계를 고려하여 상대가 부담을 갖지 않는 범위 내에서 필요한 물품이 무엇인지를 파악하여 상황에 적절한 물품을 선택하여 보내도록 한다.

먼 거리에 있는 장소에 부조를 전달해야 할 때에는 축문이나 조문과 함께 우편 경조환을 신청하면 상대방이 우체국에 나가는 번거로움 없이 현금으로 직접 전달받을 수 있다.

비서의 환경 관리

비서는 아침에 출근과 동시에 상사의 집무실 환경을 점검하고 필요한 비품을 준비한다. 매일 반복되는 일상이지만 하루도 소홀히 할 수 없는 업무 중 하나가 바로 환경 관리이다. 비서는 자신의 업무공간뿐 아니라, 상사의 집무실, 회의실, 그리고 탕비실에 이르기까지 관련된 공간을 항상 깨끗하고 정돈된 상태로 유지하도록 한다.

사례

난초蘭草가 죽어가요……

제가 신경을 좀 안 썼더니 난초가 말라 죽어가고 있어요. 오늘 물 주려고 옮기는데 잎 끝이 노랗게 타고 있는거에요. 아마도 이렇게 된 이유는 따로 있는 것 같습니다. 요전에 제가 난에 영양을 준다고 영양제를 샀답니다. 그리고 영양제 튜브 꼭지를 잘라서 난 화분에 거꾸로 꽂아 한 번에 영양제를 모두 주입했습니다. 전 아주 제가 대견스러웠습니다. 잘 들어가지도 않는 영양제를 있는 힘 없는 힘 다해서 쥐고 짜고 해서 겨우 성공했거든요. 난 한 개도 아닌 다섯 개 모두에게…….

저는 자랑스럽게 사내 여직원에게 저의 성공담을 얘기했죠. 근데 이게 왠일? 영양제는 그냥 화분에 꽂아 놓고 몇 달씩 가는 거라네요. 정말 난감했습니다. 비서 시작한지 얼마 되지 않아 벌어진 일. 그 때부터 난이 죽어가고 있었던 것 같아요.

하지만 전 신경 쓰지 않았답니다. 겉으로 보기에 아주 싱싱했으니깐. 그런데 오늘 아침 보니 이게 왠 일? 죽어가고 있는 가엾은 난들. 그래서 과감히 잎들을 싹둑싹둑 잘랐습니다. 그런데 이 방법이 맞는 방법인지 모르겠네요. 답변 부탁드립니다.

☞ 유의점: 위의 사례는 비서들의 커뮤니티에 올라온 내용을 옮겨 적은 사례입니다. 비서 업무의 시작은 난초에 물주는 일부터라고 하더군요. 대부분의 상사 집무실이나 접견실에 있는 동양난 화분들. 작은 일이지만 비서의 정성이 드러나는 일이죠. 비서란 이처럼 업무의 영역이 매우 다양합니다. 그래서 알아야 할 것도 정말 많습니다.

다음은 비서의 상사 출근 전 사무실 점검 사항을 정리한 것이다.

- 환기, 조명, 온도, 습도 조절
- 책상 및 테이블, 의자 정리

- 펜, 메모지, 명함 등 문구류 정리
- 세면장의 수건, 휴지, 비누 등 비품 점검
- 꽃이나 화분 상태 점검 및 필요시 물주기
- 시계, 달력, 신문이나 잡지 점검 등

업무공간 관리

▌ 상사 집무실

상사 집무실은 비서가 관리해야 할 가장 중요한 공간으로서 깨끗이 정리, 정돈하여 상사가 자신의 역량을 최대한 발휘할 수 있도록 한다. 비서는 다음과 같은 체크리스트를 만들어 평소에 점검하는 습관을 들이도록 한다.

- 책상의 비품, 의자, 소파, 소파등받이, 커튼이나 블라인드의 청결상태
- 꽃이나 화분의 신선한 상태
- 조명 체크^{어둡거나 깜박이면 교체}
- 휴지통의 청결 여부
- 시계나 달력이 정확한지 점검
- 전화기의 이상유무 확인
- 액자가 바르게 걸려있는지 점검
- 사무기기의 이상유무 확인
- 문구류^{펜, 메모지, 공책 등} 점검
- 가습기, 오디오 등의 가전기구 점검
- 책꽂이의 정리 점검
- 퇴근 시에는 전기코드 및 스위치 확인

▌ 비서실

비서실의 관리에서 중요한 점은 청결과 보안이다. 비서실은 내방객들에게는 회사에 대한 이미지를 가장 먼저 결정하는 장소이고, 가장 눈여겨 보는

곳이기도 하다. 정돈된 모습과 사무적인 모습을 동시에 지닐 수 있도록 관리해야한다. 그리고 많은 내방객이 출입하는 공간이므로 컴퓨터 모니터, 책상 위, 파일 캐비넷 등이 외부에 노출되지 않도록 해야 한다.

▌접견실

비서는 접견실을 항상 청결히 관리하여야 한다. 응접세트의 커버나 테이블보를 사용할 경우 청결한 상태를 유지하도록 한다. 신문 및 잡지 등을 최근호로 구비하고 손님이 다녀간 후에는 즉시 정리정돈한다.

| 정리된 접견실

▌탕비실

탕비실은 차와 간단한 다과를 준비하는 곳이므로 항상 깨끗이 한다. 다양한 차커피, 녹차 등를 구비해 두고 찻잔도 여유있게 준비한다. 찻잔은 차의 종류에 따라 구비해야 하며, 찻잔의 청결과 파손에 유의한다. 특히 개수대에 컵을 쌓아두지 않도록 한다.

| 탕비실

🧑 사무기구 및 비품 관리

▌사무용 책상

인체공학적 측면과 첨단사무환경에 적합한 형태로 설계된 책상을 사용해야 업무능률이 높을 뿐 아니라 장시간의 작업에도 피로를 최소화 할 수 있다. 책상 배치시 비서와 상사는 마주 보지 않게 배치하고 비서의 책상은 비서실 입구 근처에 두어 출입자 확인이 가능하도록 한다.

책상 위는 다음 사항에 유의해서 정리한다.
- 전화는 책상 왼쪽에 놓아 전화응대시 왼손으로 받고 오른손은 메모를 할 수 있게 한다.
- 책상위는 정리해서 넓게 사용한다.
- 퇴근할 때는 책상위를 정리하는 습관을 갖는다.
- 공적인 물건과 사적인 물건을 구별하여 둔다.
- 파일, 노트 등에는 제목을 적어 둔다.
- 서랍속에 넣어둔 물품들을 종류별, 목적별로 구분하고 보관위치를 업무대장에 기입하는 것이 좋다.
- 자주 사용하는 물건일수록 가까이 둔다.
- 책이나 서류를 높게 쌓아 두지 않는다.
- 문구용품은 사적으로 사용하지 않는다.
- 중요한 서류는 시건 장치가 있는 서류함에 보관하고 열쇠 또는 비밀번호를 잘 관리한다.
- 자기 취미로 너무 여러가지 꾸미지 않는다. 사무공간임을 잊지 않도록 한다.

▌의자

의자는 형태에 따라 피로도에 영향을 주므로 잘 선택한다. 높이는 발이 바닥에 닿을 정도로 하고, 등을 기대는 각도는 거의 직각에 가까운 것이 좋다.

회전부분에는 일정기간마다 손질하여 소음이 나지 않도록 한다.

▌ 파일 캐비넷

서류는 파일링 시스템에 의해 관리되어 빠른 시간에 문서를 찾을 수 있도록 정리하여야 한다. 잘 관리된 파일 캐비넷은 쾌적한 사무환경을 만드는데 많은 도움을 준다.

▌ 사무용품 및 기타 비품

사무용품은 항상 떨어지기 전에 구매신청을 하여 구비해 놓고, 업무에 익숙해지면 주기적인 주문을 통해 조달업무를 효율화한다.

사무용품은 종류별, 사용 빈도별로 구분하여 지정된 위치에 수납한 후 서랍번호를 붙이고 사용대장을 비치한다.

기타 사무용 기기 및 비품 관리시 유의할 점을 살펴보면 다음과 같다.

❶ 기구나 비품들은 구입한 날짜와 수리 내역을 알 수 있도록 기록해
   둔다.
❷ 기구나 부품이 더러워지거나 고장이 나면 즉시 관계 부서에 연락하여
   수리 또는 교환하여야 한다.
❸ 캐비닛이나 파일 보관실, 사무실의 열쇠를 철저히 관리하여 도난이나
   분실에 주의한다.
❹ 화재 예방에 유의하고 소화기나 비상 전화의 취급 방법, 비상구 등을
   표시해 두고 비상시에 휴대할 서류를 정해 두어야 한다.

01 상사 지인이 부친상을 당했다는 소식을 들었다. 이와 관련하여 비서가 처리해야 할 업무내용과 순서를 적어보자.

02 국가별, 종교별로 금기시되는 선물품목이 있다. 이들을 찾아 정리해 보자.

03 우리 회사를 방문한 외국인에게 줄 선물을 준비할 때 고려해야 할 점은 무엇인가?

04 친구의 졸업을 축하하는 전보를 보내보자.

05 비서로 근무하는 주변의 지인이나 선배의 사무실을 방문하여 비서실의 구조와 사무환경을 살펴보고 장·단점을 분석해보자.

SECRETARIAL
PROCEDURES
비서실무의 5판
이해

SECRETARIAL
PROCEDURES

비서실무의 5판
이해

CHAPTER 08

정보 수집 및
관리 업무

CHAPTER 08

정보 수집 및
관리 업무

정보관리 업무

정보기술 환경의 변화

비서의 근무환경이 IT^{information technology} 기술과 정보통신 기기의 발달로 인해 급속하게 변하고 있다. 비서직의 주된 정보 취득원이 컴퓨터 기반이었다면, 이제는 다양한 스마트기기를 활용하여 실시간으로 엄청난 양의 정보를 취득할

| 스마트시대의 패러다임

수 있게 되었다. 스마트시대로 불리는 현재는 웹을 기반으로 했던 시대를 지나 소셜미디어와 모바일미디어가 주류를 이루는 새로운 시대로 변화하고 있다.

　기업의 정보이용 방식도 크게 변하고 있다. 컴퓨터를 활용하여 전사적 시스템을 구축하고 내부 그룹웨어를 활용, 결재방식을 개선하여 종이없는 paperless 사무실을 구축하던 하드웨어적인 혁신에 그치지 않고, 전산망을 기반으로 한 정보공유, 지식공유 등의 정보 공유 방식을 통하여 정보활용을 극대화 하고 있다.

▌ 비서의 정보기술 능력

　비서는 상사의 정보관리자로서 상사의 의사결정을 지원할 수 있는 정보를 수집, 가공, 전송, 보관 등의 업무를 수행한다. 비서의 능력에 따라 정보관리업무의 수준에는 차이가 있지만 기본적으로 상사에게 전달되는 정보는 비서의 손에 의해 가공되고 정리된다. 이에 따라 비서에게 필요한 기본적인 정보 관련 능력을 살펴보면 다음과 같다.

- 상사가 필요로 하는 정보 뿐 아니라 상사에게 필요한 정보를 파악할 수 있어야 한다.
- 필요한 정보를 어디에서 얻을 수 있는지 알아야 한다.
- 필요한 정보를 취사 · 선택할 수 있어야 한다.
- 사내의 정보 흐름을 파악하고 있어야 한다.
- 컴퓨터, 통신기기 등 정보 관련 기기를 능숙하게 사용할 수 있어야 한다.
- 수집한 정보를 가독성 있는 문서로 작성할 수 있어야한다.
- 능률적인 정보관리 시스템을 유지할 수 있어야 한다.
- 정보 보안의식을 가지고 데이터를 보호할 수 있어야 한다.

　특히 경영진들은 의사결정 업무의 부담이 지속적으로 증대하고 있기 때문에 이들의 정보 요구를 보좌해 줄 수 있는 정보 비서에 대한 요구가 나날이 증가하고 있다. 시대의 변화와 사무환경의 변화로 인해 비서의 정보관리 업무는 그 영역과 내용이 급격하게 변화하고 있다고 할 수 있으며 이에 대응하는 자세가 필요하다.

실제로 일부 기업에서는 스마트폰에 자체개발 어플리케이션을 다운로드하여 PC와 연동할 수 있도록 제공하고 있다. 이 프로그램을 이용하면 개인 스마트폰으로 사내 모든 직원의 전화번호 및 기본 정보를 검색할 수 있고, 이를 활용하여 상사의 전화업무를 수행할 수 있도록 되어 있다.

실제 많은 비서들이 업무에 스마트기기를 활용하고 있다. 따라서 스마트기기의 효율적 활용은 비서들의 업무능력을 높이는 데 중요한 요소가 되었다.

메모의 기술

복잡하고 바쁜 현대 사회를 살아가면서 메모는 꼭 필요한 작업이다. 기업의 CEO는 물론 직장인에게도 메모는 제 역할을 톡톡히 해낸다.

메모를 통해 얻을 수 있는 효과는 무엇일까. 메모를 하는 순간 더 이상 머릿속의 불완전한 기억에 의지하지 않아도 되고 필요할 때 언제든지 찾아볼 수 있다. 성공한 CEO 중에는 메모의 달인이 많다. CEO일수록 반드시 기억해야 할 일과 약속 등이 많아 메모의 중요성은 더 강조된다. 마케팅 종사자도 메모를 많이 활용한다. 고객을 잘 기억하고 특성에 맞게 체계적인 마케팅을 하려면 세심한 메모는 필수다.

또한 메모는 제2의 두뇌역할을 하기 때문에 메모를 하고 나면 복잡한 머리를 비울 수 있다. 간단하게 적는 메모만으로도 편안함과 해방감을 느끼게 되는 것. 메모를 하지 않는다면 몇주 뒤에 있을 중요한 약속을 계속 기억해야 하고 '혹여 약속한 일을 잊어버리면 어떻게 하나' 불안해진다.

이렇듯 여러가지 장점을 가진 메모를 습관화할 수 있는 방법은 IT기술과의 융합이다. 메모와 IT기술을 융합하면 내게 맞는 메모의 기술을 효과적으로 습관화할 수 있다. 스마트폰 일정관리프로그램과 알람 기능을 사용하면 편리하게 중요한 약속 등을 관리할 수 있다. 순간적으로 떠오르는 아이디어는 스마트폰 등 IT기술을 이용해 적되 일주일에 한 번씩 수첩에 다시 정리하는 시간을 갖자. 급하게 적느라 두서없던 생각이 정리되고 더 큰 그림도 볼 수 있다.

필기하기가 어려운 장소에서는 녹음기능을 활용해 메모를 하자. 예컨대 '에버노트' 앱을 이용하면 사진파일을 메모장에 함께 저장할 수 있고 오래된 메모도 검색기능으로 쉽게 확인할 수 있다.

N코드가 코팅된 종이에 스마트펜으로 필기를 하면 종이 위에 적힌 메모가 스마트폰에 그대로 전달된다. 필기를 자주하는 사람에게 유용하며 아날로그와 디지털의 절묘한 조화를 느낄 수 있다. 특히 스마트폰의 일정관리와 에버노트, 스마트펜 등은 각각으로도 훌륭한 메모 도구지만 이들을 접목해 사용하면 서로의 장단점이 보완돼 시너지 효과를 기대할 수 있다.

메모란 내 삶의 '순간의 기록'이며 생각의 씨앗들을 무럭무럭 자라게 하는 수단이다. 자신에게 맞는 메모 방식을 습관화해 작게는 업무효율 개선부터 크게는 창의적인 아이디어를 기록하고 인생의 로드맵을 실행하는 수단으로 삼자. 메모가 당신을 성공으로 이끌 것이다.

출처: 〈머니위크〉 제433호

비서의 정보 수집 및 명함 관리

비서는 조직 내·외에서 상사 및 조직에 필요한 정보를 검색하고 활용할
수 있는 능력이 있어야 한다. 인터넷, 신문, 정기·부정기 간행물, 전문서적,
강연회 및 세미나 등의 보고서, 조사기관이나 통계기관에서 발행하는 각종
자료 뿐 아니라 사내의 영업보고서, 회의록, 홍보자료, 사보 등을 통해 상사
에게 필요한 정보를 수집할 수 있다. 수집된 정보는 스마트기기를 이용하여
즉시 가공·전달도 가능하다.

비서들이 손쉽게 그리고 가장 정확하게 정보를 수집하는 방법 중 하나가 뉴
스를 통한 정보수집이다. 그 중에서도 신문은 경영자들이 가장 신뢰하고 많이
활용하는 정보원이다. 인터넷을 통해 신문 스크랩을 할 수 있는 다양한 컴퓨
터 프로그램들이 나와 있다. 이런 프로그램들을 활용하여 신문 스크랩을 하는
비서도 많지만 아직까지도 전통적인 스크랩 방식을 이용하는 비서도 많다.

▍신문 스크랩하기

사무실의 환경에 따라 혹은 상사의 기호에 따라 신문 원본을
선호하는 경우에는 바인더 등을 이용하여 스크랩을 할 수 있다.
신문기사를 스크랩할 때는 주제별로 구분해서 자료를 정리해두
면 검색이 용이하다. 또한 기사의 내용에는 반드시 출처정보원와
날짜정보가 포함되어야 한다.

▍인터넷을 통한 신문 기사검색

근래에는 많은 사무실에서 인터넷 포탈 사이트를 이용하여
신문 기사를 검색한다. 개별 신문사의 기사를 정리하는 전통
스크랩과는 달리 인터넷 기사 검색을 통해서는 하나의 사건에
대한 다양한 관점의 기사를 수집·정리할 수 있다는 점에서 편
향되지 않는 시각을 유지하거나, 다양한 시각을 확인해야할 경
우 편리하게 사용할 수 있다. 검색의 옵션 기능을 활용하면 기

자명 및 제목으로 검색하거나, 지면기사와 보도자료, 포토자료 등을 구분하여 검색이 가능하다. 언론사를 선택할 수도 있으며 기간을 설정하여 검색할 수도 있다.

▮ 뉴스 클리핑

로그인을 통해 주제어, 키워드를 설정하면 자동으로 관련 기사를 이메일로 전송해 주는 서비스를 활용하면 회사 관련 뉴스를 매일 이메일로 배달을 받아 정리할 수 있다. 그리고 원하는 신문기사의 원본과 같은 형태의 기사가 필요할 경우 각 언론사가 제공하는 신문지면 PDF 서비스를 활용하면 구독하지 않는 신문기사도 원형 그대로의 형태로 스크랩 할 수 있다.

최근에는 정보통신기술을 활용하여 기업의 관심분야에 대한 주요 키워드 및 스크랩 범위를 설정한 후, 관련 뉴스를 기업에 제공하는 뉴스 클리핑 전문업체가 많다. 뉴스 클리핑 업체와 계약을 맺은 기업은 지정된 시간별로 (예: 15분에 한 번씩, 한 시간에 한 번씩 등) 관심 분야에 대해(예: 관심 키워드 3개 설정, 10개 설정 등) 정리된 내용을 제공 받을 수 있다. 이를 통해 업계동향 파악이 실시간으로 가능할 뿐 아니라 회사 오보기사에 빠르게 대응할 수 있다.

클리핑 서비스 IT용어사전
고객 대신 신문 등의 정보를 읽은 후 고객이 원하는 정보만을 선별해서 보내 주는 서비스이다. 이용자는 원하는 정보의 키워드나 채널을 미리 등록해 둠으로써 정기적으로 필요한 정보를 수신할 수 있다.

사례

어느날 갑자기 상사가 ○○○ 사장한테 전화해서 일정 좀 파악하라고 하신다. '잘 모르는 분이라 전화번호를 모르는데요'라고 대답한다면······

비서는 상사의 공적으로 혹은 사적으로 관련되어 있는 인사에 대한 정보를 신문, 인터넷이나 개인적인 네트워크 등을 통해 얻도록 한다. 항상 가장 최근의 정확한 정보를 가지고 있도록 업데이트하고 컴퓨터를 이용하여 정리해 두면 필요할 때 요긴하게 사용할 수 있다.

상사와 관련 있는 중요한 인물에 대해서는 되도록 자세한 정보를 갖고 있도록 한다. 예를 성명, 회사명, 직위, 회사와 자택 주소, 학력, 전화번호 등 기본적인 내용 뿐 아니라 생년월일, 상사와의 관계, 가족 사항, 고향, 취미, 좋아하는 운동, 좋아하는 음식의 종류, 소속 단체, 대외 활동 등 수집 가능한 모든 자료를 정리해 두도록 한다. 상사가 비즈니스로 중요한 손님 식사 대접을 하고자 할 때 손님이 좋아하는 음식이나 자주 가는 음식점을 알아 둔다면 상사 비즈니스에 도움이 될 수 있다. 물론 이런 정보가 외부에 노출되지 않도록 한다.

외부 인사뿐만 아니라 회사 내의 인사, 즉 상사의 윗사람, 동료, 부하 직원 등도 포함시켜 그들의 생일 등의 기념일, 기타 주요 사항 등을 파악해 두어 상사가 필요할 때 인사를 할 수 있도록 보좌한다. 직원 생일이나 기타 기념일에 상사로부터 받은 카드나 꽃은 작은 감동을 줄 수 있다.

상사와 거래 관계가 많은 국내 · 외 기업 및 공공조직에 대한 자료도 일목 요연하게 볼 수 있도록 카드 형태로 정리해 두는 것이 좋으며, 바이어나 상담 차 방문한 고객들에 대하여 거래 실적이나 상담 기록부 등을 남겨두면 필요할 때 많은 도움이 된다.

비서에게 필요한 자질 중의 하나가 솔선수범initiative이다. 상사가 지시하는 일만 하는 비서가 아니라 상사의 업무에 도움이 될 수 있는 것들을 스스로 찾아서 하는 비서가 진정한 비서이다. 따라서 신문을 읽을 때도, 뉴스를 들을 때도 또는 거래처 사람과 만났을 때도 상사, 또는 업무와 관련 있는 내용을 알게 된다면 내용을 정리해 추후 필요할 경우 업무에 활용하는 자세가 필요하다.

▌ 명함 관리

비서는 필요한 명함의 정보를 정확하고 신속하게 찾아 업무에 활용할 수 있어야 한다. 이를 위해 명함 정리 뿐 아니라 명함 데이터베이스 구축을 해 두는 것이 좋다. 명함 데이터베이스 관리란 명함에 있는 정보를 컴퓨터 프로그램에 입력하여 수정 · 갱신 및 각종 업무에 활용하는 방법이다. 컴퓨터 명함 관리 프로그램의 장점은 정보의 갱신이 쉽고 검색이 가능하며, 다른 프로그램과도 연계되므로 메일 머지(mail merge)나 라벨 출력이 가능하다는 것이다. 또 필요한 내용만 출력해서 관리할 수 있는 것도 장점이다.

사업 관계의 기본이며 중요한 명함의 정보를 데이터베이스화하는 데는 어떤 컴퓨터 프로그램을 선택하든지 입력되어야 할 항목을 잘 만드는 것이 중요하다. 반드시 들어가야 할 항목으로는 이름, 회사명, 전화번호, 주소, 이메일 등이며 상사의 역할이나 지위에 따라서 데이터베이스 설계 시 항목을 추가하거나 삭제할 수 있다. 비서의 명함 데이터베이스 관리는 주로 엑셀과 액세스 프로그램을 활용하는 경우가 많다.

❶ 엑셀(Microsoft Excel)을 활용한 명함 관리

　마이크로소프트사의 엑셀 프로그램에 명함을 입력하여 데이터를 관리하는 방법이다. 엑셀의 각 셀에 명함의 인적 사항을 입력하고 성명이나 회사명을 기준으로 저장하여 사용한다. 연락처와 정보의 검색이 쉽고, 정보 수정이 수월하며 편지 병합 기능을 이용해 단체 이메일이나 안내장·연하장 발송, 편지 라벨 작업 등에 응용할 수 있다.

❷ 액세스(Microsoft Access)를 활용한 명함 관리

　마이크로소프트사의 액세스 프로그램에 명함을 입력하여 데이터를 관리하는 방법이다. 액세스의 연락처 파일에 명함의 인적 사항을 입력하고 다양한 분류 방법과 화면 보기 방법을 사용하여 비서 업무에 활용한다. 엑셀보다 다양한 데이터와 메모 등 필요한 내용을 추가하는 것이 수월한 반면, 데이터베이스를 활용하는 기술 습득이 어렵다는 단점이 있다. 엑셀로 변환하여 안내장, 편지 라벨 작업 등을 할 수 있다.

❸ 명함 스캐너를 활용한 명함 관리

　명함 스캐너를 이용하여 명함 이미지를 스캔하여 데이터베이스를 관리하는 방법이다.

🐾 자료의 제시

▌ 문서자료

　수집된 정보를 가장 일반적으로 제시하는 방식은 문서이다.　비서는 문서를 통하여 수집된 정보를 상사에게 전달하거나 사내 직원들에게 전달한다. 구체적인 문서의 작성법은 문서작성에서 다루므로 여기서는 문서자료를 효과적으로 제시하기 위해 확인해야 할 사항들을 살펴보고자 한다.

- 읽는 사람의 입장에서 작성된 문서인가?　상사의 입장에서 글자가 너무 크거나 작지 않은지, 선호하는 서술방식을 사용하였는지 등을 확인한다.

- 전달해야 할 정보가 모두 빠짐없이 포함이 되어 있는가? 중요한 정보가 누락된 문서는 문서로서의 가치를 잃는다. 수집한 정보가 모두 기재되어 있는지를 확인한다.

- 중요한 정보를 강조하였는가? 문서의 주제 및 표제를 선정하고 중요 부분을 강조하여 문서의 전달력을 높인다.

- 관련 자료를 적절하게 제시하였는가? 수치 제시가 많은 자료는 도표를 적절히 활용하여야 하며, 이해가 어려운 부분은 관련 이미지 자료나 인포그래픽infographics 자료를 활용하여 문서의 이해력을 높일 수 있다.

- 적합한 서체font와 색을 사용하였는가? 문서의 목적에 따라 그 문서에 맞는 몇가지 서체를 정하여 사용하며, 특별한 경우가 아니라면 색의 사용은 강조가필요한 한 두가지 경우에만 제한적으로 사용한다.

- 문서의 분량이 적절한가? 많은 정보를 전달하기 위하여 너무 긴 문서를 작성할 경우 문서 내용이 제대로 전달되지 않을 수 있다. 반면 분량이 너무적을 경우도 보유 정보에 대한 신뢰성을 확보하기 어렵다.

- 문서에 오류가 있지 않은가? 수치적인 오류, 첨부문서의 누락, 문법적 오류, 맞춤법 오기 등을 확인하고, 마지막으로는 논리적인 오류가 있는지를 반드시 확인하여 문서를 마무리한다.

▌그래프 자료

자료를 제시하는 방법 중 신문이나 보고서에서 가장 유용하게 사용되는 방법이 도표화이다. 그래프graph는 인간의 시각에 호소하여 많은 정보를 요약하여 보다 빠르게 의미를 전하는데 목적이 있는 것으로 기본적으로 데이터를 도형으로 나타내어 수량의 크기를 비교하거나, 변하는 상태를 알기 쉽게 표현한 그림을 말한다. 그래프는 복잡한 수치나 경향을 그림으로 나타내 많은 정보를 시각적으로 판단할 수 있다는 장점이 있다. 특히 최근에는 컴퓨터 프로그램을 이용하여 누구나 손쉽게 많은 양의 수치정보를 도표화할 수 있게 되었다. 많은 정보를 접하는 최고경영자에게 보다 빠르고 쉽게 기업의 상황을 전달할 수 있기 때문에 도표화는 앞으로도 사용이 늘어날 전망이다.

✿ 그래프 자료의 특징

- 복잡한 수치 데이터를 시각적으로 비교하여 이해할 수 있다.
- 데이터의 시계열적 경향과 추이를 파악할 수 있다.
- 한가지 현상에 대한 분석적 이해와 동시에 총괄적인 이해가 가능하다.
- 자료의 작성이 용이하다.
- 조직원에게 목표나 도달점을 쉽게 전달할 수 있다.

✿ 그래프 작성의 순서

❶ 그래프로 무엇을 나타내고 싶은지 그 목적을 명확히 한다.

❷ 제목은 그래프의 얼굴이므로 다음과 같은 점에 유의하여 결정한다.

- 간결하고 알기 쉽게 표현한다.
- 보는 사람의 흥미와 관심을 끌도록 한다.
- 제목만으로 내용을 알기 어려울 때는 부제를 단다.

❸ 목적에 맞고 상대방이 이해하기 쉬운 그래프를 선정한다.

❹ 목적에 관계되는 여러 가지 데이터를 모아 평균값, 편차, 비율 등을 계산한다.

❺ 그래프의 가로, 세로, 눈금폭, 최대값과 최소값, 선의 종류, 식별 방법 등을 정한다.

❻ 그래프를 작성한다.

❼ 가로축, 세로축의 설명범례, 단위, 작성날짜 및 작성자, 자료 출처, 필요한 의견 등을 적는다.

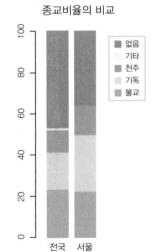

✿ 그래프 자료의 종류

❶ 막대 그래프

막대그래프는 양의 크기를 막대의 길이로 표현한 것으로서 수량의 상대적 크기를 비교할 때 주로 사용된다. 시간적인 변화를 나타내는 데는 적합하지 않지만 어느 특정 시점에서의 수량을 상호 비교하고자 할 경우에 사용하면 좋다.

막대그래프의 한 종류인 띠그래프는 원그래프와 원리는 같지만 전체를 가느다란 직사각형의 띠로 나타내고, 띠직사각형의 면적을 각 항목의 구성비율에 따라 구분한다. 이 그래프는 시간의 경과에 따른 구성비율의 변화를 쉽게 볼 수 있도록 해주는 그림이다.

❷ 꺾은선 그래프

꺾은선그래프는 가로축에 시간, 세로축에 수량을 잡고, 데이터를 차례로 타점하고 그것을 꺾은선으로 이은 것이다. 꺾은선그래프는 작성이 간단하고 한눈에 변화를 쉽게 알 수 있어 시계열적인 추세나 경향을 파악하는데 도움을 준다.

❸ 원그래프

원그래프는 원 전체를 100%로 보고 각 부분의 비율을 원의 부채꼴 면적으로 표현한 그림이다. 전체와 부분, 부분과 부분의 비율을 볼 때 사용한다. 원그래프를 만들 경우 항목은 일반적으로 시계방향에 따라 크기순으로 배열한다. 특정 생산품의 브랜드별 시장점유율이나 각종 구성비를 시각적으로 나타낼 때 유용하게 사용된다.

세계 디램(DRAM)시장 점유율

✣ 그래프자료의 해석

❶ 우선 전체를 본다. 꺾은선 그래프의 경우 기록이 점점 상승하는지 하강하는지, 어떤 특별한 경향이 있는지 살펴본다.

❷ 전체를 보는 동시에 그래프에 따라서는 개별적 모습도 살펴본다. 특별히 큰 것 또는 작은 것은 없는지, 차이는 어느 정도인지 확인한다.

❸ 데이터 상호간의 비율이나 관련성을 살펴본다.

❹ 작성된 그래프에 수치적 오류가 있는지를 점검한다.

▎ 프리젠테이션

현재 많은 기업에서 자료나 정보를 제시하고 상대방을 설득할 때 등 많은 경우에 프리젠테이션을 활발히 실시하고 있다. 특히 최고 경영층은 가장 많은 프리젠테이션에 노출이 되어 있으며, 때로는 직접 프리젠테이션을 해야 할 경우도 있다. 따라서 비서는 프리젠테이션 자료를 분석하고 작성할 수 있어야 있어야 한다.

✣ 프리젠테이션의 목적

• 청중의 무관심을 관심으로 전환하기 위해동기부여기능

• 모르는 것을 알게 하기 위해정보제공기능

• 청중으로 하여금 결심하게 하기 위해설득기능

• 행동으로 옮기게 하기 위해행동화기능

• 청중에게 즐거움을 주기 위해오락기능

✣ 프리젠테이션 자료 작성시 유의사항

• 여러 장의 자료를 준비할 때는 각 장마다 형식을 통일하는 것이 좋다.

• 각 장에 내용을 빽빽히 채우기 보다는 상하 좌우 여백을 둠으로써 보기에 부담이 없도록 한다.

• 글자체는 선명하게 보이는 글자체를 선택한다. 또 제목이나 강조할 내용은 글자를 크게 하거나 굵게 한다.

• 'One page One message'의 원칙하에 한 페이지에 다양한 내용을 넣지

않도록 한다.

• 숫자는 그래프화하는 것이 효율적이며 문장은 요약, 단문화시키는 것이 좋다.

✤ 효과적인 프리젠테이션

상사의 효과적인 프리젠테이션을 위해 비서가 유의해서 준비할 사항은 다음과 같다.

• 정보와 관련 그림 등의 자료를 준비할 충분한 시간은 갖는다.

• 상사가 리허설 한 시간을 마련한다. 충분한 자료에 대한 이해를 통해 청중들의 보다 많은 동의와 토론거리를 제공할 수 있다.

• 발표하려는 주제에 대하여 발표 전에 미리 청중들과 의논할 기회를 마련한다. 미리 청중들의 문제점과 관심사에 부응하면 효과적인 프리젠테이션이 될 수 있다.

• 가능한 많은 자료와 정보를 다양한 방법으로 제시할 수 있도록 자료를 준비하여 어떠한 논쟁이 있어도 객관적인 사실과 자료를 바탕으로 상사가 자신의 논조를 지킬 수 있도록 한다.

• 프리젠테이션 전에 청중의 무엇을 바꾸려는가를 숙지하여 목표를 분명하게 나타낼 수 있도록 한다.

• 청중들에게 나올 수 있는 반대 의견에 대한 대안과 제안을 준비해둔다.

• 상사가 발표를 독점하지 않고 청중과의 상호의견 교류를 통해 보다 효과적인 결과를 유도할 수 있도록 한다.

• 필요한 부분을 찾기 위해 발표종이를 뒤적거리는 일을 없도록 사전 준비에 만전을 기한다.

• 기술적인 면에서는 다음 사항에 유의한다.

  · 유창하게 발음할 수 있도록 연습한다. '음', '아' 그리고 등의 상투적인 표현을 자제한다.

  · 필요없는 흥분과 당황을 자제하고 항상 느긋하고 명료하게 말한다.

  · 언어적 표현 뿐만 아니라 비언어적 표현과 색상 등도 발표에 사용한다. 단, 지나친 제스처는 방해가 되기도 한다.

정보의 보안

기밀 정보의 보안

중요한 정보를 접할 기회가 많은 비서는 정보, 특히 비밀 정보의 보안에 유의하여야 한다. 기밀 정보에 대한 무관심이나 무지로 기밀을 누설할 경우 회사에 중대한 손실을 끼칠 수 있음을 인식해야 한다.

다음은 기밀 정보의 누출 방지를 위해 비서가 평소 유의해야 할 점이다.

- 항상 보안의식을 갖도록 한다.
- 중요한 서류나 메모의 원본 또는 사본은 문서 세단기를 이용하여 파기한다. 문서 세단기가 없는 경우는 여러번 찢어서 버린다.
- 회사내 친한 동료나 다른 부서의 사람들에게 기밀을 말하지 않는다.
- 회사 내부에서 이루어진 결정 사항도 공식화되기 전에 먼저 발설하지 않도록 한다. 예를 들어 기업 합병 논의가 극비리에 이루어져 공식적인 발표만 남아 있는 상황이라도 동료와의 대화 중 누설하지 않도록 한다.
- 기밀문서나 대외비 문서의 취급 규정을 준수한다.
- 이면지를 이용할 경우 이면지에 있는 내용을 확인한 후 사용하도록 한다.
- 컴퓨터 화면에 중요한 내용이 있는 상태에서 자리를 비우지 않도록 한다.
- 서류함, 컴퓨터 등의 보안을 철저히 한다.
- 중요한 서류는 회사 밖으로 가지고 나가지 않도록 한다.
- 회사 밖에서 회사나 상사와 관련된 이야기를 큰 소리로 하지 않는다.
- 외부 사람이 회사나 상사의 근황에 대해 필요 이상으로 자세히 물을 때는 주의한다.

개인 소셜미디어 활용에 따른 정보 보안

2000년대 초, 기업에 대한 안티 사이트의 개설에 대응하기 위한 담당 홍보조직을 구성하여 운영하던 기업들이 이제는 기업 블로그, 페이스북, 유튜브 등의 SNS를 활용하여 기업을 홍보하기 시작하였다. 나이가 개별 기업뿐만 아니라 그룹차원에서도 자체적인 프로그램과 컨텐츠를 SNS를 통하여 제공하기 시작하였다. 2010년도 이후로는 기업들이 '전 사원의 소셜화'를 표방하며 SNS를 '관리'의 대상이 아닌 '참여'의 대상으로 인식을 전환하면서 임직원을 대상으로 교육을 확대하고 SNS 가이드라인을 제공하고 있다. 이미 알려진 많은 기업의 CEO가 SNS를 통하여 기업내·외와 소통을 하고 있으며 효과적으로 활용한 사례도 다수 볼 수 있다. 이러한 변화에 따라 비서직은 스마트 기기의 활용, 기업 혹은 상사의 소셜미디어 관리 등의 업무가 추가되는 상황이다.

그러나 소셜미디어의 활용은 정보보안을 업무의 기본으로 삼는 비서직에게는 때로는 문제를 야기할 수 있다. 많은 비서직 지원자들이 개인 소셜미디어를 운영하다 비서가 되면서 제약을 받게 되는 것도 같은 맥락이라 할 수 있다. 특히 최근에는 대부분의 사람들이 개인 소셜미디어를 한 개 이상 운영하면서 기업 정보가 외부로 유출되는 경우가 증가하고 있다. 이런 문제로 인하여 일부 기업에서는 직원들에게 소셜미디어 지침을 만들어 운영하고 있다. 이는 개인의 정보 공유가 기업에 미치는 영향을 고려하여 조직의 일원으로서 소셜미디어에 임하는 원칙을 제공하는 것으로써 무엇보다 기밀을 지켜야 할 비서직에게는 시사하는 바가 크다.

○○사 직원을 위한 소셜미디어 지침 사례

- ○○사의 행동가이드라인을 따르십시오.
- 직원은 개인적으로 퍼블리싱한 미디어에 책임을 집니다.
- 자신이 생성한 콘텐츠는 자신에게 귀속됨으로 자신의 사생활을 스스로 보호하세요.
- ○○사에 대해서 이야기할 때는 자신의 이름, 직책을 명확히 밝히세요. 그리고 자신이 ○○사를 공식으로 대변하는 것이 아니라, 자신의 의견임을 분명히 해주세요.
- ○○사와 연관된 주제에 대해 개인적으로 쓸 경우에는 면책조항을 반영해 주세요.
  (*면책조항 이 글은 본인 개인의 소유이며, ○○사의 입장, 전략을 대변하지 않음)
- ○○사나 다른 사람의 중요정보나 자산을 노출하지 마십시오. 필요시 내부승인을 요청하세요.

▌ 정보 보호 방법

✿ 컴퓨터 바이러스

바이러스는 주로 정보의 교환 과정에서 발생하는데 이를 방지하기 위해서는 백신 프로그램을 항상 업데이트 해야 하며 주기적인 검사가 이루어지도록 시스템화 해 두는 것이 좋다. 회사에서 정한 백신 프로그램을 기본적으로 활용하며, 없을 경우는 개인적으로 백신프로그램을 다운받아 활용한다. 일반적으로 바이러스는 메일 확인 과정에서 감염되는 경우가 많으므로 메일을 확인할 때 각별한 주의가 필요하다.

✿ 데이터 보호방법

개인 정보를 보호하기 위해서는 USB나 하드디스크 등이 물리적 손상을 입지 않도록 주의하고 비밀번호를 주기적으로 변경하는 등의 노력이 필요하다. 다음은 보안을 위한 체크리스트이다.

- 주기적으로 주요 데이터를 백업해둔다.
- 로그인 암호를 설정하여 관리한다.
- USB 관리법을 숙지하고 관리한다.
- 갑작스런 정전으로 정보손실을 박을 수 있도록 비상전원공급장치를 마련한다.
- 전압장애 등으로부터 컴퓨터를 보호하기 위해 멀티탭 등의 사용에 주의한다.
- 컴퓨터 잠금장치와 같은 도난방지용 장치를 활용한다.
- 비밀번호는 주기적으로 변경하여 관리한다.

익힘문제

Q1 프리젠테이션의 목적에는 어떤 것이 있는가?

Q2 관심있는 10개 기업의 CEO 프로필 자료를 검색해 정리해 둔다.

Q3 인포그래픽이 무엇인지 정의를 내려보고 다양한 인포그래픽 자료를 제시해 보자.

Q4 관심있는 분야의 주요 5개기업 매출현황을 조사하여 시장점유율^{market} ^{share}을 원그래프로 표시해 보자.

Q5 최근의 주요 이슈가 되는 주제 3가지를 검색하여 관련된 뉴스 기사를 주요 언론사별로 정리해 보자.

SECRETARIAL
PROCEDURES

비서실무의 5판
이해

CHAPTER

09

문서 관리

CHAPTER
09

문서관리

문서작성

 ### 문서의 의의

▌문서의 정의

정보는 유·무형의 각종 매체를 통하여 여러 가지 방법으로 전달·보존된다. 그러나 구두로 전달되는 정보는 왜곡될 수도 있고, 인간의 기억력의 한계 때문에 불완전할 뿐아니라 증거도 남지 않게 된다. 따라서 정보를 기록이라는 형태로 전달하고 보존해야 할 필요가 생긴다. 이렇게 용지에 기록한 정보를 문서document라 한다.

여기에서 문서란, 문자나 기호 등으로 인간의 의사 또는 사물의 상태, 관계 또는 현상 등을 지면을 이용해 표시한 기록을 말한다. 그러나 광의廣義로 보면, 지면에 한하지 않고 계속해서 보존할 수 있는 물체, 즉 목판, 석재 등도 문서의 대상이 되며, 문자 이외의 암호, 그림, 사진, 지도, 음성, 영상자료 등도 이에 포함된다.

▌ 문서의 필요성

기업에서 정보전달의 대부분은 문서를 매개로 하여 이루어지며 문서는 경영활동을 보조·촉진시키는 역할을 한다. 특히 내용이 복잡하고 중요할수록 문서를 통해 업무처리가 이루어진다.

문서가 필요한 이유를 정리하면 다음과 같다.

❶ 복잡한 내용의 체계적인 정리
❷ 사무처리 결과의 증빙자료
❸ 사무처리의 형식상·체계상 필요
❹ 사무처리를 위한 의사소통
❺ 사무처리 결과의 보존 및 정보원으로 활용

사무처리를 위하여 문서가 반드시 필요하기는 하나 문서에 지나치게 의존하는 사무처리는 지양되어야 한다. 전달하고자 하는 내용이 간단한 경우에는 면대면 대화나 전화통화가 문서보다 훨씬 신속하고 효율적이다.

▌ 문서의 기능

문서는 조직의 의사 전달과 의사 보존이라는 두 가지의 기능을 함으로써 경영 관리의 수단이 된다. 의사 전달이란 업무 관계자간의 사무 활동 과정과 결과를 정확하게 전달하는 것을 의미하며, 의사 보존이란 조직의 의사결정을 증거 또는 자료로서 보존하고 이용하는 것을 말한다.

조직에서 주로 행해지는 의사 전달과 의사 보존의 구체적인 내용을 살펴보면 다음과 같다.

| 문서의 기능 |

의사 전달의 형태	의사 보존의 형태
① 작업을 명령하고 전달함	① 판정처리를 위한 기록
② 결정, 승인을 구함	② 역사적 사실 기록
③ 연락, 통지, 양해를 구함	③ 계산, 분석을 위한 수치, 기술을 선택, 정리
④ 계약을 체결	④ 계획, 실적, 경과를 나타내고 비교, 조회
⑤ 조사결과와 의견을 기록	⑤ 사내·외의 증거물건으로 활용
⑥ 어떤 사항의 요구와 의뢰를 함	⑥ 업무 사항을 분류, 구분

▌ 문서의 종류

❖ 작성주체에 의한 분류

❶ 공문서

공문서公文書는 일반적으로 행정기관 또는 공무원이 그 직무상 작성 또는 접수한 문서로, 행정기관 내부 또는 상호간이나 대외적으로 공무상 작성 또는 시행되는 문서 및 행정기관이 접수한 모든 문서를 말한다. 따라서 내용이 개인의 의사표시라도 문서의 작성 명의가 공무소公務所 또는 공무원일 때에 그 문서는 공문서라 할 수 있다.

공문서는 일반문서, 도면, 사진, 디스크, 테이프, 필름 및 슬라이드, 전자문서 등의 특수매체기록을 포함한다.

❷ 사문서

사문서私文書는 개인의 사적인 목적을 위하여 작성된 문서로 안내장, 소개장, 인사장, 추천장 등이 포함된다. 그러나 이러한 사문서도 각종 신청서와 함께 행정기관에 제출하여 접수되면 공문서가 된다. 공문서가 되면 공문서 규정에 따라 취급되며, 그 문서를 제출한 사람이 접수된 문서를 임의로 회수할 수 없다.

❖ 유통대상에 의한 분류

❶ 대내문서

대내문서對內文書는 사내문서社內文書라고도 하며, 조직 내부에서 지시, 명령, 보고, 협조 등을 위하여 생산·유통되는 문서를 의미한다. 대내문서의 종류에는 보고서, 품의서, 지시서, 협조전, 회보, 전언통신문, 인사발령문서, 장표 등이 있다. 대내문서는 형식이나 절차에 있어 대외문서에 비하여 덜 엄격하다.

❷ 대외문서

대외문서對外文書는 사외문서社外文書라고도 하는데, 일반인이나 외부기관 및 다른 행정기관과 수발하는 문서를 말한다. 대외문서의 종류에는 왕복문서, 주문서, 광고문서, 견적서 등의 전표, 거래관계의 계약서

등이 있다. 문서의 형식이나 내용 및 처리절차에 있어 대내문서 보다
더 많은 주의를 필요로 한다.

❸ 전자문서

컴퓨터나 정보처리 장치로 작성·송수신되거나 저장되는 문서로 전
산망을 통하여 시행·접수된다. E-mail이나 인터넷을 통한 기록물 및
전산망을 통하여 이루어지는 채팅^{chatting}의 내용도 전자문서에 포함된
다.

✤ 처리단계에 의한 분류

❶ 접수 문서

기관에서 접수한 문서를 말한다.

❷ 선람 문서

선결 문서라고도 하며, 공문이 시행되기 전에 미리 결재를 얻는 문
서를 말한다.

❸ 기안 문서

결재문서라고도 하며, 사전에 결재권자의 결재를 얻기 위하여 기안
서식에 따라 사무처리 초안을 기재한 문서이다.

❹ 시행 문서

발송 문서라고도 하며, 기안문서의 내용을 시행하기 위하여 규정된
서식에 의해 작성한 문서이다. 2003년 기안문과 시행문의 양식이 통합
되었다.

❺ 완결 문서

기안 후 결재를 거친 다음 시행목적에 따라 완결된 문서를 말한다.

❻ 보관 문서

처리가 끝난 완결문서로써 보관되어질 문서를 말한다.

❼ 보존 문서

자료로서의 가치가 있으므로 보존을 필요로 하는 문서이다.

❽ 폐기 문서

보존기간이 종료되어서 문서로서의 가치를 상실하여 폐기처분되어
야 하는 문서를 말한다.

█ 문서의 성립과 효력 발생

✤ 문서의 성립

문서의 성립시기는 다른 법령에 특별한 규정이 있는 경우를 제외하고
는 당해문서에 대한 최종결재권자의 서명에 의한 결재가 완료됨으로 성
립한다. 전자서명에 의한 전자결재도 이에 포함된다. 즉, 문서의 성립은 정
당한 권한이 있는 조직원이 직무의 범위내에서 공무상 작성하고 결재권
자의 결재가 있을 때 이루어진다.

✤ 효력 발생 시기

문서 효력 발생 시기를 정하는 원칙에는 표백주의, 발송주의, 도달주
의, 요지주의 등이 있으며, 우리나라에서는 도달주의를 채택하고 있다.
그러므로 공문서의 효력은 다른 법령에 특별한 규정이 없는 한 수신자에
게 도달되었을 때부터 발생하게 된다.

| 문서 효력 발생 시기별 원칙 |

표백주의	문서작성 완료 시점부터 효력발생
발송주의	시행문서 발송시점부터 효력발생
도달주의	시행문서가 수신자에게 도달되었을 때 효력발생
요지주의	시행문서가 수신자에게 도달된 후 수신자가 문서내용을 알게 된 시점부터 효력발생

❶ 일반문서

수신자에게 도달됨으로써 효력을 발생한다. 분쟁이 야기될 수 있는
문서는 수령증을 받아두거나, 등기우편, 배달 또는 내용증명 등 도달
을 증명할 수 있는 방법으로 발송하는 것이 좋다.

❷ 공고문서

고시 또는 공고가 있은 후 5일이 경과한 날부터 효력을 발생한다. 다만 효력 발생시기가 미리 규정되어 있거나 공고문서에 명시되어 있는 경우는 제외된다.

❸ 전자문서

수신자의 컴퓨터 파일에 기록되는 때부터 효력을 발생한다.

 ## 문서의 작성

▌문서 작성의 요건

'성공적인 문서작성'과 '실패한 문서작성'의 차이는 작성자의 생각이 얼마나 정확하게 전달되는가에 있다. 특히 사무문서는 상대방에게 정보를 전달하는 것을 목적으로 하며, 후일의 증거 자료로서의 가치를 지닌다. 그러므로 문서를 작성할 때에는 정확한 정보와 올바른 용어의 선택으로 상대방이 문서의 내용을 쉽게 이해하고 그에 따른 적절한 조치를 취할 수 있게 하는 것이 중요하다.

정확성, 용이성, 신속성, 경제성이 문서 작성시 고려해야 할 주요 요소이다.

✿ 정확성

정보전달을 목적으로 하는 문서는 정확하고 객관적인 표현과 문장으로 작성되어야 한다. 또한 사실이 왜곡되지 않도록 정확한 자료에 기초하고 6하원칙에 의거하여 작성한다.

✿ 용이성

문서 작성자의 의도를 수신자가 한번 읽어서 내용의 취지를 쉽게 이해할수록 작성하는 것이 중요하다. 따라서 문서 수신자의 이해력과 독해력 등을 고려하여 이해하기 쉽도록 작성한다. 이를 위해 표제를 붙이고, 항목 구분을 체계적으로 한다. 또한 '1문서 1건 주의'로 문서처리 및 관리를 용이하게 한다.

✤ 신속성

문서 작성 시에는 불필요한 수식어, 중복되는 부분이 없도록 간결하고 명확한 문장을 사용하고 지나치게 의례적인 표현은 피한다.

신속한 문서 작성 방법의 하나로 일상적이고 반복적으로 발생하는 문서의 경우 문안을 표준화하면 노력과 시간을 절약할 수 있다. 이를 위해서 상례문, 패러그래프 시스템paragraph system을 이용하여 워드 프로세싱하면 빠르게 작성할 수 있다.

✤ 경제성

문서 작성 비용을 최소화하여 사무비용을 절감한다.

▌문서 작성의 형식

용지의 규격과 재질, 서식을 표준화하여 사용한다.

✤ 용지의 기본 규격

특별한 형식의 문서를 제외하고는 용지의 기본 규격은 가로 210mm, 세로 297mmA4이다.

✤ 용지의 여백

문서 작성시의 기본 여백

- 위쪽 3cm
- 왼쪽 2cm
- 오른쪽 1.5cm
- 아래쪽 1.5cm

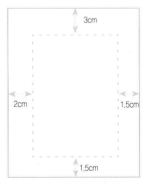

▌용지의 여백

✤ 용지 및 글자의 색채

용지는 흰색으로 하고, 글자는 검은색이나 푸른색을 원칙으로 한다. 다만, 도표의 작성이나, 수정, 주의환기 등의 특별한 표시를 할 때는 다른 색을 사용할 수 있다.

✤ 문서의 용어

❶ 글자 : 문서는 한글로 작성하되 가로로 쓴다.

❷ 숫자 : 문서에 사용하는 숫자는 아라비아 숫자를 사용하며, 천 단위마다 콤마(,)를 표시한다.

❸ 연호 : 서기 연호를 쓰되 "서기"는 표시하지 않는다.

❹ 날짜 : 숫자로 표기하되 연, 월, 일의 글자는 생략하고 그 자리에 온점(.)을 찍어 간략하게 표시한다.

- 2020년 3월 25일 → 2020. 3. 25.

❺ 시간 : 시간은 24시각제에 따라 숫자로 표기하되 시, 분의 글자는 생략하고 그 사이에 쌍점(:)을 찍어 구분한다.

- 오후 6시 30분 → 18:30

❻ 금액 : 문서나 유가증권 등에 금액을 표시할 때에는 숫자로 표기하고 그 옆에 괄호를 넣어 한글로 표기한다. 유의할 점은 원화를 나타내는 ₩기호와 숫자 사이, 또는 한글로 표기한 금액의 바로 뒤나 중간에 숫자나 글자를 삽입할 수 있는 공간을 두지 않는다.

- ₩235,434금이십삼만오천사백삼십사원

✤ 문서의 면표시

❶ 전후관계를 명백히 해야 할 필요가 있는 중요한 문서가 2장 이상으

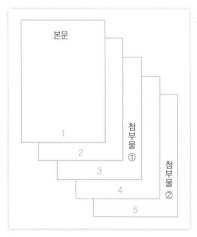

| 앞면만 있는 경우

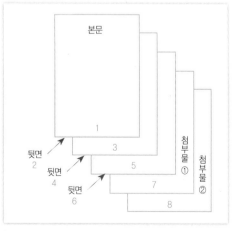

| 앞·뒷면이 모두 있는 경우

로 이루어진 때에는 문서의 하단 중앙에, 철 단위의 면표시는 우측 하단에 표시한다. 양면에 내용이 있는 문서는 양면 모두에 면표시를 한다.

❷ 첨부서류는 본 자료에 이어서 면표시를 한다.

❸ 면수는 표지와 색인목록을 제외한 본문부터 시작하여 면수를 표시하며 맨 윗장부터 아랫장으로 일련번호를 부여한다.

✿ 문서의 "끝" 표시

❶ 문서의 본문이 끝났을 경우 1자^{2타} 띄우고 "끝"자를 표시한다.

> 3. 앞으로 새로운 지점에서 전 직원 모두가 고객 여러분의 편의를 위하여 최선을 다할 것을 약속드립니다.(2타) 끝.

❷ 붙임이 있을 때 붙임의 표시 끝에 1자²타 띄우고 "끝" 표시를 한다.

> • 붙임과 같이 제품설명서를 동봉하니 참고 바랍니다.
> • 붙임(2타) 신제품 설명서 1부.(2타) 끝.

❸ 문서의 본문 내용이나 붙임의 표시물이 오른쪽 한계선에서 끝났을 경우에는 다음 줄의 왼쪽 기본선에서 1자²타 띄우고 "끝"자를 표시한다.

> 거래조건을 동봉하오니 받으시는 대로 회신 주시기 바랍니다.
> (2타) 끝.

❹ 서식^(연명부 등)을 작성할 경우

연명부의 기재사항이 서식의 중간에서 끝나는 경우에는 기재사항 마지막 자 다음줄에 '이하 빈칸' 표시를 한다.

품 명	수 량	단 가	공급가격
책상	3	207,000	621,000
의자	10	150,000	1,500,000
책장	2	506,000	1,012,000
		이하빈칸	

연명부의 기재사항이 서식의 마지막 칸까지 작성되는 경우에는 서식의 칸 밖의 왼쪽 기본선에서 1자^{2타}를 띄우고 '끝'자를 표시한다.

품 명	수 량	단 가	공급가격
책상	3	207,000	621,000
의자	10	150,000	1,500,000
책장	2	506,000	1,012,000

(2타) 끝.

 공문서

▌ 기안 문서

기안이란 조직의 의사를 결정하기 위하여 문안을 작성하는 것을 말하는 것으로 조직의 내부에서 비롯되는 경우와 외부로부터 받은 문서에 대해 행해지는 두 가지의 경우가 있다.

기안 문서의 구성요소와 요소별 작성방법은 다음과 같다.

두문	발신기관명, 수신자 (참조), 경유
본문	제목, 내용, 붙임
결문	발신명의 기안자, 검토자, 협조자, 결재권자의 직위/직급 및 서명 생산등록번호와 시행일자, 접수등록번호와 접수일자 발신기관의 우편번호, 주소, 홈페이지 주소 발신기관의 전화번호, 모사전송번호, 담당자의 이메일 주소, 공개여부

발 신 기 관 명

수신자 ×

(경유) ×

제 목 ×

―――――――――――――――――――――――――――――――――

×××1. ※ (본문내용) ○○○ _____

_____ ○.

×××가. ※ ○○○ _____ ○.

×××××1) ※ _____

_____ ○.

×××××2) ※ _____

_____ ○.

××××나. ※ ○○○ _____ ○.

×××2. ※ ○○○ _____.

붙임 ○○○ _____ ○부. ×끝.

발 신 명 의

수신자   ○,   ○.

――――――――――――――――――――――――――――――――――

기안자(직위/직급) 서명   검토자(직위/직급) 서명   결재권자(직위/직급) 서명
협조자(직위/직급) 서명
시행 처리과명-일련번호(시행일자)   접수 처리과명-일련번호(접수일자)
우 주소   / 홈페이지 주소
전화(   )   전송(   )   / 담당자 전자우편주소 / 공개구분

×는 2타(한글 1자), ※는 1타를 띄움

| 기안문 서식

한국자동차공업협동조합

수신자   수신자 참조(총무부)
(경 유)
제 목   제40회 정기총회 개최 안내

　　　1. 귀사의 무궁한 발전을 기원합니다.
　　　2. 제 40회 정기총회를 다음과 같이 개최하고자 하오니 조합원 대표께서는 바쁘시더라도 필히 참석하여 주시기 바랍니다. 부득이한 사정으로 참석하지 못할 경우에는 대리참석이 가능합니다. 또한 사전 자료 배포를 위하여 참석여부 확인이 필요하오니 본 공문을 받는 즉시 조합에 알려 주시기 바랍니다. 업체 대표 여러분의 참여를 부탁드립니다.

　　　　　　　　　다　　음
가. 총회일시 : 2020년 2월 26일(木) 10:00 - 14:30 (오찬 포함).
나. 장　　소 : 센트럴씨티호텔 25층 (체리홀 /☎6282-2000).
다. 회　　순 : 별첨 참조.
라. 기　　타
　　1) 대리인 참석 시 별첨 '위임장'을 총회 당일 접수창구에 제출 바람.
　　2) 정기총회 종료 후 오찬 및 기념품 제공함.
　　3) 총회 당일 행사 시작시간 20분전까지 착석 바람.
　　4) 참석여부 : 관리운영팀 장미선 대리(☎587-0014).

붙임 1. 정기총회 회순 1부.
　　　2. 위임장 1부.
　　　3. 회의장 약도 1부. 끝.

한국자동차공업협동조합 이사장

수신자 대림자동차, 한일모터스, 한라공조, 현대모비스, 대원산업, 동양기전, 평화산업.

담당 김영수　　　이사 이준근　　　　전무 이만철　　　　이사장 홍길동
협조 기획조사팀장 한갑수
시행 관리운영팀-14 (2020. 2. 10.)　　접수
우　131-032 서울 서초구 서초동 1638-3 / www.daps.org
전화 (02)777-0303 / 전송 (02)777-2425/ ysookim@naver.com / 공개

| 기안문의 예

✿ 두문

❶ 발신기관명 : 그 문서를 기안한 부서가 속한 행정기관명을 기재한다.

❷ 수신자 : 수신자명 또는 수신자 기호를 먼저 쓰고, 이어서 괄호( )
안에는 참조, 즉 처리할 자가 속한 보조기관을 쓴다. 수신기관이 두
군데 이상인 경우에는 수신자란에 '수신자 참조'라고 쓰고 발신명
의 아래에 수신처란을 따로 만들어서 수신자명 또는 수신자 기호를
표시한다.

❸ 경유 : 경유 기관이 있는 경우에는 "이 문서는 경유기관의 장은
000이고 최종 수신기관의 장은 000입니다."라고 기입하고 경유
기관의 장은 제목란에 "경우 문서의 이송"이라고 표시해 순차적
으로 이송해야 한다.

대한자동차공업협동조합

수신자   수신자 참조(총무부)
(경유)

| 두문의 예

❄ 본문

❶ 제목 : 제목은 문서의 내용을 이해하기 쉽게 간단 명료하게 붙이는 것이 좋다. 문서의 성격을 파악하기 쉽게 보고, 통지, 품의, 의뢰, 개최 등의 표현을 사용하는 것이 좋다.

❷ 내용 : 문서의 내용이 복잡하여 2개 이상의 항목으로 구분하여 작성할 필요가 있는 경우에는 반드시 항목을 구분하여 작성한다. 항목으로 구분된 문단의 문장이 2줄 이상일 때 첫째줄은 오른쪽 한계선까지 찍고 둘째 줄은 왼쪽 기본선에서 시작한다. 다만, 항목이 1개만 있는 경우에는 번호를 붙이지 않는다.

문서 작성시 첫째 항목은 제목 첫 글자와 같은 위치에서 시작하고, 그 다음 항목 부터는 앞 항목의 위치에서 1자^{2}타씩 띄어 오른쪽에서 시작한다.

> 수신 : 문화체육관광부 장관
> 참조 : 관광 과장
> 제목 : 도별 관광업소 실태 파악에 관한건
>   1. 첫째 항목 …
>   가. 둘째 항목 …
>   1) 셋째 항목 …
>   가) 넷째 항목 …
>   (1) 다섯째 항목 …
>   (가) 여섯째 항목 …
>   ① 일곱째 항목 …
>   ㉮ 여덟째 항목 …

❸ 붙임 : 붙임물의 명칭과 수량을 쓴다. 붙임이 두 가지 이상일 경우는 항목을 구분하여 표시한다.

제 목   제40회 정기총회 개최 안내

1. 귀사의 무궁한 발전을 기원합니다.

2. 제 40회 정기총회를 다음과 같이 개최하고자 하오니 조합원 대표께서는 바쁘시더라도 필히 참석하여 주시기 바랍니다. 부득이한 사정으로 참석하지 못할 경우에는 대리참석이 가능합니다. 또한 사전 자료 배포를 위하여 참석차 확인이 필요하오니 본 공문을 받는 즉시 조합에 미리 알려 주시기 바랍니다. 많은 업체 대표 여러분의 참여를 부탁드립니다.

다   음

가. 총회일시 : 2020년 2월 26일(木) 10:00 - 14:30 (오찬 포함).

나. 장   소 : 센트럴씨티호텔 25층 (체리홀 /☎6282-2000).

다. 회   순 : 별첨 참조.

라. 기   타

1) 대리인 참석시 별첨 '위임장'을 총회 당일 접수창구에 제출 바람.

2) 정기총회 종료 후 오찬 및 기념품 제공함.

3) 총회 당일 행사 시작시간 20분전까지 착석 바람.

4) 참석여부 : 관리운영팀 장미선 대리(☎587-0014).

붙임 1. 정기총회 회순 1부.

2. 위임장 1부.

3. 회의장 약도 1부. 끝.

| 본문의 예

❧ 결문

❶ 발신명의 : 행정기관 또는 행정기관의 장 명의를 기재하고, 보조기관 상호간에 발신하는 문서는 그 보조기관의 명의를 표시한다.

❷ 기안자, 검토자, 협조자, 결재권자의 직위/직급 : 각 해당자의 직위가 있는 경우에는 직위를 기재하고, 없는 경우에는 직급을 기재한다.

❸ 시행처리과명, 일련번호(시행일자), 접수처리과명, 일련번호(접수일자) : 처리과명을 기재하고 일련번호는 연도별 일련번호를 기재한다. 시행일자와 접수일자란에는 연월일을 온점(.)을 찍어 숫자로 기재한다.

❹ 우편번호 및 주소 : '우'라고 쓴 후 우편번호를 기재한 다음, 행정기관의 주소를 기재한다.

⑤ 홈페이지 주소 : 행정기관의 홈페이지 주소를 기재한다.

⑥ 전화 /전송 (　) :　전화번호와 모사 전송번호를 각각 기재하고 (　)안에
는 지역번호를 기재한다. 내부 문서인 경우에는 구내전화번호를 기
재한다.

⑦ 담당자 이메일주소 :　담당자의 이메일 주소를 기재한다.

⑧ 공개구분 : 공개, 부분공개, 비공개로 구분하여 표시한다.

한국자동차공업협동조합 이사장

수신자 대림자동차, 한일모터스, 한라공조, 현대모비스, 대원산업, 동양기전, 평화산업.

담당 김영수　　　　이사 이준근　　　　전무 이만철　　　　이사장 홍길동
협조 기획조사팀장 한갑수
시행 관리운영팀-14 (2020. 2. 10.)　　접수
우 131-032 서울 서초구 서초동 1638-3 / www.daps.org
전화 (02)777-0303 / 전송 (02)777-2425/ ysookim@naver.com / 공개

| 결문의 예

▌ 시행 문서

결재를 받은 문서 중 발신을 해야 할 문서에 대해 수신자별로 시행문을 작
성한다. 문서의 시행이란 기안문서의 결재가 완료된 후에 결재문서의 내용을
내 · 외부에 알리거나 결정된 의사대로 사무를 수행함으로써 문서의 효력을
발생케하는 일련의 절차를 말한다.

2003년에 기안문과 시행문의 양식이 통합되었으며 기안을 하여 결재를 마
친 문서가 기안문이고 이를 복사하여 관인을 찍은 것이 시행문이다.

관인(직인) 날인 / 직인생략
관인(직인)은 행정기관장 명의로 발송, 교부되는 문서에 사용되는 직인의 총
칭이다. 전자문서에는 관인을 찍지 않으며 경미한 내용의 문서에도 관인을 생
략할 수 있다. 이처럼 관인을 생략하는 경우 발신명의 오른쪽에 '관인생략'
또는 '직인생략'을 표시한다.

한국자동차공업협동조합 이사장 | 관인생략 |

수신자 대림자동차, 한일모터스, 한라공조, 현대모비스, 대원산업, 동양기전, 평화산업.

담당 김영수　　　　이사 이준근　　　　전무 이만철　　　　이사장 홍길동
협조 기획조사팀장 한갑수
시행 관리운영팀-14 (2020. 2. 10.)　　접수
우 131-032 서울 서초구 서초동 1638-3 / www.daps.org
전화 (02)777-0303 / 전송 (02)777-2425/ ysookim@naver.com / 공개

| 결문의 예

 결재

　　문서의 결재란 당해 사안에 대해서 기관의 의사를 결정할 권한을 가진 사람이 직접 그 의사를 결정하는 행위를 말한다. 결재의 종류에는 정규결재, 전결, 대결이 있다.

❖ **정규결재** : 기안작성자로부터 최고결재권자^{기관장}까지 정상적인 절차를 거쳐 결재를 하는 형태이다.

한 국 비 서 협 회 장

담당 김수민　　　과장 박서진　　　부장 신기문　　　부회장 이철용　　　회장 홍길동
협조 기획조사팀장 강진국

❖ **전결** : 사무처리의 신속과 능률을 기할 목적으로 기관장으로부터 업무의 내용에 따라서 결재권한을 위임받은 사람이 행하는 결재를 말한다. 전결권자는 그 직무를 수행하기 위해 필요한 권한을 가지며 위임된 전결사항에 대해서 책임을 진다.

한 국 비 서 협 회 장

담당 김수민　　　과장 박서진　　　부장 신기문　　　부회장 전결 이철용
협조 기획조사팀장 강진국

대결 : 조직내부의 결재권자가 존재하지 않거나 출장, 휴가, 기타 사유로 상당한 기간 부재중일 때 긴급한 문서 결재를 위해 결재권자를 대행할 수 있는 사람이 행하는 결재를 말한다.

한 국 비 서 협 회 장			
담당 김수민	과장 박서진	부장 신기문	부회장 대결 이철용
협조 기회조사팀장 강진국			

한 국 비 서 협 회 장			
담당 김수민	과장 박서진	부장 대결 신기문	부회장 전결
협조 기회조사팀장 강진국			
(부회장 부재 중 그 직무대리가 부장인 경우, 즉 부장이 부회장 전결 사항인 문서를 대결하는 경우)			

> **참 고**
>
> 1984년 이전에는 후결이 있었으나 선 행정행위(대결)과 후 행정행위(후결)간의 법적 안정성 문제가 제기되어 1984년 11월 23일 후결 제도를 폐지하고 후열로 명칭을 변경하였다가 1991년 9월 1일 후열 제도도 폐지하고 사후보고로 명칭을 변경하였다. 따라서 대결한 문서 중 그 내용이 중요한 문서에 대해서는 결재권자가 사후에 보고해야 하며 이 경우 원 결재권자가 보고를 받았다는 뜻으로 서명을 할 필요는 없다.

 ## 사문서

사외 문서

사외 문서는 그 조직의 의사를 대외적으로 대표하는 문서로 사내 문서보다 좀 더 격식을 갖추어 작성하여야 한다. 사외 문서의 종류에는 안내장, 통지서, 의뢰서, 조회서, 승낙서, 감사장, 회답장, 초대장, 인사장, 축하문, 소개장, 추천서 등이 있다.

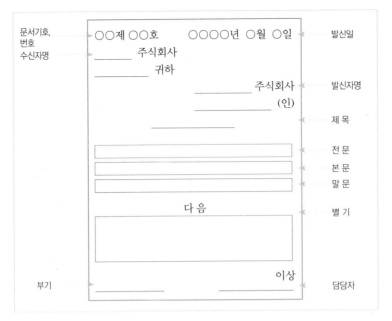

| 사외 문서 서식

한컴 00-123호   2020년 4월 21일
문화대학교
　컴퓨터전자학과 학과장 귀하

　　　　　　　　　　　　　　　　　　　서울특별시 강남구 역삼동 32번지
　　　　　　　　　　　　　　　　　　　제일컴퓨터주식회사
　　　　　　　　　　　　　　　　　　　대표이사 이원종

<h2 style="text-align:center">컴퓨터 실무교육 프로그램 안내</h2>

　평소 저희 회사에 대한 깊은 관심과 협조에 진심으로 감사드립니다.
　다름이 아니오라, 저희 제일컴퓨터주식회사의 컴퓨터 교육 센터에서는 각 대학에서 의뢰한 컴퓨터 전자관련 학과 재학생에 대해 실제 업무 실습과 실무교육을 실시하는 프로그램을 개설하였습니다. 이 프로그램은 현재 이론 중심의 교육실정에서는 배우기 어려운 실습위주의 실무 과목으로 이루어져 실제 업무에 적응할 수 있는 능력을 향상시키는데 주력하고 있습니다.
　이 프로그램에 컴퓨터 전자관련 학과 재학생들이 많은 관심을 갖고 직접 참여할 수 있는 좋은 기회가 될 수 있도록 홍보하여 주시면 감사하겠습니다.

- 다 　음 -

1.　실습내용
　　가.　실제 적응할 수 있는 업무 분석과 설계 및 실습 실시
　　나.　당회사 개발 사례의 연구 및 실습
　　다.　선정 과제의 업무 분석 및 설계와 프로그래밍 연습
　　라.　당회사 컴퓨터 시스템의 소개와 운영 실습
2.　실습 기간 : 2020년 5월 1일 - 5월 31일까지(31일간)
3.　실습 및 등록장소(50명 선착순 마감)
　　제일 컴퓨터 주식회사 컴퓨터 교육센터(전화 : 553-1234)

첨부물　1. 강의시간표 1부.
　　　　2. 교육 프로그램 신청서 2부.

이 　상
교육팀장 윤재선

| 사외 문서의 예

▌ 사내 문서

사내 문서는 회사 내 부서간의 연락이나 통지 등을 위해 쓰이는 문서로 신속한 업무처리를 위해 의례적인 표현을 생략하고 간결한 형식과 내용으로 작성한다.

사내 문서를 목적별로 분류하면 다음과 같다.

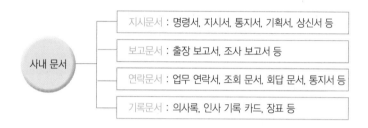

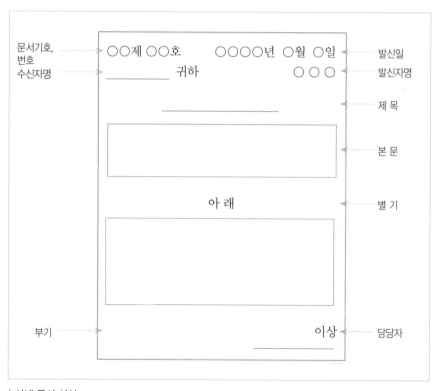

| 사내 문서 서식

제 09-123호	2020년 7월 1일

수신	각 부서관리자(팀장, 과장급)
발신	인력개발부 교육팀장 임진철
제목	팀장 · 중간관리자 리더십교육 전환안내

그룹인력개발원에서 종전의 집합교육으로 진행하던 '팀장 · 중간관리자 리더십교육'을
사이버교육으로 전환하여 운영하고자 하오니 많은 참여 부탁드립니다.

내용	1. 개설일시: 2020년 9월 1일부터 11월 23일까지 3개월(12주) 과정 2. 교육내용 　1) 과목: 리더십, 마케팅, 재무회계, IT정보기술 　2) 수강료: 과목당 10만원(회사에서 전액 부담) 　※ 단, 과목당 점수가 C학점 이하이거나 미이수자인 경우에 한하여 본인 부담
기타 안내	1. 학습방법 　교육은 인력개발원 홈페이지(http://cyber.educenter.co.kr)의 사이버교육 　코너에서 해당 과목을 지정한 후 학습이 가능하다. 2. 교육신청방법 　교육을 희망하는 사람은 2020년 8월 15일까지 인력개발원 홈페이지 교육 　신청코너로 직접 신청하거나 인적사항(성명, 부서, 직위, 연락처, 이메일)과 　수강과목을 기재하여 인력개발원의 이메일(mroh@educenter.co.kr)로 신청 　할 수 있다.
문의사항	교육에 관한 문의사항은 인력개발원 교육부 오미란(구내번호 373, mroh@ educenter.co.kr)에게 연락한다.

| 사내 문서의 예

　오늘날 컴퓨터와 통신망의 발달로 사내문서는 대부분 이메일로 이루어지
고 있다.

비즈니스 이메일 작성 팁

비즈니스메일은 최대한 빨리 답장하라. 이메일을 쓸 때는 서두에 소속과 이름을 밝힌다. 간단한
안부를 묻는 내용이라도 이모티콘을 사용하지 않는다. 첨부파일은 수신자를 번거롭게 할 수 있
다. 필요한 경우에만 사용한다.

제목은 반드시 써야 한다. 간결하면서 핵심을 알 수 있는 문장으로 쓴다. 스팸메일로 오해받을
수 있는 제목은 쓰지 않는다. 대다수 비즈니스메일은 빠른 답변을 원한다. 메일을 확인하면 관
련내용을 처리하는 즉시 답장을 한다. 처리가 늦어지면 중간과정을 알리는 메일을 보낸다. 답장
은 '회신' 단추를 눌러 그대로 보내지 말고 새로 쓰도록 한다. 이메일을 발송하기 전에 반드시
수신인, 주소, 내용, 첨부파일 등을 재차 확인한다.

출처: 유진그룹 인력개발팀(2007), pp.65-66.

▌ 보고서

보고서는 관공서나 회사에서 사건의 현황이나 연구·조사한 결과를 정리하여 보고 또는 건의하고자 할 때 작성된다. 즉, 상사나 상급 부서에 업무처리 내용과 결과를 문서로 보고할 때, 새로운 안을 제안할 때 작성하는 문서이다.

2020년 영업소별 매출 보고서

1. 현황 보고

아래의 표와 같이 서울, 부산, 대구 영업소의 2020년도 매출 실적을 조사하여 전년도인 2019년도와 비교한 결과 영업소별로 실적의 차이가 현저함.

(단위: 만원)

연도 영업소	2019	2020	증가율
서울	50,000	58,000	16%
부산	28,000	23,000	−18%
대구	30,000	30,000	0%

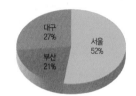

그림 1 영업소별 매출 점유율

2. 영업소별 매출 실적 차이의 원인 분석

영업소에 따라 2020년도 매출 실적에 차이가 나타난 이유는 각 영업소의 매출전략의 영향으로 분석됨.

1) 서울 영업소
   - 매출 전략 : 고객들과의 동호회 모임 활성화, 회사 알림 캠페인 실시.
   - 분석 : 적극적인 고객 관리.

2) 부산 영업소
   - 매출 전략 : 기존 프로모션 방식인 DM(direct mail) 프로모션 실시.
   - 분석 : 소극적인 기존 방식 답습.

3) 대구 영업소
   - 매출 전략 : 지역 특성을 살려 고가 제품을 적극적으로 판매하는 고급화 전략.
   - 분석 : 고객의 수는 전년 대비 감소, 매출액은 전년과 동일.

3. 향후 마케팅 전략

1) 적극적인 고객 관리

서울 영업소의 고객유치 방침을 부산 영업소로 확대 실시하여 고객유치와 매출액 증가를 도모할 필요가 있음.

2) 고급화 전략

대구영업소에서 실시한 고가의 고급 이미지 전략의 승패는 입지와의 관계가 밀접하다고 판단되므로 고가 전략의 확대 실시 가능성을 알아보기 위해 가능한 지역 조사를 실시할 필요가 있음.

▌ 보고서의 예

보고서의 내용은 단순히 사실만을 기술하는 것이 아니라 작성자가 문제의 식을 갖고 해결을 위해 수집한 자료들을 분석 · 검토 · 비교하고 문제에 대해 대안을 모색 · 제시할 수 있어야 한다. 보고서의 종류에는 정보제공 보고서, 일일/주간/월간보고서, 판매보고서, 교육결과 보고서, 출장보고서 등 내용에 따라 매우 다양하다.

문서정리

문서정리의 의의

▌ 문서정리의 목적

사무실에서 생산하거나 접수된 문서는 형식과 종류가 매우 다양하므로 일 정한 기준에 의하여 분류 · 정리해 두어야 필요할 때 찾을 수 있다. 그러므로 처리가 완결된 문서는 일정한 기준에 따라 분류 · 편철하여 보관 · 보존하고, 불필요하거나 정보의 가치가 없어진 문서는 적시에 폐기해야 하는데 이를 문서의 정리filing라 한다.

문서정리의 목적은 다음과 같다.

❶ 문서를 체계적으로 관리함으로써 필요한 문서의 색출을 신속하고 용이 하게 한다.
❷ 일정한 기준에 의하여 문서를 관리함으로써 담당자 이외의 사람도 필 요한 정보를 쉽게 찾을 수 있게 한다.
❸ 기관의 의사결정에 필요한 정보를 효과적으로 이용할 수 있도록 한다.
❹ 불필요한 문서를 적기에 폐기함으로써 보관 · 보존문서를 좀 더 효율적 으로 관리할 수 있다.
❺ 문서의 체계적인 정리로 사무환경이 개선되고, 문서관리에 드는 비용 을 절감할 수 있다.

▌문서정리의 기본 원칙

문서정리 시스템의 도입과 도입 이후의 효율적인 운영이 어느 한 사람에 의해서 이루어진다는 것은 사실상 불가능한 일이다. 문서정리 시스템 도입부터 전 사원이 함께 참여하는 것이 중요하다. 또한 문서정리 체제를 효율적으로 유지·관리하기 위하여서는 문서정리의 기본 원칙을 전 구성원이 준수하여야 한다.

❶ 표준화된 문서정리 방법

문서정리는 회사 전체에 걸쳐 단계적으로 혹은 동시에 실시하게 되므로 문서정리 방법에 대한 회사 내부의 규정을 제정하여 표준화시켜야 한다. 문서정리 시스템을 표준화시킴으로써 원하는 문서를 신속하고 쉽게 찾을 수 있도록 한다.

❷ 문서의 적시 폐기

불필요한 문서의 보관은 보관비용의 증가뿐만 아니라 문서의 증가로 원하는 문서를 찾는데도 지장을 준다. 따라서 일정 기간이 지나서 쓸모없게 된 문서는 정해진 규칙에 의하여 폐기하는 것을 제도화하여야 한다.

❸ 부수部數의 제한

꼭 필요한 자료는 필요한 곳과 필요한 사람에게만 배포하도록 한다. 원본이 명확하게 정리되어 있는데도 불필요한 복사본을 가지고 있지 않도록 한다. 또한 새로운 자료 입수 시에는 이전의 자료를 폐기함으로써 혼선을 줄이고 이전의 자료도 함께 비치할 필요가 있을 경우에는 서류의 선·후를 명확히 구분할 수 있도록 한다.

❹ 문서 검색의 신속화와 용이화

문서가 보관된 서류함이나 서랍의 위치를 누구나 알기 쉽게 소재를 명시한다.

▌ 문서정리의 대상

문서정리의 대상은 다음과 같다.

❶ 일반 문서 : 수 · 발신 문서, 의사록, 품의서, 보고서, 조사서, 증서 등
❷ 장표 : 전표, 장부 등
❸ 도면 : 설계 도면, 청사진 등
❹ 자료 : 정기 간행물, 카탈로그, 스크랩, 팜플렛 등
❺ 도서 : 사전, 육법 전서, 참고 도서 등
❻ 기타 : 자료가 수록된 마이크로필름, 광디스크 등

▌ 문서정리의 과정

문서는 목적에 따라 작성된 후 필요한 곳으로 전달된다. 전달된 문서는 처리된 후 활용도에 따라 보관되거나 폐기된다. 문서는 처리가 끝난 후 다음의 과정에 따라 정리된다.

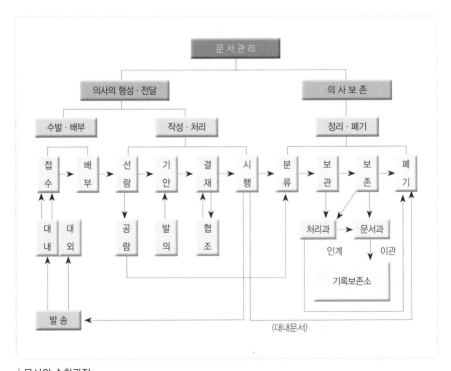

| 문서의 순환과정

❶ 구분 : 처리가 완결된 문서를 선별, 정리한다.

❷ 분류 : 구분된 문서를 문서 분류법에 따라 분류한다.

❸ 편철 : 사안별로 관련 문서를 묶어서 문서철을 만든다.

❹ 보관 : 편철한 문서를 일정 기간 각 부서의 관리 책임 하에 부서내 문서 보관함에 넣어 보관한다.

❺ 이관 : 보관 중인 문서의 이용 빈도수가 줄어들면 문서관리를 주관하는 부서로 인계하여 보존단계로 옮긴다.

❻ 보존 : 이관된 문서는 보존 문서 기록 대장에 등록한 다음 문서의 보존 기간에 따라 문서처리과에서 폐기할 때까지 문서 보존함이나 보존 장소에 유지, 관리한다.

❼ 폐기 : 보존 기간이 경과한 문서는 문서 주관부서 혹은 각 부서에서 일괄 폐기한다.

☝ 문서의 보존과 폐기

보관중인 문서는 시일이 지나면 이용률이 낮아지기 때문에 활용빈도가 높은 최근 문서들과 함께 보관하지 않고 별도로 관리한다. 이처럼 이용 가치가 떨어진 문서를 보존 단계로 옮기는 것을 '이관'이라고 한다. 원칙적으로 문서의 이관은 문서를 사무실에서 다른 장소로 옮기는 것을 의미하나, 참고할 가치가 있는 문서는 사무실 내의 다른 서류함으로 옮겨 활용할 수 있다.

❶ 문서의 이관과 보존

문서를 이관한 후 문서의 보존 및 대출을 관장하는 보존 문서의 관리 책임자는 보존 문서 기록부를 준비하여 보존이 시작되는 시기부터 기록으로 남겨야 한다. 보존 문서 대장은 문서 보존을 전담하는 부서에 비치한다.

공공기관의 경우 문서 보존 기간은 1년, 3년, 5년, 10년, 20년, 영구·준영구의 단계로 나뉘며 일반적으로 문서의 종류에 따라 다음과 같이 구분하여 보존된다.

| 문서 보존 기간에 따른 문서의 종류 |

문서 보존 기간	문서의 종류
영구보존 (복원이 불가능하다)	정관, 중요 계약관계 서류 등기, 특허관계 품의서, 주주 총회 관계 등
10년 보존 (복원이 가능하나 비용이 많이 든다)	세무관계 월차 결산서, 상업 장부관계 주주 명의부 관계 등
3-5년 보존 (복원이 가능하고 비용도 적게 든다)	주요 전표, 거래관계 문서의 수발신 기록 사원 이동, 급료 수당 관계 등
6개월-1년 보존 (복원할 필요가 없다)	왕복 문서, 통지 서류 관계 일보, 월보 관계 조사서, 참고서 관계

요즘 많이 활용되고 있는 전자문서는 전산망을 이용하여 작성·시행 또는 접수·처리되는 문서로 컴퓨터 파일로 보존하거나 출력하여 보존할 수 있다. 이때 보존하는 전자문서는 멸실·분실·도난·유출·변조 또는 훼손되지 않도록 안전장치를 해야 하며, 컴퓨터 파일상의 전자문서를 출력하거나 복사할 경우는 전자문서 출력 복사대장에 출력·복사일시, 출력자명, 복사자명, 매수 등을 기재하고 처리과 책임자의 확인을 받는 절차를 거치도록 한다.

또한 정부기관이나 각 기업체에서 대량의 문서를 보존해야 할 경우는 마이크로 필름이나 광디스크를 이용한다. 마이크로 필름에 수록해야 하는 문서나 기록물의 종류는 우선순위는 당해 기관의 촬영 능력, 문서의 보존가치 및 활용빈도 등을 고려하여 결정하게 된다. 마이크로 필름은 보통 16mm와 35mm를 사용하는 것이 일반적이나 도면과 같은 큰 문서는 70mm 필름을 사용한다. 문서보존에 마이크로필름 시스템을 적용하려면 시설투자비용이 들기는 하나 중요한 기록을 손상없이 영구히 보존할 수 있으며 보존 공간의 축소, 보존 기록 이용의 편이성 증대, 보존 비용의 절감 등의 효과를 얻을 수 있다.

❷ 문서의 폐기

문서는 보존하는 것도 중요하지만 더 이상 활용가치가 없는 문서를 적시에 폐기하여 다른 문서의 색출을 원활하게 하는 것도 중요하다. 따라서 보존기간이 경과된 문서는 문서의 보존여부를 검토한 후에 폐기처분하는데 이 때 다음의 두 가지 점에 유의하여야 한다.

- 폐기 대상 문서의 필요여부는 사업 및 사무의 성격과 과거의 사례를 참고하여 판단한다.
- 폐기 대상 문서가 미래의 예측할 수 없는 이례적인 사건이나 사정에 의해 필요할지 여부를 검토하고 판단한다.

이와 같이 어떠한 종류의 문서를 언제 폐기할 것인가를 결정하는 문제는 매우 중요하므로 그 기준을 수립하여 결정할 때에는 신중을 기해야 하며, 비밀 문서는 반드시 소각하여 외부로 유출되지 않도록 유의한다. 문서를 폐기할 때는 보존문서 기록대장에 폐기 사실을 붉은색으로 기입하고 폐기인을 날인한다.

▌ 문서의 대출

보관중인 문서는 사무 처리상 필요에 따라 관계 부서나 관계 자에게 대출해 주게 되며, 대출 여부나 대출 기간은 문서의 성격과 중요도에 따라 다르다.

조직에 따라 다소 차이가 있을지라도 일반적으로 문서의 대출 절차는 아래와 같다.

- 소정의 용지에 대출문서의 제목이나 분류번호, 대출 연월일, 반환 연월일, 대출자의 성명, 소속, 날인 등을 한 후 문서 보관 책임자에게 대출을 신청한다.
- 폴더 속의 한 장의 문서라도 대출될 때는 반드시 대출 가이드를 작성하여 대출한 문서의 자리에 대신 끼워 둔다.
- 폴더 내 전체 문서가 대출될 때는 폴더 속의 내용물만 대출하도록 하고 원래의 폴더 속에는 대출 가이드를 끼워 둔다.

대출된 문서는 예정된 날짜에 정확하게 반납될 수 있도록 티클링^{tickling} 방법을 이용하면 효과적이다. 이 방법은 대출문서의 반환예정일을 쉽게 확인할 수 있도록 함으로써 대출된 문서가 차질 없이 반환되도록 도와 준다.

- 티클러 파일함에 '월'을 나타내는 표지 12매와 '일'을 나타내는 표지 31매를 넣는다.
- 각 일별 안내 표지 뒤에 그날까지 반환이 예정된 문서 대출카드를 끼워 둔다.
- 문서대출 담당자는 매일 그날 분의 대출 카드를 확인하여 해당 문서의 반환여부를 확인한다.
- 반환예정일이 연기되었을 때는 문서 대출 카드에 연기일을 기입하고 연기된 해당일자 뒤에 대출 카드를 끼워 둔다.
- 문서가 회수되어 처리가 끝나면 티클러 파일함의 반환예정일에 끼워두었던 대출 카드를 티클러 파일에서 꺼내어 해당 문서 폴더에 끼워 두어 다음번 문서 대출 시 이용한다.
- 대출 카드를 보면 대출 내역을 알 수 있다.

최근에는 스마트 기기나 컴퓨터의 다양한 알람 프로그램이 티클러 파일을 대신하기도 한다.

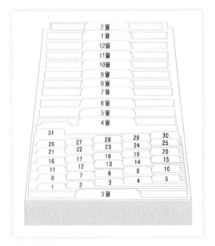

| 티클러 파일

다양한 문서정리 방법

문서정리의 순서

❖ 검사inspecting

문서가 문서정리를 해도 되는 상태인지의 여부를 검사하고 문서가 파일을 하여도 되는 상태이면 문서에 문서정리 인®을 날인하고 담당 취급자의 날인과 처리연월일을 기입한다.

❖ 주제 결정indexing

문서를 어느 제목으로 정리할 것인가를 결정한다. 경우에 따라서 주제를 결정하기 어려우면 해당 업무 담당자에게 문의하여 결정하는 방법도 있다. 대부분 발신기관명이나 발신인 성명, 또는 토의된 주제나 지역적 위치 등으로 주제를 결정한다.

❖ 주제 표시coding

문서의 제목으로 정한 주제가 문서 내용에 있으면 붉은 색 밑줄을 그어 표시한다. 이렇게 밑줄로 표시를 하면 문서가 대출되었다가 반납되었을 경우에 제목을 보고 쉽게 다시 정리할 수 있다. 문서내에 제목이 될 주제가 없으면 여백에 주제를 적어둔다.

❖ 상호 참조 표시cross referencing

하나의 문서는 한 곳에만 보관되는 것이 당연하지만 실제로는 문서의 내용이나 특성에 따라 두 개 이상의 항목에 해당하거나 두 개 이상의 제목으로 요청되는 경우가 있다. 이런 경우를 위하여 주된 제목의 폴더에 원본을 넣고, 관계가 적은 편 제목의 폴더에는 복사본이나 상호 참조표를 넣어둠으로써 어느 경우라도 검색이 가능하게 한다. 상호참조용 제목에는 밑줄을 긋거나 문서여백에 적어두고 옆에 X로 표시한다.

❖ 분류sorting

체계적인 문서분류법에 의해 문서를 가나다순 혹은 번호순으로 정리한다.

✤ 정리storing

서류함 외부의 색인표를 보고 해당 서랍을 연다. 가이드와 폴더의 표제를 보고 해당 폴더를 찾아 바른 위치에 해당문서를 넣는다.

▌ 문서정리 방법

문서를 분류하여 정리하는 방법으로 가장 많이 사용되는 방법은 문서의 발신자나 발신 지역, 문서의 주제 등을 기준으로 하여 분류하는 가나다식 문서정리 방법과 주제별 문서정리 방법, 번호를 지정하여 번호순으로 배열하는 번호식 문서정리 방법이 있다.

✤ 가나다식 문서정리 방법Alphabetic Filing System

가나다식 문서정리 방법은 거래처의 상호별, 대표자별, 지역별, 장소별로 분류하여 정리하는 방법으로 왕복문서의 파일링에 이용하며 쉽고 빠르다는 장점이 있다.

한글이나 알파벳 순으로 배열하는 이 방법은 상호나 대표자의 명칭별로 정리하는 방법 뿐 아니라 지역별 정리시에는 지역과 장소의 명칭, 주제별 정리시에는 문서의 주제 명칭별로 정리되며, 모든 문서의 배열에 기초를 형성한다.

❶ 명칭별 분류법

거래자나 거래 회사명의 이름 첫머리 글자를 기준으로 해서 가나다순 또는 알파벳 순으로 분류한다.

| 명칭별 분류의 장 · 단점 |

장 점	단 점
• 동일한 개인 혹은 회사에 관한 문서가 한 곳에 집중된다. • 직접적인 정리와 참조가 가능하며 색인이 불필요하다. • 가이드나 폴더의 배열방식이 단순하다. • 잡건의 처리가 용이하다.	• 비슷한 명칭이 밀집해 있다. • 명칭 특히 조직명의 표시 방법에 따라 문서가 분산된다.

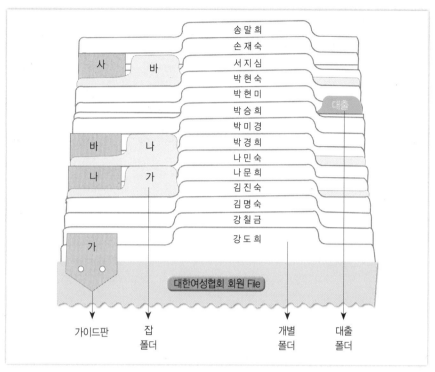

| 명칭별 문서정리방법

- **가이드판** 폴더들을 그룹별로 구분해 각 그룹별 폴더의 제일 앞에 끼워서 세워두는 두꺼운 표지판을 말한다. 가이드는 필요한 자료를 쉽게 찾을 수 있도록 개별폴더를 구분해 주며 폴더가 구부러지거나 처지는 것을 막아 주는 역할도 한다. 위 그림에는 가, 나, 바, 사, 총 4개의 가이드판이 있다.

- **개별폴더** 두꺼운 종이를 겹쳐서 그 사이에 문서를 넣을 수 있도록 한 것을 폴더라고 한다. 각 개별폴더에는 내용상 관계가 있는 문서를 한 곳으로 통합시켜 보관한다. 폴더는 관련 가이드의 뒤에 배치한다. 위 그림에는 강도희부터 송말숙까지 총 14개의 개별폴더가 있다.

- **잡폴더** 아직 단독 폴더로 독립되기에는 문서의 양이 적은 기타 등등의 문서를 보관하는 폴더를 말한다. 잡폴더는 개별폴더 뒤에 위치한다. 위 그림에는 가, 나, 바, 총 3개의 잡폴더가 있으며 각각의 마지막 개별폴더 뒤에 위치한다. 잡폴더 '가'에는 강도희~김진숙 이외의 '가'에 들어갈 기타 문서가 보관되는 곳이다.

- **대출폴더** 대출된 폴더 자리에 끼워두는 표식으로 누가 언제 빌려갔는지, 언제 돌려받는지 등의 내용이 표시된다.

❷ 지역별 문서정리 방법 Geographic Filing System

거래처의 지역이나 범위에 따라 가나다순으로 분류하는 방법으로 여러 지역에 걸쳐 지점을 갖춘 기업에서 유용하다. 지역별 문서정리 방법은 먼저 장소에 따라서, 다음은 명칭 혹은 항목에 따라서 문서를 한글 혹은 알파벳순으로 배열하는 방법으로 장소적 구분이 전제되는 거래에 적합하다. 예를 들어 판매 회사가 판매상품, 대리점 운영 등의 자료를 지역별로 관리할 때 이용할 수 있는 문서정리 방식이다.

| 지역별 문서정리 방법 장 · 단점 |

장 점	단 점
• 장소에 따라서 문서가 한 데로 모여진다. • 직접적인 정리와 참조가 가능하다. • 잡건의 처리가 가능하다.	• 거래처의 명칭과 지역의 명칭을 같이 알아야 한다. • 거래처의 주소가 기재된 색인카드에 의존해야 한다.

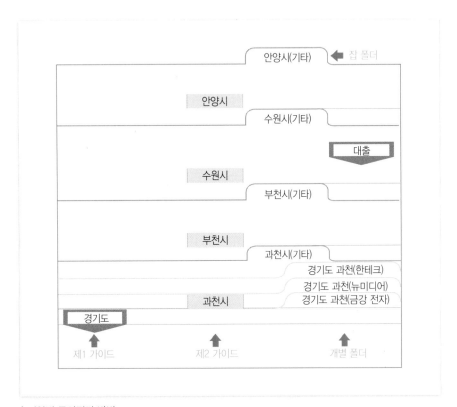

| 지역별 문서정리 방법

✤ 주제별 문서정리 방법Subject Filing System

주제별 분류법은 문서의 내용에서 주제를 결정하고 이 주제를 토대로 문서를 가나다식 또는 숫자식으로 분류·정리하는 방법이다. 주제는 문서의 내용에 따라 결정되므로 분류하는 사람에 따라 다른 주제를 선택할 수 있기 때문에 혼란이 있을 수 있다. 따라서 이 방법을 사용할 때에는 미리 주제 결정 방식과 용어 분류 기준표를 만들어 통일시키는 것이 좋다.

주제별 정리 방법은 거래 상대방이 없는 자료의 분류에 주로 활용되며 다음과 같은 경우에 많이 사용된다.

● 개인명 또는 조직명으로 언급되지 않은 문서를 파일하는 경우
● 문서가 차후에 개인명보다 주제에 의하여 요청될 것 같은 경우
● 조직활동 또는 상품에 관한 기록인 경우
● 문서가 소분류로 구분되는 경우

| 주제별 문서정리 방법 장·단점 |

장 점	단 점
● 같은 주제나 활동에 관련된 문서를 한 곳에 모을 수 있다. ● 서류가 많아져도 무한하게 확장할 수 있다.	● 분류의 어려움 ● 적절한 주제를 잡아 분류하기가 어려우므로 어떤 관점으로도 찾을 수 있도록 상호참조표 (cross reference sheet)를 작성해야 한다. ● 잡건의 취급이 어렵다. ● 색인카드(index card) 필요

주제별 정리 방법의 종류는 크게 복합 주제 분류법Combination Subject System, 가나다식 주제 분류법Alphabetic Subject System, 그리고 숫자식 주제 분류법Numeric Subject System으로 나누어진다.

❶ 복합 주제 분류법 : 복합 주제 분류법은 서류의 양이 적을 때 주로 사용하는 방법으로 폴더의 표제가 개인명이나 회사명으로 된 것과 주제로 된 것을 한꺼번에 같이 배치시킨다.

❷ 가나다식 주제 분류법 : 주된 주제를 가나다순으로 배열하고, 그 주제를

다시 여러 개의 항목으로 분류하여 다시 소항목으로 세분화하여 배열하는 백과사전식 배열법과 사전이나 전화번호부같이 단순히 가나다순으로 배열하는 사전식 배열방법이 있다.

❸ 숫자식 주제 분류법 : 십진법에 의해 분류한 번호와 주제에 의해 파일링하는 방법으로 정부기관을 비롯하여 대부분의 대조직에서 많이 사용하고 있으며 파일의 확장이 쉽다는 특징이 있다.

다음은 '가나다식 주제 분류법' 중 백과사전식 배열법과 사전식 배열법의 예시이다.

| 백과사전식 배열법 |

대분류(제1차 분류)		중분류(제2차 분류)		소분류(제3차 분류)	
기 호	주 제	기 호	주 제	기 호	주 제
000	총괄(총기)	200	인사 총괄(총기)	210	인사 총무 총괄(총기)
100	총무	210	인사 총무 →	211	인사계획
200	인사 →	220	급여	212	채용
300	경리	230	복무	213	전직, 전보
400	구매	240	노무	214	고과
500	창고	250	교육 훈련	215	휴직, 복직
600	생산	260	위생	216	상벌
700	판매	270	안전	217	퇴직
800	(여분)	280	후생	218	(여분)
900	(여분)	290	보험	219	(여분)

| 주제별 문서정리 방법 |

- 대분류는 제1가이드로 100-700까지 7개의 가이드가 있고 000총괄은 제1가이드의 잡폴더이다.
- 중분류는 대분류 '200인사' 주제에 해당하는 210-290까지 9개의 가이드가 있고 200 인사 총괄은 '인사'의 잡폴더이다.
- 소분류는 중분류 '210 인사 총무'에 해당하는 211-217까지 7개의 개별폴더가 있고 210 인사 총무 총괄은 '인사총무'의 잡폴더이다.

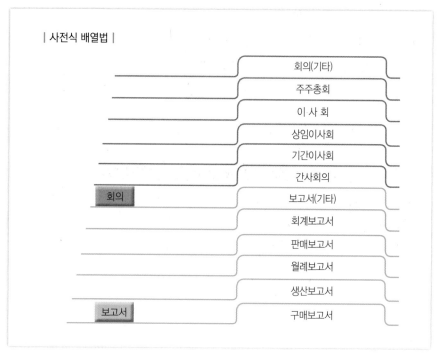

| 사전식 배열법 |

회의(기타)
주주총회
이 사 회
상임이사회
기간이사회
간사회의
회의
보고서(기타)
회계보고서
판매보고서
월례보고서
생산보고서
보고서
구매보고서

| 주제별 문서정리 방법

✤ 번호식 문서정리 방법Numeric Filing System

번호식 문서정리 방법은 파일의 표제에 글자 대신 번호를 기입하여 번호순으로 정리하는 것이다. 따라서 가나다식 문서정리 방법이 직접적으로 정리하는 방법인데 반하여 이 방법은 간접적인 방법이라고 할 수 있다. 이 방법은 파일링의 확장이 수월하고 업무내용 보다는 번호로 참조되는 경우에 효과적이다. 예를 들어, 같은 이름을 가진 사람들이 여러 명일 경우에 업무처리에 혼선이 생길 수 있으나, 이들 각자에게 번호를 부여하면 업무처리에 있어 발생할 수 있는 문제점을 없앨 수 있게 된다.

이 분류법은 문서를 찾기 전에 가나다순으로 되어 있는 색인카드를 먼저 보아야 하는 불편함이 있으나 다음과 같은 경우에 사용하면 편리하다.

❶ 명칭보다 번호를 기준으로 하는 업무 : 보험회사에서 보험증서번호로 분류하는 경우

❷ 장기간에 걸쳐 부정기적인 시기에 빈번히 사용되는 경우 : 병원에서 의료보험

카드 번호로 분류하는 경우

❸ 보안이나 기밀을 유지해야하는 업무인 경우

❹ 빠른 속도로 보관 대상 문서가 늘어나는 경우

❺ 광범위한 상호참조를 해야하는 계약, 특정사건

| 번호식 문서정리 방법 장·단점 |

장 점	단 점
• 문서의 구별이나 문서를 찾을 때에 명칭 대신 번호를 사용하므로 문서 내용을 언급할 필요가 없다. • 새 파일을 만들어야 할 경우에 무한하게 확장할 수 있다. • 문서가 일련번호로 정리되기 때문에 찾기가 쉽다. • 보관 대상문서가 가진 고유번호(전화번호, 회원번호, 주민등록번호, 자동차 번호 등)를 파일번호로 사용 할 수 있다.	• 간접적인 정리 방법이다. • 비용이 많이 든다.

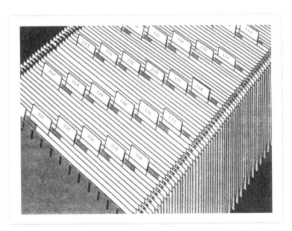

| 번호식 문서정리 방법

✿ 기타 문서정리 방법

❶ 혼합식 분류법mixed filing system

편의에 따라 문서를 주제별, 명칭별, 형식별 등의 방법으로 혼합하여 분류·배열하는 방법이다.

❷ 형식별 분류법

문서를 형식에 따라 분류하는 방법으로 보고서, 계약서, 의사록 등 문서의 형식별로 정리하는 방법이다.

❸ 표제별 분류법

문서의 표제에 따라 분류 · 정리하는 방법으로 견적서, 판매일보, 조사월보 등 동일표제의 자료를 하나의 파일에 정리하는 방법이다.

❹ 프로젝트별 분류법

프로젝트별로 일의 발생에서부터 완결까지의 전 과정과 관련된 문서를 하나의 파일로 정리하는 방법이다.

문서정리 용구

일반 사무실에서 사용되고 있는 문서정리 용구를 살펴보면 다음과 같은 것이 있다.

파일 캐비닛 Filing Cabinet

문서를 넣어 두는 서류함 file box를 말하며, 2단식, 3단식, 4단식 등이 있다.

가이드 Guide

가이드는 폴더들을 그룹별로 구분하여 각 그룹별 폴더의 제일 앞에 끼워서 세워 두는 두꺼운 표식판을 말한다. 가이드의 아래쪽에는 구멍이 있어 파일 캐비닛의 쇠막대에 끼워 가이드가 빠지지 않도록 한다. 가이드의 돌출된 위쪽 끝부분을 탭 Tab 또는 귀 cut이라고 한다. 이 때 1/4컷이라고 하면 컷 부분이 가이드 전체 길이의 1/4을 차지하게 된다.

폴더 Folder

두꺼운 종이를 겹쳐서 그 사이에 문서를 넣어서 캐비닛 안에 세워두기

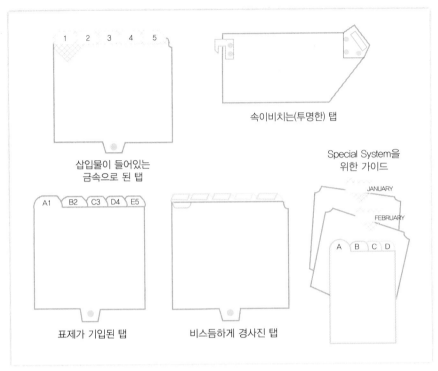

| 다양한 디자인의 가이드와 탭

위한 것이다. 행거식, 바인더식 등의 여러 형태로 되어 있어서 필요한 것을 선택하면 된다. 폴더는 관련 가이드 뒤에 배치하며, 최근 문서가 위에 오도록 철한다. 서류 항목을 쉽게 찾을 수 있도록 커버 뒷면에 돌출 부분을 만들어 두는데 이를 귀^{cut}라고 부른다.

폴더를 취급할 때 주의해야 할 사항은 다음과 같다.

- 폴더 한 개에 넣는 문서는 80~100매 정도로 하고, 그 이상일 경우에는 분철하여 사용한다. 폴더는 두꺼운 종이로 되어 있지만 너무 많은 문서를 철하게 되면 휘어져서 취급하기가 곤란하다.
- 폴더의 표제부분을 견출부라고 하는데, 검색할 때에는 견출부에 의지하므로 손상되지 않도록 한다.
- 1통의 문서가 여러 장으로 되어 있을 때는 풀이나 스테이플러로 왼쪽 윗 부분을 철한다. 클립은 벗겨지기 쉽고, 핀은 손을 찌르거나 다른 문

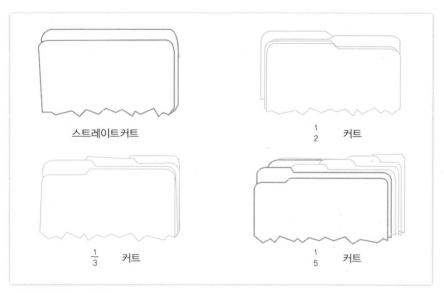

스트레이트커트

$\frac{1}{2}$ 커트

$\frac{1}{3}$ 커트

$\frac{1}{5}$ 커트

| 다양한 커트의 개별폴더

서가 같이 따라 나오게 하므로 사용하지 않는 것이 좋다.

- 크기가 큰 문서는 문서의 제목이 보이게 접어서 넣는다.
- 문서의 입출은 반드시 폴더를 꺼내어 한다. 그렇게 함으로써 문서를 꺼내거나 집어넣을 때 찢어지는 것을 방지할 수 있으며 다른 폴더에 삽입하는 실수를 막을 수 있다.
- 캐비닛의 폴더는 항상 똑바로 세워두도록 한다.

폴더 라벨Folder Label

폴더의 귀에 붙여서 폴더명을 기입하는 종이이다. 폴더에 넣어 둔 서류의 이름이나 제목명을 써서 붙이고 가이드별로 통일된 색깔의 라벨을 사용하면 쉽게 구분이 된다.

전자문서의 관리

오늘날의 사무실에서는 종이 문서 뿐만 아니라 사진, 그림, 영상 등 다양한 형태의 정보가 활용·관리되고 있다. 관리해야 할 정보의 급증으로 조직내에서 유통되는 정보들을 전자문서화하여 관리하는 조직이 늘어나고 있다.

전자문서

전자문서란 컴퓨터 등 정보처리능력을 가진 장치에 의하여 전자적인 형태로 생성, 전송 또는 저장될 수 있는 자료 또는 정보를 말한다. 전자문서는 다음의 요건을 갖추어야 일반문서의 기록 또는 자료의 보관에 갈음할 수 있다.

❶ 전자문서의 내용을 열람할 수 있어야 한다.
❷ 전자문서가 작성, 송신, 수신시의 형태로 재현될 수 있도록 보존되어야 한다.
❸ 전자문서의 작성자 및 송신자, 송신 및 수신 일시에 관한 사항이 있는 경우 이 부분도 보존되어 있어야 한다.

전재결재 시스템

전자결재는 경영활동을 기록한 문서나 보고서를 허가하거나 승인하는 과정이 전자시스템에 의해 이루어지는 것이다. 이러한 전자결재 시스템의 목적은 결재권자와 피결재권자가 동일 시각, 동일 장소에 존재하지 않아도 문서의 결재가 가능하도록 한 것이다. 과거 종이 문서를 이용한 면대면 결재가 가진 시간적 공간적 제약을 극복하고 생산성을 올리려는 데 목적이 있다.

이는 기존의 수동적 결재 처리 업무를 각 기업들이 고유 문서 양식을 등록하여 작성된 문서를 컴퓨터 메일 시스템을 이용하여 지정된 결재자에게 온라인상으로 결재를 받아 대기 시간을 최소화함으로써 신속한 의사 결정을 창출하는 결재시스템이라고 할 수 있다.

전자결재가 이루어지기 위해서는 보고서나 기안을 전자적으로 작성할 수 있어야 하며, 작성된 문서를 전자적으로 결재권자에게 전달할 수 있어야 한다. 최종적으로 결재권자는 전송된 문서를 열람하고 판단하며, 이를 결재할 수 있어야 한다. 이러한 과정을 근거로 할 때 전자결재 시스템은 다음과 같은 기능적 구조를 가진다.

✤ 문서 작성 기능

전자결재 시스템을 효과적으로 이용하기 위해서는 데이터베이스에 저장된 자료를 이용한 문서 작성이 용이하고 작성된 문서가 결재 시스템을 통해 보고될 수 있어야 한다.

✤ 전자우편 기능

전자우편은 작성된 문서나 보고서를 결재자에게 전달하기 위한 전자결재 시스템의 가장 중심이 되는 기능이다. 전자우편 기능은 다음과 같이 구분될 수 있다.

❶ 문서 송신 기능

작성된 문서를 수신자에게 전달하는 것으로 문서를 적시에 송신하는 것을 기본으로 한다. 그러나 좀 더 효과적인 문서 전달을 위해서는 다중 송신 기능과 예약 송신, 우선순위의 부여와 같은 기능이 요구된다.

다중 송신은 동일 문서를 여러 수신자에게 동시에 송신하기에 적합한 기능이다. 수신자 명단에 여러 명의 수신자 이름을 기재함으로써 한 번에 여러 수신자에게 문서를 송신할 수 있게 한다. 예약 송신은 예정된 시각에 문서가 송신될 수 있도록 송신 시각을 정할 수 있다. 또한 문서별로 우선순위 부여가 가능하도록 함으로써 긴급문서의 경우 일반문서에 비해 빨리 전달될 수 있도록 하고 송신된 문서가 수신자에게 올바르게 전달되었는지 송신 결과를 자동으로 파악할 수 있어야 한다. 송신자는 문서의 전달과 동시에 송신 결과를 파악할 수 있으며 수신자로부터 회신이 없는 경우에도 이의 원인을 원격지에서 직접 조회할 수 있어야 한다. 이러한 문서 전달이 실시간에 가능하며, 전자우편이 일반 우편과 비교하여 가지는 장점 중의 하나이다.

❷ 문서 수신 기능

　　문서 수신은 송신된 전자우편 문서를 받아보는 활동이다. 문서 수신은 수신된 문서가 수신자의 문서함에 전자적으로 도착됨으로써 종료되는 것이 아니라 수신된 문서를 열람할 때 비로소 종료된다고 할 수 있다. 따라서 문서 수신은 수신 상태를 사용자에게 항상 자동으로 전달할 수 있어야 하며 사용자가 어떤 상황에 있더라도 새로운 문서의 수신 여부를 즉시 통보받을 수 있어야 한다.

❸ 문서 저장 기능

　　저장이란 수신한 문서를 재사용이나 참조를 위해 쉽게 열람할 수 있도록 보관하는 것을 말한다. 이를 위해서는 문서를 온라인으로 저장장치에 저장해야 하며 실시간으로 열람이 가능해야 한다.

　　문서의 효과적인 저장, 보관 및 삭제를 위해서는 문서 수신자별로 복수의 문서보관함을 설정하여 사용할 수 있어야 한다. 따라서 전자우편 시스템의 사용자 전용의 우편함을 가지며 우편함에 보관된 문서들은 본인만이 열람할 수 있다. 때로는 여러 사람이 동시에 열람할 수 있는 공용의 문서보관함이 필요할 때도 있다.

　　또한 전자우편은 관심있는 모든 사용자들이 열람할 수 있는 전자 게시판이나 특정 사람들에게만 공람되는 제한된 문서로도 존재할 수 있다. 이와 같이 수신자의 종류와 성격에 따라 서로 다른 문서함을 사용할 수 있다.

✤ 문서 검색 기능

　　문서의 검색은 서지별 검색과 내용별 검색으로 크게 구분된다. 서지별 검색이란 발신자, 발신처, 발신일자, 제목, 문서의 종류 등을 이용하여 문서를 검색하는 경우이다. 내용별 검색은 문서의 내용에 따라 특정 주제에 관한 문서를 검색함을 뜻한다.

- 결재권자가 이동해도 평소와 같은 통상적인 업무 수행이 가능하다.
- 전자결재 시스템은 시간적 공간적 제약성을 극복함으로써 결재에 소요되는 시간을 단축한다.
- 경영 의사결정 사이클을 단축하는 효과를 지닌다.
- 전자결재 시스템은 여러 사람이 동시에 동일 문서의 내용을 열람하고 결재할 수 있도록 함으로써 결재 과정을 단축시키고 직접 접촉에 의한 업무 수행의 제한점을 극복할 수 있다.

문서의 수신 및 발신

 ## 공문서 접수와 배부

문서의 접수와 배부 업무는 우선 문서를 정확하게 접수하는 데에서 시작한다. 외부에서 들어오는 모든 업무관련문서는 창구를 일원화하여 접수하는 것이 바람직하다. 접수한 문서는 문서담당부서에서 확인 후 문서접수 대장에 등록하고 관계 부서로 신속히 전달한다. 이 과정에서 문서가 분실되는 일이 없도록 주의해야 한다. 관계부서의 문서 수신인은 문서접수대장에 기록된 내용과 본인이 받은 문서의 내용, 쪽수 등이 정확히 일치하는지 확인한

| 문서 접수 대장 |

일련번호	접수일자	발신기관명	문서번호	문서처리과	인수자(서명)	비 고
00-326	××.×.××	××은행	×× 08-120	총무팀	유상진	
00-327	××.×.××	××보험	×× 08-301	총무팀	김명숙	

후 인수자 서명란에 서명하도록 한다.

　일반적으로 문서를 접수·배부하는 방법에는 접수된 문서를 개봉하지 않고 수신자에게 그대로 배부하는 방법과 접수된 문서를 문서 담당 부서에서 개봉하고 문서의 내용에 따라 분류하여 해당 관계 부서에 배부하는 방법이 있다. 개봉하지 않고 직접 수신자에게 배부하는 방법은 모든 문서가 내용의 검토 없이 수신자에게 전달되므로 경영자나 관리자의 귀중한 시간을 빼앗는 비능률적인 결과를 초래하기도 한다. 개봉 후 관계부서에 배부하는 방법은 문서 담당 부서에서 문서의 내용을 검토한 후 주관 부서를 판정하기 때문에 효율적인 문서배부가 가능하다.

우편물 처리

　비서가 우편물을 처리하는 방법은 상사에 따라서 달라질 수 있다. 상사에게 온 우편물을 개봉하여 검토 후 처리하도록 비서에게 권한을 위임하는 상사 유형과 비서에게 우편물 개봉을 허락하지 않고 분류만 하게 하는 상사도 있다.

　비서의 우편물 처리 권한은 상사로부터 어느 정도의 신임과 권한을 받았는지에 따라 차이가 있다. 우편물을 분류만 할 수 있는 경우도 있지만, 신임을 받는 비서라면 우편물을 개봉해서 내용을 직접 읽어보고 답신을 보낸다든가 연락을 취한다든지 등의 업무 처리를 스스로 할 수 있다.

　우편물을 취급할 때에 가장 중요한 것은 수신된 문서를 즉시 개봉하여 내용을 파악하는 일이기 때문에 상사의 우편물을 개봉하고 처리할 수 있는 권한이 있어야 한다. 어느 경우라도 수신된 문서는 즉시 처리하도록 하며, 아침의 우편물 처리는 상사 출근 전에 하는 것이 바람직하다.

▌ 수신된 우편물 처리

✿ 개봉

- 수신 우편물은 즉시 개봉을 한다. 이 때 봉투는 페이퍼 나이프paper knife를

이용하여 내용물이 손상되지 않도록 주의해서 개봉한다.

- 상사 개인에게 온 편지나 재정관련 우편물, 그리고 봉투에 친전^{親展}, 사신^{私信}, Personal, Private, Confidential 등의 표시가 있는 우편물은 개봉하지 않고 전달한다. 실수로 개봉했을 때는 테이프로 다시 봉하고 '죄송합니다 실수로 개봉하였습니다' 라는 메모를 붙여 전달한다.
- 우편물 개봉 시 동봉물이 남아 있는지 확인을 한다. 또한 편지 내용에는 동봉물이 있다고 기재되어 있는데 동봉물이 첨부되지 않은 경우 '동봉물이 첨부되지 않았으며 상대방에게 다시 요청한다'는 메모를 해당 우편물에 붙여 상사에게 전달한다.

☆ 접수일부인 date stamp

- 수신 우편물에는 도착날짜가 기입되어야 한다.
- 공문서는 문서 주관부서에서 접수일자와 시간을 기록하지만, 공문서가 아닌 경우에는 서류의 여백에 접수일부인을 찍어서 후일 참고하도록 한다.
  - ·접수일부인은 회신을 빨리 하도록 재촉하기도 하고 회람을 빨리 끝내도록 하기도 한다.
  - ·우편물 발송일자와 수신일자간에 큰 차이가 있을 경우 우리측의 답신이 늦어진 것에 대해 해명이 가능하다.
  - ·후에 문서를 참조할 경우에도 문서의 도착날짜 확인이 가능하다.

☆ 읽기

- 우편물을 읽으면서, 면담이나 회의 일시 그리고 마감기일 등을 일정표에 표시한다.
- 우편물 내용 중 숫자, 일시 등이 정확한지 확인해 본다.
- 우편물을 읽어보고 관련 서류가 필요할 것으로 예상되면 미리 그 서류를 찾아 우편물 뒤에 첨부한다.
- 우편물의 내용을 충분히 이해한 후 부여된 권한 내에서 적절한 업무 처리를 한다.
- 기밀 서류를 보게 되더라도 발설해서는 안된다.

- 수신된 우편물은 내용에 따라 상사에게 전달할 것, 관계 부서로 보낼 것, 대리로 처리할 것, 폐기할 것 등으로 나누어 처리한다.

✤ 전달

- 우편물을 상사에게 드릴 때는 우편물을 분류한 후 목록을 만들어 우편물의 맨 위에 놓는다. 상사가 우편물 리스트만을 보고도 어떤 우편물이 왔는지, 어떤 내용인지를 한 눈에 파악할 수 있도록 한다.
- 우편물을 상사에게 드릴 때는 긴급서신, 중요서신, 개봉하지 않은 서신, 크기가 적은 우편물을 위에 놓고 신문이나 정기간행물, 크기가 큰 우편물 등을 밑에 놓는다.

| 우편물 분류 |

업무관련 우편물	• 고객 또는 거래처로부터 온 우편물 • 공공 기관에서 온 우편물 • 자사에서 온 우편물 등
사적인 우편물	• 교우 또는 친분관계가 있는 사람으로부터 온 우편물 • 재정관련 우편물 등
기타 우편물	• 정기 구독하고 있는 신문, 주간지, 월간지, 학술간행물, 뉴스레터 • 잡지, 카탈로그, 공고전단, 안내책자 등 상사가 관심을 두고 있는 분야의 우편물

✤ 상사 부재 중의 우편물 처리

상사가 출장 등의 이유로 사무실을 비우게 될 경우 비서는 수신된 우편물을 다음과 같이 분류하고 필요한 처리를 한다.

- 상사에게 보내거나 상사가 돌아올 때까지 보관해야 하는 우편물
- 상사의 업무 대행자가 처리해야 할 우편물
- 비서가 처리해야 하는 우편물

상사 부재 중의 개별 우편물 처리 방법은 출장업무 p.207의 '우편물 처리' 내용을 참조한다.

▌봉투의 처리

수신된 우편물의 봉투는 하루 정도 보관한 후 폐기한다. 그러나 다음의 경우에는 보관해야 한다.

- 입찰서류나 계약서 등의 봉투 소인이 법적 증거로 이용될 수 있을 때
- 편지 속의 발신인 주소와 봉투의 주소가 다를 때
- 편지 속에 발신인의 성명과 주소가 없을 때
- 첨부되어야 할 동봉물이 첨부되지 않았을 때
- 편지봉투에 찍힌 소인 날짜와 편지 안에 찍힌 발신 날짜간에 차이가 날때
- 주소 변경, 수취인 부재 등의 이유로 편지가 회송되어 우리쪽의 회신이 늦어진 이유가 될 때
- 봉투에 수신인 주소가 잘못 적혀 있을 때
- 발신인 주소가 변경되었을 때

▌우편물 발신

✤ 우편물의 발신

발신하는 모든 문서는 전자 파일로 저장하고 복사본을 만들어 보관한다. 전자결재된 문서는 전자 문서함에 자동 보관되지만 자필서명이나 직인이 찍힌 문서는 발송 전에 반드시 복사본을 만들어야 한다 또한 비밀을 요하는 문서는 항상 봉투에 넣어서 봉한 후 전달하도록 하고, 이때 수령인이나 인수자의 서명을 받는다.

사례

이비서는 부영산업 회장님께 공장설립과 관련된 상사의 서신을 우편으로 발송했다. 편지 내용이 컴퓨터에 저장되어 있으므로 이비서는 상사의 자필 서명이 들어간 편지를 복사하지 않고 발송했다. 몇 일 뒤 상사가 부영산업으로 보낸 서신을 가져오라고 해서 컴퓨터에 저장된 내용을 인쇄하여 드렸다. 상사는 인쇄물을 보고 자신이 서명도하지 않은 편지를 내보냈냐며 화를 내셨다. 이비서가 자초지정을 말씀드렸더니 더욱 화를 내셨다.

☞ 유의할 점 : 비서는 발신문서 최종본의 사본을 가지고 있어야 한다. 즉, 이 경우 상사의 서명이 있는 서신을 복사한 후 원본을 발송하고 사본은 보관 해 두어야 한다.

우편물을 발신할 때 유의 할 사항은 다음과 같다.

❶ 봉투의 수신인과 내용물의 수신이 동일한지 수차 확인한다. 특히, 같은 내용의 문서를 여러 사람에게 발신할 경우 각별히 주의를 한다.

❷ 동봉물이 있는 경우 첨부되었는지 확인한다. 동봉물이 다른 봉투에 들어가는 일이 없도록 주의한다.

❸ 친전personal & confidential, 속달express, 등기registered 등이 표시된 우편물은 일반 우편물과 구별되도록 하고, '친전' 우편물은 확실하게 봉한다.

❹ 초대장같이 행사의 참석을 요청하는 내용이거나 마감기한, 통보일자 등 시간적 제약이 있는 내용을 담고 있는 문서는 시간적 여유를 충분히 두고 발송한다.

❺ 평소 우편제도를 숙지하여 우편물에 따라 적절한 우편방법을 이용한다.

❻ 창 달린 봉투window envelope를 사용할 때에는 수신인의 주소와 성명이 잘 보이도록 문서를 접어서 넣는다.

❼ 평소 주요 우편물의 발신부를 만들어 기록해 두면 추후 업무에 참고할 수 있다.

| 우편물의 종류 |

우편물 종류	내 용	사용 예
친전(親展)/ personal & confidential	• 받는 이가 손수 펴보기를 바란다는 뜻 • 편지 봉투에 글로 쓰거나 도장을 찍음.	기밀 문서, 개인적인 우편물 등
등기 (registered)	• 우편물마다 접수번호를 부여하고 접수한 때로부터 배달되기까지의 취급과정을 기록하여 송달의 확실성을 보장하기 위한 우편제도	중요서류 / 분실되면 안되는 중요한 물품 등
빠른 우편 (special delivery)	• 접수한 날의 다음 근무 날에 배달 • 전국 어디서나 이용이 가능	급하게 우편을 보내야 하는 경우
배달 증명 (certified mail)	• 배달증명을 통해 발송물이 안전하게 배달되었음을 확인할 수 있음. • 등기 우편인 경우에만 해당	
소포 (parcel post)	• 물건을 조그마하게 포장해서 보내는 우편 또는 그 우편물	
요금별납 우편 (metered mail)	• 동일한 우편물을 다량 발송하는 경우 • 일일이 우표를 붙이지 않고 우편물 표면에 "후납"의 표시 • 요금은 별도 납부하는서비스	청구서나 초청장 등

🏃 우편제도

현재 우리나라의 우정사업본부http://www.koreapost.go.kr에서 제공하는 우편제
도는 다음과 같다.

▌국내 특급 우편

등기취급을 전제로 국내특급우편 취급지역 상호간에 수발하는 긴급을 요
하는 우편물로서 접수된 우편물을 약속한 시간 내에 신속히 배달하는 특수
취급제도이다.

❶ 당일특급　지정된 접수마감시간 이내에 접수한 우편물을 가장 빠른 배
　달편을 이용하여 접수당일 20:00까지 수취인에게 배달
❷ 익일 오전특급　지정된 접수마감시간 이내에 접수한 우편물을 가장 빠른
　배달편을 이용하여 접수 익일 12:00까지 수취인에게 배달
❸ 익일특급　접수 익일까지 수취인에게 배달되며 토요일 및 공휴일은 배
　달되지 않으며, 무게는 30kg까지 가능

▌민원우편

정부 각 기관에서 발급하는 민원서류를 우체국을 통하여 신청하고, 발급
된 민원서류를 각 가정이나 직장으로 배달해주는 제도이다. 이용 가능한 민
원서류는 공·사립학교 졸업증명서, 납세완납증명, 토지임야대장열람등본교
부, 병적증명서, 경력증명서 등 행정기관 및 각 급 학교에서 발급하는 407여
가지 종류의 각종 민원서류이다.

우체국 창구에 비치된 신청서에 민원발급신청내용을 기재하고 민원우편
봉투를 구입한후 우편으로 신청하면 된다. 이 때 민원발급 수수료를 신청서
와 동봉하여 발송한다.

▌국제 특급 우편 EMS

EMS는 급한 편지, 서류나 소포 등을 가장 빠르고 안전하게 외국으로 보내

는 국제 우편 서비스로서 지식경제부 우정사업본부가 외국의 공신력 있는 우편당국과 체결한 특별 협정에 따라 취급하므로 공신력있는 우편제도이다.

서울에서 오전에 부치면 도착국가에서 통관검사를 거칠 필요가 없는 우편물서류의 경우 동경, 홍콩, 싱가포르 등 가까운 곳은 1~2일, 기타 국가는 2~5일 이내에 배달된다. 미국, 일본, 영국, 홍콩 등 주요국가 59개국계속 확대중으로 발송한 국제특급우편물의 경우에는 국제적으로 연결된 컴퓨터망을 통하여 배달 여부가 즉시 조회 가능하며, 컴퓨터 조회가 되지 않을 경우에도 이용자가 원하면 팩시밀리나 이메일을 통하여 신속하게 조회하고 배송 결과를 확인할 수 있다.

편지, 각종서류, 선물 및 상품 등을 최고 30kg까지 보낼 수 있으며, 다만, 호주, 필리핀, 아르헨티나, 방글라데시 등 일부 국가의 경우 취급 중량을 20kg 이하로 제한하기도 한다. EMS 행방조회는 http://www.koreapost.go.kr 또는 http://service. epost.go.kr에서 알 수 있다.

▋ 국제 특송 서비스

해외로 서류나 물품을 보낼 때는 세계적인 서비스망을 갖춘 DHL, UPS, Federal Express^{FedEx}와 같은 글로벌 특송 서비스를 이용하면 편리하다. 전화로 신청하면 서류나 물품을 직접 받아다가 수취인에게 신속하고 정확하게 배달해 주는 서비스이다.^{door to door service} 비용 면에서는 우체국보다 비싸지만 시간을 다투는 상품견본이나 중요한 서류를 보내는 경우에는 자체적인 전용 항공기와 서비스망을 갖춘 국제 특송 서비스 업체를 이용하면 안전하고 편리하다. 서류와 같은 소량의 우편물부터 대량의 화물까지도 운송이 가능하며 온라인으로 배달추적 조회가 실시간 가능하므로 편리하다.

▋ 전자우편

편지내용문과 주소록을 USB에 담아 우체국 또는 인터넷우체국^{www.epost.go.kr}을 통해 접수하면 내용문을 출력하여 봉투에 넣어 배달해주는 서비스이다. 주주총회, 정기총회, 동창회, 동호회 등의 모임안내, 경조 인사, 창업 등

신규 사업 안내와 관련된 홍보물 등의 같은 내용의 우편물을 다량 발송할 때에 이용하면 편리하다. 우편물 내용과 주소가 담긴 저장매체를 우체국에서 접수하거나, 인터넷 우체국을 통해 내용을 작성하면 우체국이 직접 우편물을 제작하여 다수의 수신자들에게 발송, 배달해 준다.

익힘문제

01 문서를 처리단계에 따라 분류해 보시오.

02 문서의 결재방식 중 전결과 대결의 차이를 예를 들어 설명해 보시오.

03 문서정리의 과정을 설명하시오.

04 비서가 상사에게 온 우편물을 어떻게 처리하면 상사의 업무 효율성을 높일 수 있는지 다양한 방안을 제시해 보시오.

05 전자결재가 비서의 업무 효율성에 어떤 영향을 미치는지 현직 비서들을 인터뷰 한 후 결과를 정리해 발표해 봅시다.

SECRETARIAL
PROCEDURES

비서실무의 5판
이해

취업

취업

취업전략

최근 기업들이 스펙specification을 중요시하던 기존의 채용방식을 심층 면접, 인·적성 검사 등으로 바꾸고 있다. 그러나 기업들이 말하는 '스펙 초월'이란 스펙을 안 보는 것이 아니라 스펙 이상의 것을 보는 면이 강하다. 취업 전형에 서류전형이 있기 때문에 구직자들은 학점, 공인외국어자격, 어학연수, 봉사활동, 동아리, 인턴 경험 등 업무와 관련된 자격을 갖추지 않을 수는 없다.

참 고
스펙specification : 직장을 구하는 사람들 사이에서, 학력·학점·토익 점수 따위를 합한 것을 이르는 말.

취업 준비

취업 여건이 어렵고 조건이 복잡할지라도, 능력 있고 성실한 취업 준비자에게는 기회가 주어지는 법이다. 비서사무직 취업을 위해 알아두어야 할 취업전략 및 준비는 다음과 같다.

▌진로경로 설정

대학 입학 초부터 자신이 취업할 분야를 구체적으로 설정해 두어야 한다. 구체적인 조직명까지는 어렵다고 하더라도 취업희망업체 및 직무분야, 요구되는 역량과 자질, 자격증, 산업체 현장실습, 인턴십 등을 조사하여 자신의 진로를 설계하여야 한다.

자신이 근무하고 싶은 기업에 대한 사전 확인 사항은 다음과 같다.

❶ 근무지 : 자신의 환경과 여건 고려
❷ 근무조건 : 근무시간, 지리적 조건, 급여 및 복지 수준, 근로 환경 등
❸ 업무의 특성 : 업종별 업무 특성 파악
❹ 안정성 : 기업의 재무구조나 규모, 역사, 자기자본비율 등
❺ 장래성 : 전공을 살릴 수 있는지의 여부, 직업 자체가 갖는 전문성과
　 장래성
❻ 기업철학 및 조직문화 : 경영인 철학, 조직 분위기, 상하간의 의사소통 등

▌취업정보 수집

비서사무직 채용방식은 공개채용, 추천채용, 인턴사원채용 등이 있다. 따라서 취업을 희망하는 업체의 채용정보에 대해서는 수시로 확인하고 대비하여 채용 기회를 놓치지 않도록 한다.

취업 정보는 학교 및 학과 취업담당부서, 취업정보 사이트, 취업정보 까페나 블로그, 취업 도서, 취업설명회, 취업특강 등에서 찾을 수 있다. 선배 및 주변 인맥, 현장조사, 취업동아리 등을 통해서도 취업 정보를 얻을 수 있다. 취업 동아리의 경우는 서로에게 유익한 정보를 가지고 있는 경우가 많으므로 1주일에 한두 번 정도 정기적으로 만나 정보를 교류하는 것이 좋다. 최근에 해당기업에 입사한 선배나 친지가 있으면 그들을 통해 생생한 각종 정보를 얻는 것도 좋은 방법이다.

▌ 취업노트

평소 취업노트에는 자기소개와 이력서 등에 활용 할만한 내용들을 지속적으로 작성해 놓고 면접 등에 활용해도 효과적이다. 실제로 이러한 취업노트를 활용해 면접시에 그에 대한 이야기와 더불어 자신이 입사하면 구체적으로 어떻게 해나가겠다는 비전을 제시할 수 있다. 따라서 평소에 취업노트를 활용하여 메모하는 습관을 길러야 한다.

기록항목

❶ 평소 교내활동, 학회활동, 동아리 활동이나 취미 등의 항목들과 느낌 등을 평소에 정리해 둔다.

❷ 취업하고자 하는 목표기업의 정보를 수시로 적어두면 서류 작성 뿐 아니라 면접 시에 유용한 도움이 된다.

❸ 선배 및 취업 컨설턴트 등의 연락처를 메모해 둔다. 취업준비 활동 중에 필요한 사항들을 점검하거나 도움을 받을 수 있도록 연락처와 이름을 기록해둔다.

❹ 취업준비와 관련된 일정을 적어둔다. 예를 들면 기업(취업)설명회나 채용박람회의 일정을 기록한다.

❺ 모범이력서 샘플을 작성해 두고 수시로 참조할 수 있도록 한다. 또한 이력서, 자기소개서에 넣을 내용을 노트에 정리해 두면 취업 서류작성 시 도움이 된다.

❻ 취업활동에 도움을 준 사람들의 연락처와 주소를 기입한다. 취업활동이 끝난 후 감사 인사를 잊지 않는다.

취업서류

 이력서

이력서에는 개인 신상에 관한 내용과 학력, 경력, 특기사항 등이 포함된다. 최근에는 많은 기업들이 이력서나 자기소개서 양식을 홈페이지에 올려 지원자들이 입력하도록 하고 있다. 기업에서 요구하는 특정 양식이 없는 경우에는 컴퓨터로 자신에게 적합한 이력서와 자기소개서 양식을 만들어 활용한다.

이력서와 자기소개서는 입사서류 심사 뿐 아니라 면접에 모두 사용되므로 시간적 여유를 가지고 성의 있게 작성한다.

이력서는 인적사항, 학력, 경력사항, 특기 및 상벌 등으로 구성된다.

▌ 인적사항

- 성명, 생년월일, 연락처주소, 전화번호, e-mail 주소 등을 기입한다.
- 이력서 양식에 호주명과 호주와의 관계를 적는 란이 있는 경우 호주 성명을 적고 관계 기입시에는 호주의 입장에서 관계를 적도록 한다. 예를 들어 아버지가 호주이고 본인이 장녀일 경우에는 호주와의 관계는 장녀가 된다. 호주를 모를 경우에는 동사무소에 가서 '재적등본'을 발급 받아 호주를 확인할 수 있다.

▌ 학력

- 학력은 고등학교부터 최종학력까지 기입하는 것이 일반적이다. 입학 및 졸업 연월일을 정확히 적도록 한다.
- 학력 내용 작성 시 학교명과 전공을 정확히 기재한다. 이때 약어를 사용하지 않는다. 부전공이 있을 때는 부전공명도 기입한다.
  - 예 한국대학교 경영학과 졸업(○)   한국대 경영학과 졸업(×)
- 학교에서 받은 정규교육 뿐 아니라 사설 교육기관에서 받은 비정규 교육, 업무와 관계된 특별 교육 등도 포함한다.

예 2020. 3. 2.~ 2020. 8. 31. ㅇㅇ어학원 영어회화 수강 Level 2 수료

▌경력

- 신입사원으로 지원하는 경우는 대학에서의 교내활동이나 교외활동 중 지원 업무와 관련이 있는 내용을 구체적으로 기입한다. 활동 기간, 맡은 역할, 담당 업무 내용 등을 기재한다.
- 아르바이트나 인턴 사원 경험이 있는 경우도 기관명, 활동 기간, 담당업무 내용 등을 적는다.
- 경력사원으로 지원하는 경우는 전 직장에서의 직무 내용을 구체적으로 적는다.

▌특기 및 상벌 사항

- 보유하고 있는 자격 사항을 기입한다. 자격내용, 취득일, 발급기관명을 명시한다.
  - 예 2019. 6. 10. TOEIC 850점 획득, ETSEducational Testing Service
  - 예 2020. 1. 20. 한자능력검정2급 자격 취득, 한국어문회
- 수상내용 : 교내 · 외 행사나 대회 수상 내용을 기입한다. 지원 회사의 특성을 고려해서 관련된 수상 내용을 기입 한다. 외국어나 컴퓨터 자격증이 없는 경우는 어학 동아리 활동이나 본인이 사용할 수 있는 컴퓨터 프로그램 등을 기입하여 외국어나 컴퓨터 활용 능력을 증명하도록 한다.
- 봉사활동 : 사회봉사 활동 기관명, 활동 기간, 봉사 내용 등을 기입한다.

▌사진

- 활동적이며 이지적인 인재라는 확고한 생각을 줄 수 있는 사진이 좋다. 화장, 머리, 복장 등이 단정하며 예비 직장인다운 모습의 사진이 좋다.
- 자연스럽게 웃는 표정의 사진이 적합하다.
- 우편으로 제출할 때는 큰 봉투에 넣어 서류가 구겨지는 일이 없도록 한다.

<u>입 사 지 원 서</u>

지원회사	○○주식회사
지원업무	비서

사진	성 명	한 글	박 ○ ○	연락처	전화	02-0000-0000
		한 자	朴 ○ ○		C.P	010-0000-0000
	주민등록번호		000000-0000000		e-Mail	park0000@naver.com
	생 년 월 일		0000. 00. 00	((양), 음)		만 ○○세
	현 주 소		서울특별시 강서구 공항동 000-0번지			
	본 적		서울특별시 강서구 공항동 000-0번지			

학력

기 간	학 교 명	전 공	졸업구분	학점평균
~	○○고등학교	비즈니스과	졸업	
~	○○여자대학교	비서행정과	졸업예정	4.44

경력

근 무 기 간	회 사 명(기 관 명)	직위	업 무 내 용	비고
2016.12.01 ~ 2017. 02. 2	㈜○○감정평가법인	사원	감정서작성, 내방객응대, 전화응대, 물품관리 등	

보유기술

자 격 면 허 명		취 득 년 월 일	시 행 처
워드프로세서	1급	2018년 04월 10일	대한상공회의소
컴퓨터활용능력	2급	2018년 03월 02일	대한상공회의소
ITQ파워포인트	A	2018년 05월 03일	대한상공회의소
비서자격증	2급	2019년 03월 02일	ITQ

수상내역

수 상 내 역	수 상 년 월 일	발 행 처
○○여자대학1학년 1학기 성적우수장학금	2018년 2학기	○○여자대학교
○○여자대학1학년 2학기 성적우수장학금	2019년 1학기	상동
English Festival 금상	2020년 11월 04일	상동

연수사항

기간	국가	내용	신체	신장	cm	체중	kg	기타질병
				시력	좌	혈액형		
					우	색맹	없음	없음

가족사항

관계	성 명	연 령	직업	동거	기타	종 교	무교	
부						취 미		
모						특 기		
언니						보 훈		
동생						기 타		

상기와 같이 제출하오며 일체 허위 사실이 없음을 확인합니다.

20 년 월 일 지원자 ○ ○ ○ (서명)

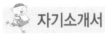 **자기소개서**

┃ 자기소개서의 내용

자기 소개서는 지원자의 성장과정, 대인관계, 업무역량, 지원동기, 입사 후 포부 등을 중심으로 읽는 사람에게 호감을 줄 수 있도록 작성해야 한다. 최근들어 기업마다 지원하는 업무 분야에 따라 요구하는 자기소개서의 내용이 다르며 글자 수까지 제한하는 경우가 많다. 제한된 지면에 자신의 생각과 경험을 모두 기술해야 하므로 문장력이 매우 중요하다. 따라서 평소 독서를 통해 어휘 및 글쓰기 능력을 높일 수 있도록 한다. 또한 형식에 얽매이지 않는 자유 형식의 자기소개서를 요구하는 경우도 있다. 어떤 경우든 자신의 경험 중심으로 자기 소개서를 작성하면 훨씬 더 재미있고 생동감이 있는 자기소개서가 된다.

다음은 국내 기업 자기소개서 항목이다.

 A사 대졸 신입사원 공채

- 성장배경 및 본인의 장단점
- 희망 회사 / 희망 직무에 지원한 동기 및 포부
- 희망 회사에서 이루고 싶은 꿈과 이를 위해 준비해 온 노력
- 10년 뒤 자신의 모습

 B사 자기소개서

- 본인의 경험과 기업을 바라보는 가치관에 근거하여 본인이 우리회사에 가장 적합한 인재인 이유를 기술하세요.(600자 내)
- 본인이 참여했던 과제활동 중 가장 성공적이었던 사례를 본인의 강점과 연계하여 기술하세요.(400자 내)
- 본인 성격의 단점 및 이를 보완하기 위해 해온 노력에 대해 구체적으로 기술하세요. (400자 내)
- 당사 인재상 중 하나를 골라 본인의 생활신조와 부합되는 면을 기술하세요. (400자 내)
- 우리회사에 입사하게 됐을 경우, 향후 10년 후 자신의 모습을 그려보세요. (600자 내)

C사 자기소개서

- 귀하의 성장과정을 기술하시오.
- 당사에 지원한 동기와 입사 후 포부를 서술하시오.
- 당사가 지닌 가장 탁월한 경쟁력은 무엇이라고 생각하십니까?
- 희망직무에 대해서 귀하는 어떠한 부가가치를 가져올 수 있습니까?
- 문제에 직면했을 때 그것을 어떻게 극복했는지 서술하시오.
  * 각 항목당 글자수 공백포함 최소 300자 ～ 500자 제한

D사 자기소개서

- 성장과정 및 학창생활
- 성격의 장단점 및 생활신조
- 외부활동사항, 인턴경험, 봉사활동 등
- 지원동기 및 입사포부
  * 각 항목당 글자수 공백포함 최소 300자 ～ 800자 제한

E사 자기소개서

- 지원동기와 이를 위해 무엇을 하였는지 서술하시오.
- 자신에 대해 서술하시오(성장과정, 강약점, 가족사항)
- 자신이 경험했던 가장 큰 성취와 가장 큰 실패
- 입사 후 포부와 성장 계획에 대해 서술하시오.

F사 자기소개서

- 성장과정 및 자기소개
- 지원동기 및 입사 후 포부
- 본인이 우리회사에 공헌할 수 있는 바를 기술하라
- 도전정신과 창의성을 발휘했던 경험을 구체적으로 서술하시오.

G사 자기소개서

- 입사지원 동기 및 희망업무
- 앞으로 이루고 싶은 꿈은? 이를 이루기 위한 자기개발 계획은?
- 자신의 생활신념, 좌우명은 무엇이며 이를 실천한 사례가 있다면?
- 자신의 장점 및 단점 (능력, 기질, 특기)에 대하여
- 지금까지 살아오면서 자신의 인생에 큰 영향을 끼친 일이 있다면
- 해외 여행, 봉사/동아리 활동에 대하여
- 기타 자신을 자유롭게 소개할 수 있는 내용을 서술하시오.

H사 자기소개서

- 본인의 장점에 대해 기술하고 그 장점을 발휘하여 성공적으로 일을 처리했던 경험, 그리고 이러한 경험이 우리 기업에 어떤 기여를 할 수 있을지에 대해 기술하세요.
- 지금껏 살아오면서 자신의 인생에 가장 큰 영향을 미쳤다고 생각하는 경험과 그 이유에 대해 기술하세요.
- 우리 기업의 인재상 5가지 중 자신에게 가장 잘 어울리는 것을 선택하여, 그와 관련된 본인의 경험과 함께 구체적으로 기술하세요.
- 우리 기업에 입사 후 10년 내에 성취하고 싶은 포부를 과거 본인의 경험과 연계하여 기술하세요.
* 각 항목당 글자 수 공백포함 100자 이상 800자 이내

위의 예에서 알 수 있듯이 최근 자기소개서는 해당 기업에 지원하고자 하는 동기와 지원 업무에 대한 열정과 노력, 앞으로의 계획 및 포부 등을 잘 나타내는 것이 중요한 요소임을 알 수 있다. '나아가 ~하겠다.', '~를 가지고 있다.'가 아니고 구체적으로 어떤 경험을 가지고 있는지, 어떻게 노력해 왔는지, 앞으로의 계획이 명확한지 등 객관적이고 경험 중심의 내용을 많이 요구하고 있다. 즉 지원직무에 적합한 인재임을 객관적으로 증명해야 한다.

따라서 취업 준비에 앞서 나 자신의 경력 목표, 가치관, 자신의 강약점에 대한 분석을 하고 내가 취업을 희망하는 기업의 인재상, 기업정보, 지원 직

무에 대한 분석 및 해당 직무에서 요구하는 필요 역량 등에 대한 철저한 분석을 한 후 자기소개서를 작성해야 한다.

▌ 자기소개서의 실례

☆ 자기소개서와 이력서는 다르다.

이미 이력서에 있는 내용을 단순하게 설명을 부연하는 것이 자기소개서는 아니다. 이력서에 쓸 수 없었던 자신의 이야기를 통해 자신을 소개할 수 있도록 한다.

성장과정

어렴풋한 어린 날의 기억 한 켠에는 항상 아버지의 검은 LP판이 자리 잡고 있습니다. 어릴 적 모닝콜은 항상 아버지가 틀어 두시는 한영애, 동물원, 이문세 그리고 외국 밴드들의 음악이 담긴 지지직 거리는 LP판 소리였습니다. TV대신 라디오를 듣고 댄스음악 대신 통기타 음악을 들으며 요즘 세대에 흔치 않은 아날로그적인 감성을 지니며 자랐습니다. 그 후로도 아버지께서는 제가 다양한 음악과 예술을 접하도록 해 주셨고 한국무용과 장구 등을 익히도록 하여 우리나라 전통문화 역시 자연스레 받아들이게 도와주셨습니다. 어머니는 제가 예술을 느낄 뿐 아니라 끈기와 성실함을 갖출 수 있게 도와주셨고 학업의 중요성도 잊지 않도록 해 주셨습니다. 덕분에 제 어린시절은 예술과 함께 한 소중한 경험과 추억으로 가득찼습니다.

본 교재에 실린 자기소개서 실례는 경인여자대학교 비서행정과 학생들의 자기소개서에서 발췌한 내용입니다.

성장과정

독수리 같은 양육방식

독수리가 둥지에서 새끼를 밀어버리듯 저 역시 강하게 자랐습니다. 스스로 부딪쳐 극복해 나가며 성장하라는 부모님의 엄한 교육방침으로 어려서부터 혼자 문제를 해결했고 저의 앞날을 계획하고 실천해 나갔습니다. 저는 자신의 선택과 행동에 책임이 따르는 만큼 신중히 고민하고 선택하였으며 모든 일에 최선을 다해 임했습니다. 고등학교 졸업 후 2년동안 회사생활을 하면서 등록금을 모은 후 대학교에 진학했습니다. 2년의 회사생활은 힘도 들었지만 저에게 소중한 자산이 되었으며 늦은 만큼 열심히 하자는 마음으로 대학생활 동안 성적우수장학금을 놓치지 않았습니다.

✿ 논리 정연해야 한다.

일단 취업을 하게 되면 기획서, 품의서 등 많은 글을 써야 하므로 면접관은 자기소개서를 통하여 그 사람의 논리 전개력을 평가하게 된다. 따

성 격

내 머리는 슈퍼컴퓨터가 아니다

저에게는 좋은 습관이 있습니다. 바로 다이어리와 항상 함께하는 것입니다. 저는 매일 자기 전에 다이어리에 다음 날에 할 일을 적고 일어나면 그날 할 일을 체크하는 것으로 하루를 시작합니다. 다이어리에 적는 습관 덕분에 작은 과제 하나를 할 때도 충분히 시간을 가지고 체계적으로 계획하고 실천할 수 있었으며 사소한 부분도 잊지 않고 꼼꼼히 처리할 수 있었습니다. 그러나 메모하는 습관은 하루아침에 생기지 않는다고 생각합니다. 비서는 일을 하는데 있어서 완벽성을 추구하고 일에 중요도에 따라 순서를 정하고 시간을 효율적으로 사용하려면 메모하는 습관은 필수적이라고 생각합니다. 그런데 가끔 저의 꼼꼼한 성격 때문에 그날 할 일을 못했을 때에는 걱정과 후회로 잠을 설치곤 하였습니다. 그래서 걱정과 후회하기 보다는 알람시계를 30분 일찍 맞추어 미진한 부분을 해결해 나가고 있습니다.

라서 주제에 맞는 내용을 사례나 경험 중심으로 논리정연하게 서술해야 한다. 하나의 주제에 핵심어가 3개 이상이 되면 주제가 흐려질 수 있으므로 주의한다.

❋ 솔선수범과 협동심을 부각시켜야 한다.

조직이 원하는 인재는 슈퍼맨이 아니라 조직에서 다른 사람들과 협력하여 성과를 낼 수 있는 사람이다. 따라서 학창시절 다른 사람들과 협력한 사례, 협력을 통해 이룬 객관적인 성과, 더불어 협력 과정에서 얻는 교훈 등을 함께 서술하는 것이 좋다.

대내 · 외 활동

공동체 안에서의 하모니, 교외활동

대학 시절 저는 '잉클'이라는 영어동아리와 '에클레시아'라는 찬양 동아리에서 활동을 했습니다. 동아리에서 부회장을 맡았고 교내 영어대회에서는 영어 뮤지컬로 금상을 타기도 했습니다. 제가 맡은 역은 새침한 여학생 역할로 극중에서 큰 비중은 없었지만 이 뮤지컬을 통하여 영어말하기 능력 또한 많이 향상 될 수 있었고 공동체 안에서 자기 목소리만 내세워서는 안됨을 경험하였습니다. 서로의 목소리를 함께 들으며 나아갈 때 아름다운 하모니가 만들어지듯 여러 사람들과 함께 공동의 목표를 추구하면서 조화를 이루고 효율적으로 목표를 달성해 나가는 법을 배웠습니다. 또한 베트남 해외봉사에서 여러 가지 노력 봉사와 교육 봉사를 통하여 인내와 참된 나눔과 사랑을 배우고 다양한 경험을 할 수 있었습니다.

❋ 긍정적이고 적극적인 사람임을 인지시켜야 한다.

평가를 하는 사람들은 대부분 자기 소개서를 쓰는 사람보다 10년 이상 경험이 많고 세대 차이가 나는 사람들이다. 때문에 평가자에 따라서는 요즘 젊은이들이 이기적이고 소극적일 것이라는 선입견을 가질 수도 있음을 고려하여 자신이 긍정적이고 적극적인 사람임을 부각시켜야 한다.

막연하게 본인이 긍정적임을 서술하여서는 설득력이 없으므로 긍정적인 삶의 자세가 본인의 삶에서 어떤 영향을 미쳤는지 등을 경험을 중심으로 적어야 한다.

어려움을 극복한 사례

성취감을 느낀 순간 : 특별한 A+

저는 어려서부터 물공포증이 있었습니다. 유치원을 다닐 때 2주일에 한번 있는 수영시간에 늘 견학을 했습니다. 바다나 냇가보다는 산을 좋아하던 저에게 대학 교양과목에 포함되어있는 수영은 너무나 어려운 과목이었습니다. 수영과목 첫날 저는 물속에 들어가 고개도 담그지 못하고 나왔습니다. 하지만 한번 마음먹은 일은 끝까지 하는 성격상 포기는 있을 수 없었습니다. 수영을 잘하는 친구들한테 일주일에 한번씩 배웠으며 매일 아침 6시에 일어나 꾸준히 연습했습니다. 23년 인생 동안 처음으로 수영에 도전한 저는 1학기 수영과목에서 A+라는 학점을 받았습니다. 수많은 A+ 학점 중에서도 수영에서 받은 A+는 노력하면 아무리 어려운 일도 극복할 수 있다는 점과 성취감을 안겨준 특별하고 귀한 A+입니다.

협력과 리더십

학창시절 : 無에서 有를 창조하라.

대학교 1학년 2학기 때 교수님께서 저에게 학교에서 개최하는 영어콘테스트에 참가해보지 않겠냐고 제의를 하셨습니다. 당시 영어를 잘하지 못했던 저는 망설였지만 '못할수록 더 노력하자.'라는 생각에 영어콘테스트에 참가했습니다. 저는 참가부분을 뮤지컬로 정하고 리더가 되어 조원을 모았습니다. 뮤지컬 한 작품을 만드는 데는 많은 역경이 따랐습니다. 노래부터 안무, 대본까지 다 제작을 해야 했으며 팀 내에서 불화도 일어났습니다. 하지만 시간이 지날수록 저희는 단합하여 서로를 밀어주고 이끌어 주며 3달 동안 매일 2시간씩 열심히 연습했습니다. 그 결과 저희는 '금상'을 수상 할 수 있었습니다. 저는 뮤지컬을 준비하면서 리더십을 키울 수 있었고 친구들과도 더욱 친해진 계기가 되었습니다. 대학교 학창시절에 있어서 당시 대회에 나간 동영상은 아직도 저희들 얼굴에 웃음을 띄게 하는 소중한 추억으로 자리하고 있습니다.

✤ 자신의 역량을 자신 있게 말한다.

지나친 겸손보다는 자신의 역량을 솔직히 보여줄 수 있어야 한다. 외국어 능력은 물론이고 취미생활이나 특기 중에서 자랑할 수 있는 것은 자랑하면 평가자는 그 부문에 기대를 걸 수도 있다. 자신의 역량을 기술할 때는 현재의 역량을 객관적으로 서술할 뿐 아니라 앞으로 어떤 역량을 개발하여 조직에 어떻게 기여할 것인지에 대해서도 피력하도록 한다.

직무관련 내용

성적, 자격증 : 비서만을 보고 노력하라!

2년 동안의 회사생활을 마치고 비서가 되기위해 대학교에 입학한 저는 설레임과 각오가 남달랐습니다. 제 목표인 비서가 되기 위해 수업시간에 작은 것 하나도 허투루 듣지 않았습니다. 비서실습이나 비서학원론 그 외 경영학원론, 회계, 조직론 등을 배우며 배움의 즐거움을 알게 되었고 전문적인 비서에 한 발짝씩 다가가며 조금씩 성장해 나갔습니다. 학업과정이 적성에 맞아 제가 예상했던 것보다 더 높은 학점을 얻을 수 있었습니다. 학업성적 외에도 비서관련 서적을 읽으며 비서가 갖추어야할 자격증을 알아보았고 꾸준히 노력하여 컴퓨터와 비서자격증을 취득했습니다. 학교 커리큘럼에 있는 워드, 엑셀, 파워포인트 수업을 충실히 들은 것이 많은 도움을 주었습니다. 저는 비서란 직업에 대해 알아가면서 비서야 말로 내가 가장 잘 할 수 있는 직업이란 것을 알게 되었습니다. 저는 비서만을 보고 비서를 위해 2년동안 노력한 준비되어 있는 일꾼입니다.

직무관련 내용

비서라면 '알프레도'처럼

'베트맨'이라는 영화를 보면 '베트맨'이 하는 모든 일 뒤에는 그를 보좌하는 유능한 집사 '알프레도'가 나옵니다.

비서학을 전공하면서 사무관리 및 정보관리 능력을 개발하여 알프레도처럼 유능한 비서가 되기 위해 노력해 왔습니다. 학교에서 배우는 비서실무 시간에는 일정관리, 전화응대 등등 비서실무와 관련된 내용을 이론뿐 아니라 실습을 통하여 실전에 나가서도 잘 할 수 있도록 꾸준히 연습하고 공부했습니다. 또한 교회 고등부에서 봉사를 하면서 워드, 엑셀을 사용하여 문서를 직접 작성·관리해 보았으며, 다양한 고등부 행사를 직접 준비하고 개최하고 보좌한 경험이 있습니다. 이러한 저의 경험들이 이 회사에서 상사를 보좌하는데 많은 도움이 될 것이라고 생각합니다. 어디서든지 배울 준비가 되어있고, 최선을 다하고 성실히 임할 준비가 되어 있습니다.

✿ 입사 동기와 장래 포부를 명확히 피력한다.

평범한 입사 동기는 지양하고 지원동기를 명확하고 구체적으로 적음으로써 본인이 적격자임을 피력한다. 장래 포부를 언급할 경우는 현재 자신이 잘 할 수 있는 일부터 구체적으로 기술하도록 한다. 막연히 '~에 기여하는 사람이 되겠다'보다는 구체적으로 어떻게 기여할 수 있는지, 나아가 목표가 무엇인지 입사 이후 단계별로 구체적으로 기술하는 것이 좋다.

입사 지원동기

한 소녀가 여자로 태어나다.

저는 어려서부터 외모를 치장하는 데에는 별로 관심이 없었습니다. 인형보다 축구와 딱지를 더 좋아했으며 항상 바지를 입고 다녔습니다. 저의 얼굴은 항상 남자 아이들보다 검었으며 화장이나 피부관리에는 관심이 없었습니다. 그런데 이런 소녀가 사회생활을 시작하면서부터 화장품을 찾게 되었고 여러 번의 시도 끝에 저에게 맞는 화장품을 모으다 보니 모두 귀사의 제품이었습니다. 가격과 품질에 있어서 모든 것을 만족시켜 주는 귀사의 제품은 어린 소녀를 아름다운 여자로 다시 태어나게 했으며, 자신을 치장하고 관리하는 즐거움을 알게 해줬습니다. 아름다움이라는 옷을 입고 더욱 당당해진 저는 귀사에 입사하여 여성들의 미를 주도하는데 앞장서고 싶으며 소비자만이 아니라 경영진이 되어 귀사를 이끌어 나가고 싶습니다. 저도 세계인들에게 'Asian Beauty Creator'으로 기억 되고 싶습니다. 저에게 꿈을 펼칠 수 있는 기회를 주시면 감사하겠습니다.

부모님 덕에 대중문화예술에 관심을 가지게 되었고 감수성 예민하기 시작하던 사춘기 시절에는 학교 연극부에 입단하였습니다. 직접 연기를 하며 무대 위에서 에너지를 얻었고 뒤에서 묵묵히 공연을 준비하면서 뿌듯함을 체험했고, 그렇게 작품 하나를 완성해 나가면서 굉장한 희열을 경험하였습니다. 약간의 중독성이라고 해야 할까 저에게 공연이란 그런 의미였습니다. 그때부터 제 마음 속에는 점점 공연예술에 대한 동경이 자리 잡고 있었습니다.
공연예술 뿐만 아니라 대중문화예술을 선도하는 귀사의 행보는 저의 마음을 움직이기에 충분했습니다. 제가 그동안에 울고 웃으며 보았던 공연 뒤에 귀사가 있다니 행복할 따름입니다. 그래서 저의 감성과 열정을 더하여 우리나라 공연업계의 발전에 귀사와 함께 걸어가고 싶습니다.

✿ 정성과 성실함이 묻어나도록 깨끗하게 작성한다.

지금도 취업서류를 컴퓨터가 아니라 자필로 작성할 것을 요구하는 경우도 있다. 이런 경우는 필력 뿐 아니라 필체도 평가 요소임을 알 수 있다. 따라서 글씨를 깨끗하고 정성들여 써서 읽는 사람이 편하게 읽을 수 있도록 한다.

▌ 자기소개서 작성법

- 내용을 이해하기 쉽고 읽는 사람의 시선을 끌 수 있도록 소제목을 붙이면 좋다.

- 지루하지 않도록 눈에 띄는 표현으로 읽는 사람의 관심을 끌 수 있도록 한다.
- 글자수를 제시한 경우는 글자수에 가능한 맞춘다. 너무 적은 양은 성의가 부족해 보이므로 주어진 글자수를 가능한 채우도록 한다. 자유형식으로 자기소개서를 작성해야 할 경우는 1~1.5쪽 정도가 적당하다.
- '저는' 등의 말이 반복되지 않도록 한다.
- 본문은 '습니다.' 등 존대어로 끝나도록 한다.
- 글자 모양과 크기, 줄 간격 및 줄 맞춤 등을 조절하여 보기 좋게 작성한다.
- 맞춤법, 띄어쓰기 등에 주의하고 줄임말, 약어 등은 지양하고 표준어로 작성한다. 특히 요즘 세대가 줄임말을 많이 사용하게 되면서 공식적인 문서에서도 줄임말을 사용하는 경우가 많아져서 이에 대한 주의가 요구된다.(예 알바 ➡ 아르바이트, 문상 ➡ 문화상품권, 샘 ➡ 선생님 등)
- 한 문장의 길이가 2줄을 넘지 않도록 하고 한 문단도 7줄이 넘지 않도록 단락을 나눈다.
- 끝에 '이상으로 저의 소개를 마치겠습니다.' 등으로 끝내는 것보다 감사의 말로 끝내는 것이 좋다.
- 끝에 작성일자와 본인 이름을 쓴다.
- 틀린 글자가 있으면 화이트로 지우지 말고 고쳐서 다시 출력한다.
- 종이를 접거나 구기지 않도록 주의한다.
- 종이질이 좋은 곳에 프린트하며, 프린트가 지저분하게 되지 않도록 한다.

  전문적 능력을 갖춘 비서라면 취업을 위해 본인의 성과를 증명할 수 있는 제반 자료를 바탕으로 포트폴리오portfolio를 제출하면 좋다. 자신의 능력 및 성과를 보여주는 자료를 프로젝트project 과제, 훈련training, 기술skill 등으로 분류하여 포트폴리오에 포함한다. 이와 같은 자료를 제시함으로써 본인이 가진 전문적 기술, 능력 등을 객관적으로 증명할 수 있어 면접에서 우수한 인재도 평가받을 수 있다.

면접

서류나 입사 시험만으로 비서의 적합성 여부를 판단하기는 어렵다. 따라서 비서직은 적격자를 선발하는 과정에서 면접이 차지하는 비중이 높으므로 철저한 면접 준비가 필요하다.

면접의 종류

기업에서는 개별면접이나 집단면접, 진단토론면접 등의 방식을 이용한다. 면접시험 전에 자신이 취업을 희망하는 기업이 어떤 면접방식을 채택하고 있는지에 대해 조사하고 면접 준비를 한다. 또한 지원한 회사에서 요구하는 인재상이 어떤 사람인지, 기업의 전략, 제품, 대외적인 평판 등을 미리 공부해둔다.

▌개별면접

면접관이 지원자 한 사람씩을 개별적으로 질의 응답하는 면접방식이다. 개별면접은 한 사람을 자세히 파악할 수 있는 장점이 있으나 시간과 비용이 많이 들어 많은 인원을 채용해야 할 경우는 부적합하다. 그리고 다른 지원자들과의 비교가 용이하지 않아 주로 1차 면접에서는 여러 명의 지원자를 동시에 보는 집단 면접을 실시하고 최종 면접에서 개별면접이 이루어지는 경우가 많다.

▌집단면접

여러 명의 면접관이 지원자 여러 명을 한꺼번에 평가하는 방식이다. 시간을 단축할 수 있는 장점이 있으며 지원자간의 비교평가가 가능하다. 따라서 집단 면접에서는 다른 지원자들과 차별화될 수 있는 자신만의 역량을 보여주는 것이 중요하다.

당신의 서류면접 불합격, 이유 있었네

이달 9일 현대자동차를 시작으로 대기업의 올 하반기 대졸 신입사원 공채 인적성 검사가 시작된다. 10대 그룹의 입사 경쟁률은 보통 50대1을 넘고 채용 인원이 적은 대기업은 300대1에 육박한다. 1차 서류전형을 통과한 뒤 2차 인적성 검사에 응시하는 인원은 최종 합격자의 10배수 안팎. 인·적성 검사를 통과하고 마지막 면접까지 치르는 인원은 3~5배수 정도다.

이처럼 합격자보다 낙방자가 많은 구조에서 탈락자는 왜 어떤 이유로 서류전형이나 면접에서 떨어질까? 본지가 10대 그룹 주요 계열사 채용 담당자를 상대로 취재한 결과 '정직'과 '성실' 같은 기본기(基本技)가 관건으로 확인됐다.

◇ 기업명 오기(誤記)·지각 = 탈락

이들이 '탈락 0순위'로 꼽은 이는 자기소개서에 지원 회사의 이름을 잘못 적거나 비속어(卑俗語)를 쓰는 경우다. GS칼텍스(Caltex)라고 적어야 할 것을 'GX칼텍스' 'GS Kaltex'라고 적는 식이다. 김성애 GS칼텍스 과장은 "마감 시간에 임박해 다른 회사에 제출한 자기소개서를 그대로 복사해 제출하다 보니 이런 실수를 저지르는 지원자가 제법 많다"고 말했다. 손우람 롯데그룹 책임은 "다른 그룹의 슬로건인 '고객이 행복할 때까지 OK'라는 문구를 쓴 지원자, 이미 철수한 사업 부문에서 근무하고 싶다고 쓴 지원자는 무조건 탈락시킨다"고 했다.

면접 때 기본 에티켓을 지키지 않는 지원자도 불합격이다. 정형섭 한화케미칼 부장은 "시간과 약속 준수는 비즈니스의 기본인데 면접에 지각하는 사람을 뽑을 수는 없다"고 했다. 이석기 LG화학 부장은 "머리는 산발한 채 면도도 안 하고 오거나 청바지에 발목 양말을 신고 오는 지원자를 어느 면접관이 좋아하겠느냐"고 말했다.

면접장에 부모와 함께 오는 지원자도 낮은 평가를 받는다. 박성은 포스코 채용팀장은 "면접 때 부모가 따라오는 지원자에 대해 감점을 주거나 떨어뜨리지는 않지만 요주의 관찰 대상으로 삼는다"고 말했다. 한화·롯데그룹 등은 면접 진행 요원이 대기장에서 다른 지원자에게 불쾌감을 주는 지원자를 따로 보고해 합격을 취소시킨다.

◇ '탈(脫)스펙'에도 '학점'은 예외

최근 입사 지원서에서부터 '스펙'란을 삭제한 기업이 늘고 있지만, 10대 그룹 대다수는 "다른 스펙은 안 봐도 학점(學點)은 반드시 본다"고 대답했다. 출신 학교와 무관하게 전공과 학점이 직무 역량을 갖췄는지 평가하는 데 중요 요소라는 것이다. 기업 활동이 글로벌화하는 상황에서 상당수 그룹은 일정 기준을 넘는 영어 성적도 꼼꼼히 체크하고 있는 것으로 확인됐다. 조홍수 현대중공업 부장은 "매출의 80% 이상이 해외에서 발생하는 만큼 외국어 성적을 가볍게 볼 수 없다"며 "학점은 학창 생활의 성실성과 기본 직무 역량을 보여주는 정확한 척도(尺度)"라고 말했다.

사설 학원의 조언에 의존하는 정형화된 패턴도 불리하다. 정경철 대한항공 인사관리팀장은 "승무원 면접 때 공식에 맞춰서 면접관을 바라보는 시간까지 맞추는 지원자가 있는데 자연스럽지 못해 오히려 평가에 손해를 본다"고 했다.

◇ 자기 경험을 솔직하게 표현해야

채용 담당자들은 채용 과정에서 가장 중시하는 측면으로 '정직성'과 '진정성'을 꼽았다. 정형섭 한화케미칼 부장은 "면접 때 자기소개를 하겠다며 퍼포먼스를 준비하는 지원자가 있는데 진정성이 없어 보인다"며 "잘 모르는 질문에는 솔직히 모르겠다고 하는 게 현명하다"고 말했다.

자기소개서나 면접에서 거짓말은 최악이다. 손우람 롯데그룹 책임은 "면접 때 질문을 몇 번 던져보면 자기소개서에 쓴 내용이 과장이나 거짓말인지 대부분 잡아낼 수 있다"고 말했다.

지원 회사에 대해 공부하고 입사 의지(意志)를 적극 알리는 자세는 합격의 지름길이다. 조홍수 현대중공업 부장은 "회사 사업 분야에 대해 짧은 시간이라도 공부하고 오면 훨씬 유리하다"며 "자신이 해당 기업에 기여할 수 있는 내용을 자료로 만들어 제출한 지원자에게 CEO가 합격 결정을 직접 내린 적도 있다"고 했다.

김기홍 기자, 조재희 기자

| 신문기사 사례

집단면접에서 주의해야 할 점은 질문을 하는 면접관은 한 명이지만 질문에 답변하는 모습을 관찰하는 면접관은 여러 사람이라는 것을 염두에 두어야 한다. 따라서 답변을 할 때는 질문한 면접관 뿐 아니라 다른 면접관들도 보면서 답하는 것이 좋다. 특히 자신이 대답하는 순서가 아니라고 해서 딴 생각을 하거나 무관심한 태도를 보여서는 안 된다. 다른 지원자가 답변할 때도 진지하게 듣도록 한다. 다른 사람들의 의견을 경청하는 자세는 면접에서 매우 긍정적인 평가를 받는다.

▌집단토론면접

한 주제를 가지고 지원자들이 토론을 통해 결론을 도출하고 면접관들이 그 과정을 관찰, 평가하는 방법이다. 집단토론면접은 사회자와 주제가 정해진 상황에서 지원자들이 주어진 주제에 대해 토론하는 방식, 주제만 정해 주고 지원자들이 지원자 중에서 사회자를 선발해 토론하는 방식, 사회자 및 주제를 지원자들이 결정하고 특별한 제약없이 자유롭게 토론하는 방식이 있다.

집단토론에서는 자신의 의견만을 고수하고 타인의 의견을 비판하기보다는 남의 의견을 경청, 존중하는 태도를 보이면서 자신에게 기회가 왔을 때 핵심적인 내용을 조리 있게 표현하는 것이 중요하다. 집단토론은 각각의 참여자들의 지식, 경험, 의견을 모아 함께 문제를 해결하는 과정을 평가하므로 참여자들의 협력을 중시함을 잊지 않도록 한다.

이외에도 전문성 있는 주제에 대해 지원자의 지식, 경험, 의견 등을 발표하는 프리젠테이션 면접이 있다. 전문적인 능력을 평가하고자 할 때 주로 사용된다. 또한 주제를 제시한 후 토론을 거쳐 지원자들이 다른 지원자를 상호 평가하는 동료 평가면접 등 기업은 우수한 인재를 선발하기 위해 다양한 면접 방식을 활용하고 있으므로 지원한 회사에 맞는 면접 준비가 필요하다.

🦸 면접 준비

▮ 사전 조사

먼저 지원하는 회사와 담당하고자 하는 업무에 대해 조사한다. 회사의 업종, 종업원의 규모, 매출액의 규모 및 자회사 여부, 해외진출 정도, 주력사업, 핵심제품, 인재상, 최근 신문이나 뉴스에 나온 기사내용 등을 파악하고 있어야 한다. 또한 담당하고자 하는 업무의 내용, 요구하는 지식이나 기술의 정도, 앞으로의 전망 등에 대해서도 숙지해야 한다.

면접 전에 지원한 회사를 사전에 방문해 보는 것이 좋다. 그러면 더욱 열심히 면접을 준비하게 될 뿐 아니라 면접 시 본인이 얼마나 이 회사에 입사하기를 희망하는지를 피력할 수 있다.

▮ 예상질문

대부분의 취업 면접은 질문과 대답의 반복이다. 면접관들이 많이 하는 질문은 지원자의 업무 수행 능력을 파악하기 위한 업무관련지식 및 기술, 자격 유무, 직무에 대한 태도 뿐 아니라 학창시절 대인관계, 봉사활동, 포부, 문제해결 능력 등 매우 다양하다. 그러므로 이러한 질문에 어떻게 답변해야 할지 사전에 연습하는 것이 좋다. 가장 좋은 방법은 실제 면접과 같은 모의 면접 상황에서 직접 면접을 해 보는 것이다. 이때 녹화를 해 두면 부족한 부분을 확인하고 수정할 수 있어 매우 도움이 된다. 사전에 충분히 연습하는 것이 실제 면접 현장에서 실수를 줄이고 자신감을 갖는 지름길이다.

면접 마무리 단계에서 면접관에게 질문할 기회를 주면 취업하고자 하는 조직과 업무에 대해 궁금한 내용을 질문하도록 한다. 이 때 개인의 편견이 들어간 질문이나 급여나 복지에 집착하는 듯한 질문도 피하도록 한다. 질문을 할 때는 정중하고 예의바른 태도로 해야 한다. 면접관이나 기업을 공격하는 느낌을 주는 질문은 하지 않는 것만 못하다.

면접 날짜가 다가오면 이력서, 자기소개서의 내용을 다시 한 번 숙지하고 예상 질문과 답변 내용도 점검하도록 한다.

면접에서 중요한 것이 바로 자신감이다. 특히 집단 면접시 다른 지원자들에 비해 학력이나 경험이 떨어진다는 생각으로 지나치게 자신 없는 태도를 보이는 것은 바람직하지 않다. 자신의 약점보다 강점을 찾고 그러한 강점을 면접관에게 적극적으로 피력하는 것이 중요하다. 그러므로 평소 자신의 강점, 경쟁력 등을 파악해 두도록 한다. 직무와 관련된 자격증이 많은 것도 경쟁력이 되지만, 다른 사람을 배려하는 능력이 탁월하다든지 경청능력도 자신의 경쟁력이 될 수 있다.

자신감만큼 중요한 것이 면접에 임하는 태도이다. 면접이 진행되는 동안 계속해서 바른 자세를 유지하고 면접관에게 공손하고 예의바른 태도를 보여야 한다. 면접시간이 길어질수록 자세가 흐트러지기 쉬우므로 주의해야 한다. 따라서 사전에 모의면접을 통해 연습을 해보고 모의 면접관으로부터 자세, 얼굴표정, 시선처리 및 어투 등에 대해 평가를 받고 부족한 부분을 개선한다. 자신의 면접을 녹화한 다음 모니터링하여 문제점을 개선하는 것도 좋은 방법이다.

면접에서 면접관과 시선을 마주하고 자주 미소 지으며 의자에 기대지 않고 바른 자세를 취하는 것 등과 같은 비언어적인 태도는 중요한 평가 요소이다. 뿐만 아니라 음성도 성공적인 면접에 중요한 요소이다. 자신의 음성을 녹음하여 문제점을 알아내고 개선하도록 한다. 음색은 바꿀 수 없지만 너무 빨리 말하거나 너무 느리게 말하는 것은 고칠 수 있다. 또한 목소리가 지나치게 크거나 작은 것도 여러 번의 연습을 통해 고칠 수 있다. 듣기 거슬리는 말투나 언어 습관 등도 점검할 수 있다. 즉 목소리는 최대한 자연스럽게 음량을 조절하고 자신의 표현하고자 하는 이야기를 절도 있게 상대방에게 전달하기 위해서는 많은 노력이 필요하다.

다음은 면접시 점검해야 할 태도이다.

- 손은 언제나 고정시켜 둔다. 손을 움직이지 않으려고 노력한다.
- 시선은 면접관을 향하도록 한다. 땅이나 천정을 쳐다보지 않도록 한다.

- 옷에 손을 자주 대면서 고쳐 입지 않도록 한다. 이러한 태도는 자신감이 없고 불안해 보인다.
- 긴장하여 발장난이나 손장난을 하지 않도록 한다.
- 면접위원이 서류를 검토하는 동안에는 말하지 않는다.
- 인사관리자 책상에 있는 서류를 쳐다보지 않는다.
- 먼저 면접한 지원자들과 대기실에서 면접내용에 관하여 이야기하지 않는다.
- 집단 면접시 다른 지원자가 답할 때 경청하는 자세가 필요하다. 내 답변이 아니라고 무심한 표정을 짓거나 또는 대답하는 지원자를 빤히 쳐다보아서도 안 된다.
- 상대방의 의견에 동의할 때는 가볍게 고개를 끄덕여도 된다.
- 다른 지원자가 답할 때 얼굴을 찌푸리거나 표정이 굳어지지 않도록 주의한다.
- 농담은 되도록 피한다. 쾌활한 것은 좋지만 지나치게 가벼운 태도는 취업에 대한 의지 부족으로 보인다.

▎옷차림

면접시 지원한 업무에 적합한 옷차림을 한다. 비서직의 경우 외부인들과 만나거나 중요한 손님을 응대해야 하는 경우가 많아 단정한 옷차림이 중요하다. 원색이나 화려한 디자인은 피하고 비즈니스에 어울리는 복장을 한다. 상황과 분위기에 맞는 옷차림은 그 사람을 한결 돋보이게 한다는 사실을 기억하도록 한다.

머리부터 발끝까지 모두 정돈된 느낌을 주도록 한다. 즉 머리는 단정하고 청결한 느낌을 주도록 한다. 진한 화장은 피하지만 차분하면서도 건강한 느낌을 주는 화장이 좋고 손톱은 깨끗하게 정돈되어 있도록 한다. 스타킹은 눈에 띄지 않는 색상을 선택하도록 하고 구두도 지나치게 화려하거나 높은 구두, 샌들, 부츠 등은 지양하고 의상에 어울리는 구두를 선택한다.

면접시험의 순서

일반적으로 면접시험은 대기→호명→입실→면접→퇴실의 순서로 진행된다. 실질적인 질의·응답이나 토론은 면접실에서 이루어지지만 대기실에서부터 퇴실까지의 행동이나 태도가 모두 평가의 대상이 된다.

면접 순서를 알면 면접에 대한 불안감을 줄일 수 있으므로 아래의 면접 순서를 기억하도록 한다.

▌회사 도착

면접 장소는 사전 답사로 위치를 잘 알아 두도록 하고 면접 당일에도 20분 전에는 도착해서 여유를 갖도록 한다. 면접시간에 늦어서는 안된다. 회사에 도착하는 순간부터 수험생의 마음으로 긴장감을 가지고 절도 있게 행동하는 것이 바람직하다.

▌대기

대기실에서는 회사의 인사담당자로부터 면접순서와 유의사항을 전달받고, 차례를 기다리게 되는데 면접시험은 이때부터 시작된다고 해도 과언이 아니다.

잡담을 나누는 등의 행동은 자제하고, 바른 자세를 유지해야 하며, 예상 질문에 대한 답변 내용을 다시 한번 확인한다. 대기실에서 스마트 폰을 이용하여 정보를 검색하는 것은 괜찮지만 게임이나 채팅을 하는 것은 좋지 않은 인상을 주므로 주의한다. 면접 차례가 가까워지면 다시 한번 자신의 복장과 머리스타일 등을 점검한다.

▌입실

담당직원이 자신의 이름을 부르면 똑똑히 대답한 후 면접실 문을 두세 번 노크를 하고 잠시 후에 들어간다. 면접실에 들어서면 조용히 문을 닫고 정면을 향해 허리를 굽혀 공손히 인사한다. 문을 닫을 때 면접관에게 뒷모습을 보이지 않도록 하며 문을 신속히 닫고 문고리에서 손을 뗀 후 인사를 한다. 면접위원이 지시하는 자리로 가서 정중하게 인사를 한 후 성명을 정확하게 말하고 착석 지시를 받은 후 자리에 앉는다. 집단면접의 경우 순서에 따라 입실해야 하며, 착석할 때에도 혼자서 먼저 앉지 않도록 주의한다. 앉을 때는 등을 반듯이 세우고 다리를 가지런히 하여 바른 자세로 앉는다. 무릎은 가볍게 붙이고, 손을 무릎 위에 편안하게 올려놓는다. 시선은 면접위원의 눈을 바라보고 침착하고 진지한 느낌을 줄 수 있도록 한다. 면접이 끝날 때까지 바른 자세를 유지하면서 질문에 답하도록 한다.

▌ 질의응답

질문이 시작되면 침착하고 밝은 표정으로 면접 위원을 바라보며, 명확한 발음으로 대답한다. 면접관은 답을 알고 싶어서 묻는 경우도 있지만 어떻게 대답하는가에 관심이 있는 경우도 많다. 따라서 잘 모르는 질문을 받았을 경우에도 성의껏 답변하려는 자세를 보이는 것이 중요하다. 잘 모르는 내용을 말해야 할 때 긴장하여 너무 서두르거나 말이 빨라져 더듬거리지 않도록 주의한다. 답의 내용보다 답변하는 자세가 때로는 더 중요함을 기억하자.

특히 다음 사항을 고려하여 답변하면 좋은 인상을 줄 수 있다.

- 목소리는 낮고 또렷하고 침착하며 자연스러운 억양으로 대답하며, 경어와 표준어를 사용하도록 한다.
- 표준어를 구사해야 함은 면접의 기본이다. 속어, 은어, 비어의 사용은 금물이다. 또한 "~같아요" 등의 불분명한 종결 어미는 사용하지 않도록 한다.
- 질문이 떨어지기가 무섭게 대답하거나 너무 빠른 말투로 답변하지 않는다. 면접관의 질문이 끝나면 잠시 여유를 두었다가 결론부터 말하고, 그에 따르는 설명과 이유를 덧붙여 논리가 명확한 답변이 되도록 하다. 물론 부가적인 설명도 간단, 명료하게 한다. 자신이 잘 아는 내용이라고 질문이 끝나기도 전에 답하거나 흥분하여 빠르고 큰 목소리로 답변하는 것

은 바람직하지 않다.

- 응답 시에는 말을 꾸미지 말고 솔직하게, 그리고 자신 있는 태도로 대답하여 신뢰감을 주도록 한다.
- 질문 내용을 잘 모를 때는 얼버무리거나 우물쭈물한 태도를 보이지 않는다. 잠시 생각할 시간을 가진 후에도 잘 모를 경우는 '죄송합니다. 잘 모르겠습니다'라고 솔직하게 대답하는 것이 좋다.
- 중간에 실수를 하였더라도 끝까지 최선을 다하는 모습을 보인다.
- 난처한 질문을 받더라도 재치 있게 답변해야 한다. 그리고 사소한 질문에도 최선을 다한다.
- 혹시 잘못 대답했다고 해서 혀를 내밀거나, 머리를 긁적거리는 일이 없도록 한다. 또한 질문에 대한 대답이 생각나지 않는다고 천장을 쳐다보거나 머리를 푹 숙이고 바닥을 봐서도 안된다.
- 잘못 알아들었을 때는 다시 한 번 말씀해 줄 것을 부탁한다.
- 최종 결정이 이루어지기까지 급여나 복지에 대한 언급은 피한다.
- 면접관에게 불필요한 질문을 하지 않는다.

퇴실

- 면접관이 나가도 좋다고 하면 자리에서 일어나 '감사합니다.'라고 인사하고, 의자를 바르게 놓은 후에 조용히 문은 닫고 나온다.
- 퇴실할 때 힘없는 표정을 짓지 않도록 주의한다.
- 면접관에게 '수고하셨습니다'라고 인사해서는 안된다. '수고하였다'라는 인사는 윗사람이 아랫사람에게 하는 인사이다.
- 면접관은 지원자가 들어오면서부터 나가기까지의 모든 행동을 관찰하고 있음을 기억한다.

01 국문이력서와 영문이력서, 자기소개서를 작성해 보시오.

02 올바른 면접 태도와 질문에 답하는 자세에 대해 논의해 보자.

03 국내 기업들이 최근 비서직 채용시 가장 중요시하는 역량이 무엇인지 살펴 보자.

SECRETARIAL
PROCEDURES
비서실무의 **5판**
이해

SECRETARIAL
PROCEDURES

비서실무의 5판
이해

부록

전문비서 윤리강령 Code of Ethics

서 문

전문비서윤리강령은 비서가 전문 직업인으로서 신뢰와 책임감을 갖추고 성실히 업무를 수행하며, 나아가 사회에 공헌하도록 함을 목적으로 제정되었다.

비서는 윤리강령을 준수할 의무를 지니며 직무를 수행함에 있어 본 강령을 행동 준칙으로 채택한다.

I. 직무에 관한 윤리

【상사 및 조직과 고객의 기밀 유지】 비서는 업무와 관련하여 얻게 되는 상사나 조직, 또는 고객에 대한 정보의 기밀을 보장하고 업무 외의 목적으로 기밀 정보를 사용하지 않는다.

【조직과 상사와의 관계】 비서는 전문적인 지식과 사무능력을 보유하고 업무를 효율적으로 수행함으로써 상사와 조직의 이익을 증진시킨다.

【예의와 정직】 비서는 항상 상사와 고객에게 예의를 갖추어 친절하게 대하며 직무 수행에 있어 직위의 범위를 벗어나는 언행을 삼가고 정직하게 임하여 신뢰를 받도록 노력한다.

【동료와의 관계 및 팀웍】 비서는 존중과 신뢰를 바탕으로 동료들과의 관계를 협조적, 우호적으로 유지하여 효과적인 팀웍을 이루어 나갈 수 있도록 노력한다.

【보상】 비서는 최선의 업무결과에 대한 정당한 대우를 받을 권리가 있으나 부당한 목적을 위해 제공되는 보상에 대해서는 응하지 않는다.

【자원 및 환경 보존】 비서는 업무 수행 시 경비 절감과 자원 절약, 환경보존을 위해 노력한다.

【직무수행 봉사정신】 비서는 자신의 직무와 관련된 사항에 대해 직무수행효과를 제고한다.

II. 전문성에 관한 윤리

【전문성 유지 및 향상】 비서는 지속적인 자기 계발을 위해 교육 훈련 프로그램에 적극적으로 참여함으로써 비서로서의 전문성을 유지 및 향상시킨다.

【전문직 단체 참여】 비서는 자신의 전문성을 향상시킬 수 있는 전문직 단체에 참여하여 정보 교환과 상호 교류를 통해 비서직 성장 발전과 권익 옹호를 도모한다

【품위 유지】 비서는 직업의 명예와 품위 향상을 위하여 노력한다.

【사회봉사】 비서는 지역 사회의 발전 및 공공의 이익을 도모할 수 있는 각종 봉사 활동에 적극적으로 참여한다.

〈한국비서협회 : www.kaap.org〉

항공사 코드

항공사 코드(IATA)	항공사명	항공사영문명
AC	캐나다항공	Air Canada
AF	프랑스항공	Air France
BA	브리티시항공	British Airways
CX	캐세이 패시픽항공	Cathay Pacific
DL	델타항공	Delta Airways
JD	일본에어시스템	Japan Air System
KL	네덜란드항공	KLM Royal Dutch Airlines
NH	전일전공	All Nippon Airways
PR	필리핀항공	Philippine Airlines
TG	타이항공	Thai Airways Int'l
CA	중국국제항공	Air China
KE	대한항공	Korean Air
LH	루프트한자항공	Lufthansa German Airlines
MU	중국동방항공	China Eastern Airlines
SR	스위스항공	Swiss Air Transport
SQ	싱가폴항공	Singapore Airlines
OZ	아시아나항공	Asiana Airlines
CZ	중국남방항공	China Southern Airlines
AN	안셋항공	Ansett Australia
HY	우즈베키스탄항공	Uzbekistan Airways
CS	콘티넨탈항공	Continental Micronesia Inc.
SU	아에로플로트항공	Aeroflot Russian Int'l Airlines
NZ	뉴질랜드항공	Air New Zealand
VN	베트남항공	Vietnam Airlines
AI	에어 인디아	Air India limited
TK	터어키항공	Turkish Airlines
AC	카나다항공	Air Canada
QF	콴타스항공	Qantas Airways
MH	말레이지아항공	Malaysia Airlines System
UA	유나이티드항공	United Airlines

각국 도시 공항 코드

일본지역

도시명	코 드	도시명	코 드	도시명	코 드
동경	NRT	오사카	KIX	나고야	NGO
후쿠오카	FUK	아오모리	AOJ	히로시마	HIJ
후쿠시마	MYJ	가고시마	KOJ	고마쯔	KMQ
마쓰야마	MYJ	니이가타	KIJ	오이타	OIT
오카야마	OKJ	삿포르	SPK	센다이	SDJ
다카마쓰	TAK	도야마	TOY		

중국지역

도시명	코 드	도시명	코 드	도시명	코 드
북경	BJS	장춘	CGQ	대련	DLC
광쩌우	CAN	하얼빈	HRB	청도	TAO
상해	SHA	심양	SHE	천진	TSN
연태	YNT	계림	KWL	연길	YNT

아시아 지역

도시명	코 드	도시명	코 드	도시명	코 드
서울	ICN	홍콩	HKG	방콕	BKK
싱가폴	SIN	대만	TPE	마닐라	MNL
푸켓	HKT	뉴델리	DEL	호치민	SGN
자카르타	CGK	코타키나발루	BKI	쿠알라품푸르	KUL
뭄바이	BOM	울란바토르	ULN	붐베이	BOM

독립국가연합(구소련)지역

도시명	코 드	도시명	코 드	도시명	코 드
알미티	ALA	하바로프스크	KHV	크라스노야르스크	KJA
모스크바	SVO	타쉬켄트	TAS	블라디보스토크	VVO
사할린	UUS				

미주지역

도시명	코 드	도시명	코 드	도시명	코 드
로스엔젤레스	LAX	뉴욕	JFK	뉴어크	EWR
샌프란시스코	SFO	시카고	ORD	시애틀	SEA
호놀룰루	HNL	엥커리지	ANC	아틀랜타	ATL
보스턴	BOS	댈러스	DFW	덴버	DEN
라스베가스	LAS	올랜도	ORL	필라델피아	PHL
워싱턴	IAD	상파울로	GRU	토론토	YYZ
밴쿠버	YVR	부에노스아이레스	BUE	산티아고	SCL

대양주지역

도시명	코 드	도시명	코 드	도시명	코 드
오클랜드	AKL	브리스베인	BNE	크라이스처치	CHC
괌	GUM	사이판	SPN	시드니	SYD

유럽지역

도시명	코 드	도시명	코 드	도시명	코 드
암스텔담	AMS	프랑크푸르트	FRA	런던	LHR
파리	CDG	로마	FCO	쥬리히	ZRH

출장 여비 규정

제 1 장 총 칙

제 1 조 【목 적】

이 규정은 임직원의 출장 및 여비에 관한 사항을 규정하여 출장 업무의 효율적 수행에 기여함을 목적으로 한다.

제 2 조 【여비의 구분】

여비는 국내 출장 여비와, 해외 출장 여비로 구분한다.

제 3 조 【여비의 종류】

1. 일비는 출장지 내에서 발생하는 현지 교통비 및 출장 중의 잡비 등의 경비를 말한다.
2. 식비는 출장 기간 중 식사비용을 말한다.
3. 숙박비는 숙박료와 기타 부대비용을 말한다.
4. 교통비는 출장지로 이동 시 필요한 항공, 철도, 자동차, 선박 요금을 말한다.

제 4 조 【여비의 계산】

1. 교통비는 그 실비를 지급한다.
2. 일비는 출장 일수에 따라 지급한다.
3. 숙박비는 출장 기간 동안의 숙박 일수에 따라 지급한다.

제 5 조 【여비 지급의 제한】

회사 또는 사외 기관에서 교통비 또는 숙식을 제공하는 경우에는 이에 해당하는 금액을 제외하고 여비를 지급한다.

제 6 조 【수행 출장】

임원을 수행할 사원이 있는 경우 출장 수행자의 여비는 소속 부서와 총무팀에 선결재를 받은 후 임원과 동일한 금액을 지급할 수 있다.

제 7 조 【동행 출장】

동일한 출장 목적으로 2인 이상이 동행하여 출장 시 여비는 식비와 교통비(항공료는 제외)에 한해 상급자의 직위와 동일한 금액을 지급한다.

제 8 조 【휴일 출장】

출장 기간 중에 휴일이 포함되어 있는 때에는 휴일 근무 수당을 별도로 지급한다.

제 9 조【출장 신청 절차】

출장자는 출장 전에 출장 신청서(서식 제1호)를 작성하고 출장 승인권자의 결재를 받아 국내 출장은 출발 3일 전까지, 해외 출장은 출발 10일 전까지 총무팀에 제출한다.

제 10 조【여비의 선지급】

여비는 출장 전 출장 경비 예산서(서식 제2호)를 작성하여 예산서의 범위 내에서 출장비를 선지급 신청할 수 있고, 귀임 후 3일 이내에 정산하여야 한다.

제 11 조【출장 결과 보고】

출장자는 귀임 후 7일 이내에 출장 보고서(서식 제3호) 작성 후 결재권자에게 보고한다.

제 12 조【출장 경비 정산】

출장자는 귀임 후 14일 이내에 출장 여비 정산서(서식 제4호) 작성 후 출장 승인권자의 결재를 받아 총무팀에 제출한다.

제 2 장 국내 출장

제 13 조【여비 지급 기준】

국내 출장 시에는 (별표 제1호)를 기준으로 여비를 지급한다.

제 14 조【당일 출장】

당일 출장에 대하여는 교통비(실비), 일비를 지급한다.

제 15 조【장기 출장】

동일 지역에 15일 이상 장기 출장 시에는 초과 일수에 대한 일당은 정액의 20%를 감하여 지급한다.

제 16 조【연수 출장】

업무 수행에 필요한 교육 훈련을 위해 출장하는 경우에는 (별표 제1호) 국내 출장 여비 지급 기준으로 여비를 지급한다.

제 3 장 해외 출장

제 17 조【여비 지급 기준】

해외 출장 시에는 (별표 제2호)를 기준으로 여비를 지급한다.

제 18 조 【장기 출장】

동일 지역에 15일 이상 장기 출장 시에는 초과 일수에 대한 일당은 정액의 20%를 감하여 지급한다.

제 19 조 【해외 출장 수속 비용】

해외 출장 수속을 위한 여권과 비자 서류 준비 비용, 발급 수수료, 예방 접종 비용, 여행자 보험료 등의 수속 비용은 관리 부서장의 승인으로 지급한다.

출장 여비 기준표

(별표 제1호) 국내 출장 (단위: 원)

구분	교통비	숙박비	일비
부사장 이상	실비	실비	100,000
임원	실비	실비	50,000
부장 이하	고속버스(우등), 철도(KTX)	40,000	40,000
대리 이하	고속버스(일반), 철도(KTX)		30,000

(별표 제2호) 해외 출장 (단위: US$)

구분	교통편		숙박비	일비
	항공편	그 외 교통편		
부사장 이상	1등석	실비	실비	200
임원	2등석	실비	180	150
부장 이하	3등석	실비	120	100
대리 이하		실비	100	80

부 칙

제 1 조 【시행일】

이 규정은 20   년   월   일 제정 시행한다.

세계 주요국 월별 평균 기온

도 시 명	1월	2월	3월	4월	5월	6월	7월	8월	9월	10월	11월	12월
뉴 욕	2/-4	3/4	7/-1	14/6	20/12	25/16	28/19	27/19	26/16	21/9	11/3	5/-2
동 경	9/-1	10/0	13/3	18/9	22/14	25/18	29/22	31/23	27/20	21/13	16/7	12/2
런 던	7/2	7/2	11/9	13/4	17/7	21/11	23/13	22/12	19/11	14/7	9/4	7/2
로 마	11/5	13/5	15/7	19/10	23/13	28/17	30/20	30/20	26/17	22/13	16/9	13/6
로스엔젤레스	18/8	19/8	19/9	21/10	22/12	24/13	27/16	28/16	27/14	24/12	23/10	19/8
리야드	21/8	23/9	28/13	32/18	38/22	42/25	42/26	42/24	39/22	34/16	29/13	21/9
마닐라	30/21	31/21	33/22	34/23	34/24	33/24	31/24	31/24	31/24	31/23	31/22	30/21
마드니드	9/2	11/2	15/5	18/7	21/10	27/15	31/17	31/17	25/14	19/10	13/5	9/2
멕시코시티	19/6	21/6	24/8	25/11	26/12	24/13	23/12	23/12	23/12	21/10	20/8	19/6
모스크바	-9/-16	-6/-14	0/-8	10/1	19/8	21/11	23/13	22/12	16/7	9/3	2/-3	-5/-10
몬트리올	-8/-17	-7/16	-1/-9	7/-2	16/5	22/11	24/14	23/12	18/8	11/3	2/-4	-6/-13
방 콕	32/20	32/22	34/24	35/25	34/25	33/24	32/24	32/24	31/24	31/24	31/22	31/20
벤쿠버	5/0	7/1	10/3	14/4	18/8	21/11	23/12	23/12	18/9	14/7	9/4	6/2
봄베이	28/19	28/19	30/22	32/24	33/27	32/26	29/25	29/24	29/24	32/24	32/23	31/21
부루셀	4/-1	7/0	10/2	14/5	18/8	22/11	23/12	22/12	21/11	15/7	9/3	6/0
부에노스아이레스	29/17	28/17	26/16	22/12	18/8	14/5	14/6	16/6	18/8	21/10	24/13	28/16
북 경	1/-10	4/-8	11/-1	21/7	27/13	31/15	31/21	30/20	26/14	20/6	9/-2	3/-8
상파울루	31/16	41/14	31/15	30/11	26/11	26/8	28/7	28/5	29/10	31/10	31/11	31/13
서 울	0/-10	3/-7	9/-1	17/5	23/11	27/16	29/21	31/22	26/16	20/8	12/1	3/-5
스톡홀름	-1/-5	-1/-5	3/-4	8/1	14/6	19/11	22/14	20/13	15/9	9/5	5/1	2/-2
시드니	26/18	26/18	24/17	22/14	19/11	16/9	16/8	17/9	19/11	22/13	23/16	25/17
시카고	0/-8	1/-7	6/-2	13/4	18/10	24/16	27/19	26/18	23/14	16/8	8/1	2/-5
싱가폴	30/23	31/23	31/24	31/24	32/24	31/24	31/24	31/24	31/24	31/23	31/23	31/23
아테네	13/6	14/7	16/8	20/11	25/16	30/20	33/23	33/23	29/19	24/15	19/12	15/8
쟈카르타	29/23	29/23	30/23	31/24	31/24	31/23	31/23	31/23	31/23	31/23	30/23	29/23
츄리히	2/-3	5/-2	10/1	15/4	19/8	23/12	25/14	24/13	20/11	14/6	7/2	3/-2
텔아비브	18/9	19/9	20/10	22/12	25/17	28/19	30/21	30/22	31/20	29/15	25/12	19/9
파리	6/0	7/1	11/2	16/5	19/8	23/11	24/13	24/13	21/10	15/7	9/3	6/1
프랑크푸르트	3/-2	5/-1	11/2	16/6	20/9	23/12	25/15	24/14	21/11	14/7	8/3	4/0
호노룰루	24/21	24/19	25/19	26/20	27/21	27/22	28/23	28/23	28/23	28/22	27/21	26/21
홍콩	18/13	17/13	19/16	24/19	28/23	29/26	31/26	31/26	29/25	27/23	23/18	20/15
휴스턴	17/7	18/8	22/12	26/16	29/19	32/22	33/23	34/23	31/21	27/16	22/11	17/7

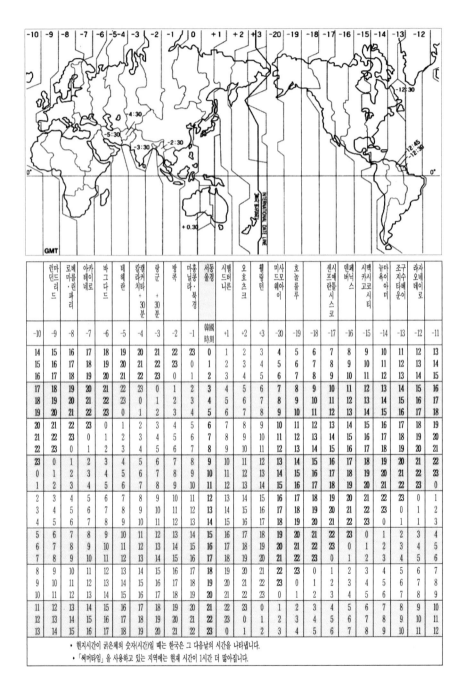

런던더블린리드	로페마롤·린파리	아카테이네로	바그다드	테헤란	칼캔라커치타+30분	랑군+30분	방콕	마홍닐롱라·북경	서동올경	시뱁드니른	오호츠크	첼링턴	미사드모웨아이	호놀룰루	샌시프애란틀시스코	템페버닉스	시맥카시고코시티	뉴마욕이아미	조구지수타백운이	라자오네데이로			
-10	-9	-8	-7	-6	-5	-4	-3	-2	-1	韓國時刻	+1	+2	+3	-20	-19	-18	-17	-16	-15	-14	-13	-12	-11
14	15	16	17	18	19	20	21	22	23	0	1	2	3	4	5	6	7	8	9	10	11	12	13
15	16	17	18	19	20	21	22	23	0	1	2	3	4	5	6	7	8	9	10	11	12	13	14
16	17	18	19	20	21	22	23	0	1	2	3	4	5	6	7	8	9	10	11	12	13	14	15
17	18	19	20	21	22	23	0	1	2	3	4	5	6	7	8	9	10	11	12	13	14	15	16
18	19	20	21	22	23	0	1	2	3	4	5	6	7	8	9	10	11	12	13	14	15	16	17
19	20	21	22	23	0	1	2	3	4	5	6	7	8	9	10	11	12	13	14	15	16	17	18
20	21	22	23	0	1	2	3	4	5	6	7	8	9	10	11	12	13	14	15	16	17	18	19
21	22	23	0	1	2	3	4	5	6	7	8	9	10	11	12	13	14	15	16	17	18	19	20
22	23	0	1	2	3	4	5	6	7	8	9	10	11	12	13	14	15	16	17	18	19	20	21
23	0	1	2	3	4	5	6	7	8	9	10	11	12	13	14	15	16	17	18	19	20	21	22
0	1	2	3	4	5	6	7	8	9	10	11	12	13	14	15	16	17	18	19	20	21	22	23
1	2	3	4	5	6	7	8	9	10	11	12	13	14	15	16	17	18	19	20	21	22	23	0
2	3	4	5	6	7	8	9	10	11	12	13	14	15	16	17	18	19	20	21	22	23	0	1
3	4	5	6	7	8	9	10	11	12	13	14	15	16	17	18	19	20	21	22	23	0	1	2
4	5	6	7	8	9	10	11	12	13	14	15	16	17	18	19	20	21	22	23	0	1	2	3
5	6	7	8	9	10	11	12	13	14	15	16	17	18	19	20	21	22	23	0	1	2	3	4
6	7	8	9	10	11	12	13	14	15	16	17	18	19	20	21	22	23	0	1	2	3	4	5
7	8	9	10	11	12	13	14	15	16	17	18	19	20	21	22	23	0	1	2	3	4	5	6
8	9	10	11	12	13	14	15	16	17	18	19	20	21	22	23	0	1	2	3	4	5	6	7
9	10	11	12	13	14	15	16	17	18	19	20	21	22	23	0	1	2	3	4	5	6	7	8
10	11	12	13	14	15	16	17	18	19	20	21	22	23	0	1	2	3	4	5	6	7	8	9
11	12	13	14	15	16	17	18	19	20	21	22	23	0	1	2	3	4	5	6	7	8	9	10
12	13	14	15	16	17	18	19	20	21	22	23	0	1	2	3	4	5	6	7	8	9	10	11
13	14	15	16	17	18	19	20	21	22	23	0	1	2	3	4	5	6	7	8	9	10	11	12

- 현지시간이 굵은체의 숫자(시간)일 때는 한국은 그 다음날의 시간을 나타냅니다.
- 「써머타임」을 사용하고 있는 지역에는 현재 시간이 1시간 더 많아집니다.

세계화폐단위

국 가	화폐단위	화폐표시
Australia	dollar	A$
Brazil	real	R
Canada	Dollar	Can$
Cost Rica	colon	C
Czech Republic	Koruna	K
Egypt	Egyptian pound	£E
Hong Kong	dollar	HK$
India	Indian repee	Re
Japan	yen	¥
Kenya	Keyna shilling	Ksh
Mexico	peso	Mex$
Moroco	Dirham	DH
New Zealand	dollar	NZ$
Poland	zloty	ZL
Russia	ruble	Rb
Singapope	dollar	S$
South Africa	rand	R
South Korea	won	₩
Switzerland	franc	SFr
Taiwan	dollar	NT$
United Kingdom	pound sterling	£
United States	dollar	US$

국 가		화폐단위	화폐표시
Austria	Ireland	euro	€
Belgium	Italy		
Finland	Luxembourg		
France	The Neetherlands		
Germany	Portugal		
Greece	Spain		

수의(壽儀)

부조금 봉투, 선물 포장지나 화환의 리본, 축전 등에 기록하는 문구

언 제	수 의	의 미	어떻게
혼인식 (婚姻式)	축화혼(祝華婚) 축화촉(祝華燭)	혼인을 축하함	혼인식날 내는 부조금
수연 잔치	축수연(祝壽宴)	장수함을 축하함	장수를 축하하면 행사비용 으로 내는 축하부조금
	축회갑(祝回甲)	육십살의 생일잔치를 축하함	회갑잔치 때의 축하부조금
	축희연(祝稀宴) 축고희연(祝古稀宴)	일흔살 생일잔치 축하함	칠순잔치 때의 축하부조금
	축희수연(祝喜壽宴)	일흔일곱살 생일잔치를 축하함	희수연잔치 때의 축하부조금
	축산수연(祝傘壽宴)	여든살의 생일잔치를 축하함	산수연잔치 때의 축하부조금
	축미수연(祝米壽宴)	여든여덟살 생일잔치를 축하함	미수연잔치 때의 축하부조금
명절	송구영신(送舊迎新)	새해에도 안녕하시기를	연초에 하는 인사
	중추가절(仲秋佳節)	추석맞음을 축하함	추석 명절 때
축하	축입선(祝入選)	입선 축하	좋은 일에서 경사가 났을 때
	축당선(祝當選)	당선 축하	
	축우승(祝優勝)	우승 축하	
	축영전(祝榮轉)	좋은 전출을 축하	
	축영진(祝榮進)	승진을 축하	
	축생신(祝生辰)	어른의 생신을 축하	
	축득남(祝得男)	아들 얻음을 축하	
송별	전별(餞別) 석별(惜別) 전의(餞儀)	헤어짐을 애석하게 생각함	서로 아쉬운 헤어짐을 표할 때
문병	기쾌유(祈快癒)	빨리 쾌유되기를 빔	가정, 병원에 문병갈 때
문상	부의(賻儀) 근조(謹弔) 조의(弔意)	문상으로 내는 부조금 슬픔을 애도합니다 슬픔을 애도합니다	초상시 문상 때 내는 부조금 이나 화한

4박 5일 싱가포르 여행계획

* 본 여행계획서는 경인여자대학교 비서행정과 박은지 졸업생의 여행계획안입니다. 상사 출장이나 여행 시 해당지역의 정보를 정리하여 보고하면 매우 유용합니다.

 여행지 정보

1. 싱가포르란 어떤 나라인가요?

- 개요 : 동남아시아에 있는 섬으로 이루어진 국가
- 수도 : 싱가포르(Singapore)
- 언어 : 중국어, 영어, 말레이어, 타밀어
- 인구 : 약461만명
- 환율 : 1S$ = 836.56 (2014.01.15. 매입기준)

알아두면 유용한 정보

- 싱가포르에서는 담배꽁초를 버리거나 지하철 내에서 음식 등을 먹으면 많은 벌금을 내야 하므로 주의해야 한다.
- 싱가포르는 지하철이 잘 되어 있어서 관광지를 다닐 때 지하철을 이용하면 싸고 편리하게 이용할 수 있다. 이때 Standard Ticket을 사용하면 좋은데 이것은 우리나라 지하철 일회용 카드처럼 처음 살 때 1S$을 더 내고 나중에 환급받는 카드이다.
- 팁은 주지 않아도 된다. 서비스에 포함되어 있다.
- 싱가포르에 가면 주롱새 공원에 꼭 가게 되는데 이때 주롱새 공원에는 벌레가 많으므로 꼭 긴팔, 긴바지를 입도록 한다.
- 싱가포르는 더운 나라이기 때문에 더위에 대비해서 가자.
- 비상약은 필히 챙겨야 한다.
- 싱가포르는 우리나라와 같이 220V를 사용하므로 어뎁터는 챙기지 않아도 된다.

STANDARD TICKET

- This ticket is only valid for use on the MRT/LRT on the day of purchase.
- After use, please return to any GTM for refund of card deposit.
- If found, please return to the Passenger Service Centre of any MRT station.

2. 한국과 싱가포르 위치 지도

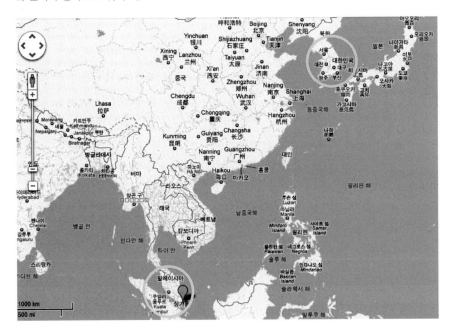

3. 싱가포르 지도

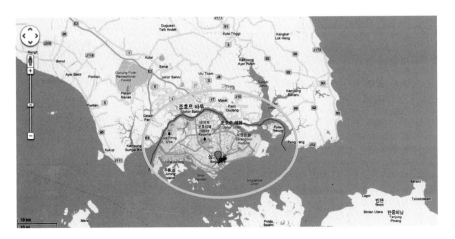

② 여행지 비행기정보 및 예산

※ 베트남항공 : 인천 → 호치민경유 → 싱가포르(상히공항)

1. 타 항공사 비용 비교

요금조건	전체항공사중 최저가	대한항공	아시아나항공	싱가폴항공	캐세이패시픽	타이항공
성인요금	241,800	568,400	573,300	493,900	465,000	490,400

직항/경유 요금

▶ 최저가 항공권 비교/예약하기

2. 비행경로 및 소요시간

출국

2014년 2월 17일 오전10시 15분 인천공항 출발
→ 오후1시 40분 호찌민도착→ 오후4시 25분 호
찌민 출발→ 오후 7시 25분 싱가포르 도착
(총10시간 10분 소요)

입국

2014년 2월 21일(화) 오후 8시 25분 싱가포르 출발
→ 2월 21일(화) 오후 9시 25분 호찌민도착→ 대기
시간2시간→ 2월 21일 (화) 오후11시 45분 호찌민
출발→ 2월 22일 (수) 오전6시30분 인천공항도착
(총9시간 5분 소요)

3. 비행기 총 비용

- 항공요금 : 성인 1명: 241,800원
- 예상TAX : 성인 1명: 186,700원
- 예상 결제요금 : 428,500원
  (예상 TAX포함)

③ 숙소정보 및 예산

● 지도상위치

● 숙소명 : Harbour Ville Hotel

　　　　　(출처 : www.hotelnjoy.com)

● 숙박일수 : 17일~21일 4박

● 장점

　　조식포함 1박평균가 : 102,108원

　　근처역 : MRT Harbourfront

④ 첫째 날 일정 및 예산

● 일정표

2014년 2월 17일(금) / 시간	일　　　　정
오후6시 30분 싱가포르도착	호텔로 이동
오후7시	저녁
오후8시	짐정리, 산책(호텔구경)
오후11시	샤워, 취침(내일을 위해)

첫째 날 경비(2014년 2월 17일(금))

● 교통비 : Changi Airport-MRT Harbourfront (Standard Ticket S$2.3=약2,048원)

● 식비 : 기내식도 먹고해서 간단하게 먹기로함. S$5=약4,453원 이내에서.

⑤ 둘째 날 일정 및 예산

● 지도로 코스보기

● 일정표

2014년 2월 18일(토) / 시간	일 정
오전7시	조식(호텔조식포함)
오전9시	싱가포르국립박물관
오후12시	점심식사
오후2시	싱가포르동물원
오후6시	저녁식사
오후7시 30분	나이트사파리입장
오후11시	호텔

1. 싱가포르국립박물관(현:싱가포르역사박물관)

싱가포르국립박물관

● 홈페이지 : http://www.nationalmuseum.sg
  싱가폴의 역사를 배울 수 있는 싱가폴 최대의 박물
  관으로 주제별로 나뉘어진 코스를 따라가다보면
  시대순으로 싱가폴의 역사를 한눈에 볼 수 있다.
● 위치 : 위 지도참고
● 교통 : MRT City Hall역 하차 도보10분 거리
● 입장료 : S$10 = 8,907원
● 교통비 : MRT Harbourfront역 →MRT City
● Hall역 (Standard Ticket S$1.4=약1,247원)

2. 점심

차 퀘 띠아우 (Char Kway Teow)

달콤한 다크소스에 국수를 볶은 요리로 대표적인 싱가포르 음식이다. 조개류, 숙주나물, 중국소시지, 햄들을 넣어서 어디에서나 쉽게 맛 볼 수 있다.
- 가격 : S$3 = 약2,672원

3. 싱가포르동물원

싱가포르동물원(Singapole zoo)

싱가포르 동물원은 세계에서 가장 볼거리가 풍부한 동물원으로 알려져 있다. 멸종위기에 처한 40종을 포함하여 240여종의 2,000여 마리의 동물들이 서식하고 있다.
- 홈페이지 : http://www.zoo.com.sg
- 영업시간 : 오전8시~오후6시

- 위치 : MRT Ang Mo Kio 역에서 오른쪽으로 3분정도 보 도 후 버스정류장에서 138번 버스로 약20분
- 입장료 : S$18=16,033원
- 교통비 : MRT City Hall역→ Anf MO Kio역 (StandardTicketS$1.7+버스S$1.4=약2,761원

4. 저녁

칠리크랩

싱가포르에 매운 게 요리로 싱가포르에 가면 꼭 먹어봐야 하는 요리 중에 하나라고 한다.
- 가격 : S$3.5~5 = 약3,119~4,453원

5. 나이트사파리

나이트사파리(Night Safari)

● 홈페이지 : http://www.nightsafari.com.sg
세계최초이자 세계유일 야간 동물원으로 싱가폴에서 꼭 들러야 할 코스중 하나이다. 싱가포르 동물원 바로 옆에 위치하고 있어서 동물원을 둘러보고 나이트 사파리를 구경하면 좋다. 나이트사파리는 총8개 구역으로 나뉘어져 있으며, 142종, 1,000여 마리의 동물들이 서식하고 있다.

트램을 이용하거나 산책로를 따라서 도보로 둘러볼 수 있다.

● 위치 : MRT Ang Mo Kio 역에서 오른쪽으로 3분정도 보도 후 버스정류장에서 138번 버스로 약20분
● 운영시간 : 오후7시30분~오후12시
● 입장료 + 트램 : S$24 =21,378원

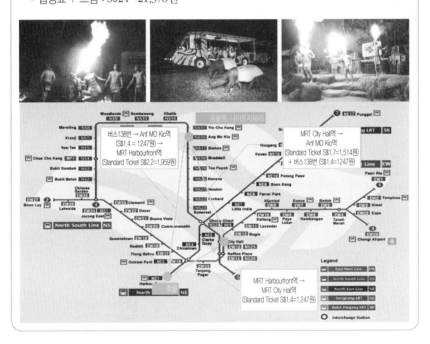

※ 둘째 날 경비 (2012년 2월 18일 (토))

● 식비총 : S$9 = 약8,016원

　아침 : 호텔에서 조식 + 점심: S$3 + 저녁: S$5 + 간식 : 아이스크림 S$1

● 차비 총 : S$8.1 = 7,215.24원 - (카드보증금반환)S$3 = 2,672.31원 = 약4542원

● 입장료 총 : S$50 = 약44,538원

　싱가포르국립박물관 : S$10 + 싱가포르동물원 S$18 + 나이트사파리 S$22

● 둘째 날 총 경비 : S$64.1 = 약57,098원

⑥ 셋째 날 일정 및 예산

● 지도로 코스보기

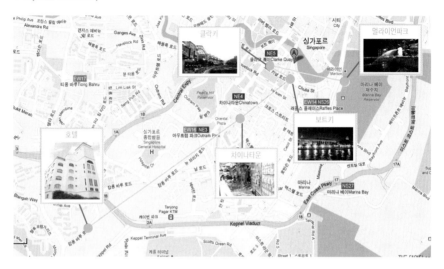

● 일정표

2014년 2월 19일(일) / 시간	일정
오전7시	조식(호텔조식포함)
오전9시	차이나타운
오후12시	점심식사
오후1시	보트키(Boat Quay)
오후3시	클락키(Clarke Quay)
오후7시	저녁
오후8시	멀라이언파크
오후11시	호텔

1. 차이나타운

차이나타운

싱가포르에 놀러오면 꼭 들러야 한다는 차이나타운. 각종 먹거리, 기념품, 골동품 등과 쇼핑, 박물관, 전통중국사원 등이 있다.
● 위치 : 차이나타운역
● 교통비 : MRT Harbourfront역 →
Chinatown역
(Standard Ticket S$1.5 = 약1,336원)

차이나타운 사진

2. 점심

치킨라이스

치킨라이스는 싱가포르의 인기 노점 요리이다. 문화가 섞여 있어서 치킨라이스도 여러 종류가 있지만, 인기 있는 것은 하이난식 치킨라이스이다.
보통 담백한 닭국물, 얇게 채 썬 오이, 진간장을 넣은 칠리, 생강 페이스트를 곁들여 내는 치킨라이스 메뉴는 시내의 많은 곳에서 쉽게 볼 수 있다고 한다.

● 가격 : S$3.5 = 약3,117원

3. 보트키(Boat Quay)

보트키(Boat Quay)

과거에는 농산물을 거래하던 항구였으나, 지금은 관광객들이 저녁에 보트를 타는 명소가 되었다.

● 위치 : MRT Raffles Place역 하차 7번출구
● 교통 : Chinatown→MRT Raffles Place
　　　　(Standard Ticket S$1.1=1,068.92원)

4. 클락키(Clarke Quay)

클락키(Clarke Quay)

콜맨, 엘진다리를 사이에 두고 보트키와 마주하고 있으며, 싱가폴 강 주변에서 쇼핑, 식사를 즐기기 좋은 곳이다. 일요일 오전 9시부터 오후 5시까지 벼룩시장이 열린다. 야경이 아름다운 클락키를 밤이 아닌 오후에 방문하는 것은 다 이 벼룩시장 때문이다.

- 위치 : MRT City hall역 하차 도보 15분거리
- 교통비 : 클락키는 보트키에서 아주 가까운 거리에 있다. 자연스럽게 걷다보면 클락키가 나온다. 그리고 야경은 멀라이언 파크에서 즐기면 된다.

5. 저녁

바나나 리프 아폴로

바나나잎 위에 음식이 나오며, 볶음밥, 커리, 난, 커리치킨, 피쉬헤드커리 등 여러 가지 음식이 다양하게 제공된다. 푸짐한 한끼로 좋을 것 같다.
- 가격 : S$25 = 약22,269원

6. 멀라이언파크

멀라이언파크

싱가포르의 상징물 멀라이언 동상을 볼 수 있다. 멀라이언은 사자의 얼굴과 물고기의 몸으로 이루어져 있다. 의미는 사자의 도시라는 전설과 항구도시로서의 정체성이 담겨 있다.
- 교통비 : 클락키에서 많이 멀리 않으므로 야경을 즐기며 걷는 것도 괜찮다.

※ 셋째 날 경비 (2014년 2월 19일 (일))
- 식비 총 합계 : S$29.5 = 약26,277원

  아침 : 호텔에서 조식 + 점심: S$3.5 + 저녁 : S$25 + 간식 : S$1
- 차비 총 합계 : S$8.1=7,215.24원 - (카드보증금반환)S$2 = 약5,433원
- 쇼핑예산 : S$100 = 약89,077원 (이 안에서 선물해결)
  - 셋째 날 총 경비 : S$135.6= 약120,253원

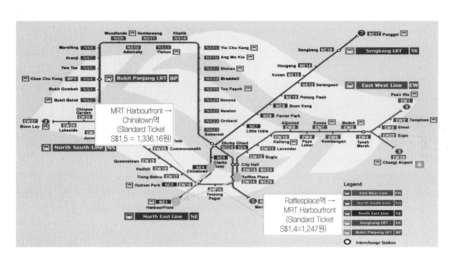

7 넷째 날 일정 및 예산

- 지도로 코스보기

- 일정표

2014년 2월 20일(월) / 시간	일정
오전7시	조식(호텔조식포함)
오전9시	호텔 수영장에서 휴식
오후12시	점심식사
오후2시	센토사섬&바다
오후6시	저녁식사
오후7시 30분	송오브더씨공연
오후11시	호텔

1. 점심

야쿤카야토스트(Ya Kun Kaya Toast)

크림치즈를 바른 바삭한 토스트와 반숙달걀에 특제 소스를 넣어 먹는 음식. 싱가포르에서는 간단한 아침으로 먹는 것 같지만 꼭 먹어봐야 하는 음식중 하나라고 한다.

- A세트(야쿤카야토스트 + 커피 + 달걀반숙)
- 가격 : S$4 = 약3,563원

2. 센토사섬

센토사섬(Sentosa)

싱가포르에 위치한 작은 섬인데 어제 많이 걷는 일정이어서 오늘은 휴양 위주의 스케줄을 짜보았다. 그리고 센토사섬에 가는 가장 큰 이유 중 하나는Songs of the sea 공연을 보기 위해서다.

- 교통 : 센토사로 가는 교통편은 4개정도로 나뉜다. 모노레인, 케이블카, 택시, 시아홉온버스. 모노레일이 가장 저렴하다. 센토사섬으로 가는 모노레일은 비보시티(Vivo City)에 있다. 비보시티는 묵고 있는 숙소 바로 근처이다.
- 교통비 : 모노레일(S$3=2,672.31원)

* 센토사 티켓에는 모노레일 왕복탑승과 섬입장료가 포함되어 있으니 나올 시에는 별도 구입 없이 티켓을 보여주면 된다.

3. 저녁

꼬치(Satay)

새우, 소고시, 치킨, 양고기를 꼬치에 끼워 양념을 한 후 그릴에 구워낸다. 특별하지는 않지만 별미 중에 별미다. 더운 싱가폴에서 다양한 꼬치와 시원한 맥주한잔.
* 가격 : 꼬치종류마다 가격이 다르지만 가격은 저렴한 편이다. 개당 50센트정도 한다.
  (10개에 S$5) 맥주등 해서 약 S$ 15 = 약13,361

4. Songs of the sea

Songs of the sea

* 내용을 간략이 말하자면 공주에게 걸린 마법을 풀기 위해 젊은이들이 여러 캐릭터의 도움을 받아 공주의 저주를 풀리게 하는 뮤지컬이다.
* 공연시간 : 7:40, 8:40 두번 하며 우천시는 취소된다.
* 표가격 : S$10 = 약8,907원

※넷째 날 경비 (2014년 2월 20일 (월))

구분	내용	합계
식비	아침 :호텔에서 조식 + 점심: S$4 + 저녁: S$15	S$19 = 약16,924원
차비	모노레일 왕복(섬입장료 포함) S$3 = 2,672.31원	S$3 = 2,672.31원
표가격	Songs of the sea S$10	S$10 = 8,907.70원
총 경 비		S$32 = 약 28,504원

● 지도로 코스보기

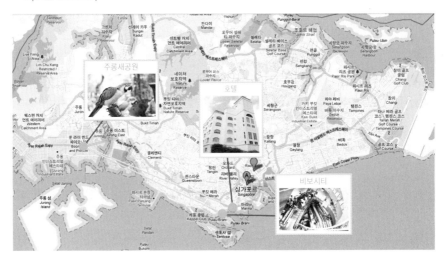

● 일정표

2014년 2월 21일(화) / 시간	일 정
오전7시	조식(호텔조식포함)
오전9시	퇴실. 주롱새공원
오후12시	점심식사
오후1시	주롱새공원
오후3시	비보시티관광
오후5시	저녁식사
오후6시30분	호텔에서 짐찾기 (호텔에 얘기하면 짐을 맡아준다)
오후7시	창이공항
오후8시 25분	창이공항출국
2012년 2월 22일(수) 오전6시 30분	인천공항도착

1. 점심

락사(Laksa)

싱가포르에 와서 락사 한 그릇 먹지 않았다면, 제대로 된 식사를 했다고 말할 수 없을 정도로 유명한 음식이다. 요리에는 기본적으로 코코넛 밀크, 타마린드 페이스트, 레몬 그라스가 들어가며 중국 해협과 말레이 반도, 인도네시아의 조리법이 모두 섞여 있는 것이 특징이다.

● 가격 : S$5 = 약4,453원

2. 주롱새공원(Jurong bird park)

동남아시아 최대 규모의 새공원. 공원 내를 순환하는 파노레일은 원하는 정류장에서 하차해 주변을 둘러본 후 다시 타고 이동할 수 있다. 매일오전 11시와 오후3시에 열리는 올스타 버드쇼는 새공원에서 가장 인기가 많다.
- 이용시간 : 오전 8시 30분~ 오후6시
- 교통 : MRT Boon Lay역에서 버스 194, 251번 탑승

- 교통비 : MRT Harbourfront역→MRT Boon Lay역
  (Standard Ticket S$2.2=약1,959원)
- 표가격 : S$18 = 약16,033원

3. 비보시티(Vivo City)

공항으로 가기 전에 시간이 조금 남을 경우 쇼핑과 식사하기에 편리한 곳이다. 호텔에 부탁을 하면 퇴실하고도 짐을 맡아준다고 한다.
- 교통비 : MRT Boon Lay역→MRT Harbourfront역
  (Standard Ticket S$2.2=약1,959원)

4. 저녁식사

퀴신보 (Kuidhinbo)
스시를 마음껏 먹을 수 있는 뷔페! 마지막 저녁은 푸짐하게
- 평일디너 : S$39.9 = 약35,541

5. 창이공항

인천공항과 1, 2위를 다툴 정도로 세계적으로 유명한 공항이다. 그런데 입·출국 심사가 간단한 장점이 있다. 공항 안에 샤워시설, 헤어, 맛사지실 등 다양한 서비스시설이 있다고 한다. 바로 출근해야 하는 직장인이라면 사용하면 좋을 것 같다. 무료 인터넷도 있지만 면세점을 잠깐 둘러보는게 좋을 것 같다.

● 교통비 : Harbourfront→Changi Airport-MRT
(Standard TicketS$2.3=약2,048원)

※다섯째 날 경비 (2014년 2월 21일 (화))

구분	내용	합계
식비	아침: 호텔에서 조식 + 점심: S$5 + 저녁: S$39.9	S$44.9 = 약39,995원
차비	S$2.2 + S$2.2 + S$2.3 - S$3(Standard Ticket환급금)	S$3.4 = 약3,028원
표가격	주롱새공원S$18	S$18 = 약16,033원
총 경 비		S$66.3 = 약 59,058원

⑨ 싱가포르 여행 예산 총정리

일시	식비	숙박비	교통비	표&입장료	쇼핑	기타
2월17일 (금)	4,453원	102,108원	430,548원 (비행기값포함)	-	-	
2월18일 (토)	5,791원	102,108원	4,542원	44,538원		
2월19일 (월)	26,277원	102,108원	5,433원		89,077원	
2월20일 (화)	16,924원	102,108원	2,672원	8,907원	-	
2월21일 (수)	39,995원	102,108원	3,028원	16,033원	-	
총합계	93,440원	510,540원	446,223원	69,478원	89,077원	1,208,758원

⑩ 마치며.

싱가포르 많이 들어는 봤지만 관심이 많이 가는 나라는 아니었다. 솔직히 나는 싱가포르가 이렇게 작은 나라인 줄 몰랐었다. 그리고 조사하면서 느낀 건데 우리나라와 문화적으로 많이 닮았다는 생각을 했다. 나라가 작아서 그런지 법도 잘 준수되고 우리나라와 멀지 않아서 그런지 식문화도 많이 닮아 있는 것 같았다. 쌀을 주식으로 하며 닭요리가 많고 면을 사랑하는 나라인 것 같다.

작다곤 하지만 구석구석을 다 보려면 오랜 시간이 걸릴 것 같다. 4박5일 동안 빡빡하게 일정을 잡았는데도 싱가포르의 일부분밖에 계획하지 못했다. 싱가포르에 있는 유니버셜이 재미없다는 평이 많아서 이번 일정에는 추가 하지 않았다. 그리고 조사하면서 맛있는 레스토랑이랑 비싼 음식이 많았는데 예산을 적게 잡다 보니 실제로 레스토랑을 추가 하지는 못했다. 취업하면 돈을 많이 벌어서 레스토랑에 가야겠다.

나는 평소에 여행에는 관심이 별로 없어서 다른 나라에 대해서는 관심이 없었는데 우리 언니는 다른 나라에 대해 많은 정보를 알고 있었다. 나도 앞으로 다른 나라들의 역사와 문화 등에 관심을 가져야겠다. 여러 나라의 수도나 비행경로, 호텔 등에 대한 정보를 많이 알고 있어야 비서를 하면서 어려움이 없을 것 같다. 사실 나 혼자서 비행기표나 호텔을 알아본 적은 없는데 이번 과제를 하면서 비행기 예약 절차나 숙박예약 절차에 대해서 많이 알게 되었고 무엇보다 여행 관련된 유용한 사이트를 많이 알게 돼 앞으로 자주 애용할 것 같은 기분이 든다.

이제 상사께서 어딜 가든 어려움 없이 비행기예약과 숙박예약을 할 수 있을 것 같다.

11 출처

http://memshot.co.kr/263

http://maps.google.co.kr/

http://www.hotelnjoy.com

http://airbooking.tourexpress.com

http://blog.naver.com/qupeed1004?Redirect=Log&logNo=100098622416

http://blog.naver.com/sea005?Redirect=Log&logNo=110113969490

http://blog.naver.com/lovelyday414?Redirect=Log&logNo=110128004214

http://www.wingbus.com/asia/ros/singapore/search/?query=Harbour+Ville+Hotel
&x=17&y=10

http://www.smrt.com.sg/trains/fares.asp

http://search.naver.com/search.naver?where=nexearch&query=%ED%99%98%EC%
9C%A8%EB%B3%80%ED%99%98&sm=top_sug.pre&fbm=1&acr=1&acq=%E
D%99%98%EC%9C%AB&ie=utf8&qdt=0#

외 수많은 블로그

SECRETARIAL
PROCEDURES
비서실무의 5판
이해

저자 소개

장은주

현) • 경인여자대학교 비서행정과 교수

이력) • 이화여자대학교 법정대학 비서학과 졸업
• 서강대학교 경영대학원 경영학 석사(인사 · 조직 전공)
• 서강대학교 대학원 경영학과 경영학 박사(인사 · 조직 전공)
• Syracuse University, Martin J. Whitman School of Management 방문교수
• The Bank of New York 비서 근무
• 한국존슨앤드존슨 수석비서 근무

김경화

현) • 인덕대학교 비서과 교수

이력) • London Wimbledon Pitman College, 비서과 수료
• 이화여자대학교 법정대학 비서학과 졸업
• 이화여자대학교 교육대학원 교육학 석사(교육과정 전공)
• 이화여자대학교 대학원 교육학과 박사과정 수료(교육과정 전공)
• The Bank of New York 비서 근무

유지선

현) • 수원여자대학교 비서과 교수

이력) • 이화여자대학교 법정대학 비서학과 졸업
• 서울대학교 사범대학 경영교육 석사(경영교육 전공)
• 서울대학교 대학원 농산업교육과 교육학 박사(교육학 전공)
• ㈜ 대우 인사부 근무

비서실무 자문 소개

이진아

현) • (주)한글과컴퓨터 비서팀 팀장
• 이화여자대학교 경영전문대학원 경영학 석사(인사조직전략)

이력) • 경인여자대학교 비서행정과 졸업
• ㈜소프트포럼 비서팀 대리

비서실무의 이해 <small>5판</small>
Secretarial Procedures

초판 1쇄 발행 2011년 8월 20일
5판 3쇄 발행 2022년 2월 10일

저 자	장은주 · 김경화 · 유지선
펴낸이	임 순 재
펴낸곳	**(주)한올출판사**
등 록	제11-403호
주 소	서울시 마포구 모래내로 83(성산동 한올빌딩 3층)
전 화	(02) 376-4298(대표)
팩 스	(02) 302-8073
홈페이지	www.hanol.co.kr
e-메일	hanol@hanol.co.kr
ISBN	**979-11-5685-792-1**